エアライン・マネジメント

-戦略と実践-

日本航空株式会社

●本書に掲載されている情報について
・本書の内容は、執筆時点（2022年8月）までの情報をもとに執筆されています。各社が提供するサービスや製品、Webサイトなどは変更される可能性があります。
・本書の内容によって生じる、直接または間接被害について、著者ならびに弊社では、一切の責任を負いかねます。
・本書に記載されている会社名、製品名、サービス名などは、一般に各社およびサービス提供会社の登録商標、または商標です。なお、本書ではTMおよび®マークは明記していません。

目次

序章　航空事業の今

第1章　規制緩和による競争政策

第2章　空港整備と民営化

第3章 ネットワーク戦略

第4章 アライアンス戦略

第5章 レベニューマネジメントと航空運賃の仕組み

第6章 マーケティングと商品・販売戦略

第7章 LCCビジネス

第8章 貨物事業

第9章　グループ経営

第10章　安全とリスクマネジメント

第11章　企業風土改革

第12章　社会課題の解決Ⅰ

第13章　社会課題の解決II

終章　航空事業のこれから

序章

航空事業の今

1 航空事業とは何か

(1) もし航空機がなかったら

テレビのニュースで大型連休や年末年始の帰省ラッシュなどを取り上げる際には、必ずといっていいほど高速道路の渋滞と、混雑した新幹線の駅、そして航空機を利用する人でにぎわう空港が映し出される。なぜなら、旅行や帰省をする人々にとって、これらが重要な移動手段であるからだ。中でも、航空機は中・長距離の移動や国際的な移動を中心的に担っており、旅行や帰省、またはビジネスでの出張などに伴って多くの人々に利用されている。近年では格安航空会社（Low Cost Carrier、以下「LCC」）の登場で航空機を安価で利用できるようになり、航空機を使った移動は、人々にとってより身近なものとなっている。

では、もし航空機がなかったら、われわれの生活はどのように変わるだろうか。

航空機がなければ、人々の移動手段の選択肢が減り、ビジネスや観光での移動が圧倒的に制限されることになる。例えば、東京から沖縄に行くには航空機では約３時間の移動で済むが、客船では片道約50時間かけて移動することになる。東京からハワイに行くとしたら、航空機では約７～８時間だが、客船では約９日程度かかるといわれている。つまり、このスピード＝「速達性」が航空機の大きな特徴といえる。航空機がなければ、海外渡航はおろか、国内での旅行やビジネスすらあきらめざるを得ない場面も出てくるだろう。グローバル化が進む現代の生活やビジネスを支える上で、航空機の存在は必要不可欠になっている。今日において、航空機は重要な社会インフラの１つだといえるだろう。

しかし、2020年には新型コロナウイルス感染症（COVID-19）の影響により、人々の移動が厳しく制限され、多くの航空会社では旅客便の減便や運休を余儀なくされた。ビジネスや観光での往来は特に国際線において急激に減り、テレビのニュースでは閑散とした空港が映し出されることもあった。近年急増していた訪日外国人旅行客は激減し、前年からの減少率が99.9％となる月さえあった。街中で外国人観光客の姿を見かけることもなくなってしまった。

一方で、この間に日本で枯渇していたマスクなどの医療用物資が、海外から日本に届いていたのをご存じだろうか。実はこの輸送には、旅客のいない航空機が使われることがあった。スピードが求められる緊急的な輸送には航空機が適しており、災害発生時の緊急援助物資や援助隊などの輸送も航空機によって行われることが多い。このように、航空機はその「速達性」を武器に、旅客だけでなく貨物の需要にも応えている。

航空法第２条において、「航空運送事業とは、他人の需要に応じ、航空機を使用して有償で旅客又は貨物を運送する事業をいう」と定義されている。

航空機は、人やモノの高速での移動を可能ならしめ、人間の行動範囲や交流範囲を大幅に広げてきている。

課題

自分にとって「航空」とはどのような存在か、自分の生活にどのようにかかわって(寄与して)いるか、考察せよ。

(2) 航空機の特性

国際航空運送協会（International Air Transport Association、以下「IATA」[1]）の安全報告書（2019 年）によれば、2014 年から 2018 年までの航空機（ジェット機・ターボプロップ機）死亡事故率は 100 万フライト中に約 0.2 回であった。こうした客観的データによれば、航空の事故発生率は高くないといえる。

しかしながら、航空機事故は、ひとたび発生すれば、多くの尊い人命が奪われることになるもの事実である。

今日も世界中を飛び回る飛行機の安全は、航空にかかわるすべての人々による安全を守る活動によって支えられている。

JAL グループは、「安全とは、命を守ることであり、JAL グループ存立の大前提」とし、ほかとの比較において優先度を決めるものではなく、事業運営の大前提として位置付け、お客さまの尊い命をお預かりして事業を行っていることを忘れず、日々運航している（JAL グループの安全への取り組みは、「第 10 章 安全とリスクマネジメント」にて詳述)。

航空は、人やモノを高速・短時間で運ぶ交通手段であるとの特長を持つが、それは、安全が確保されて初めて成り立つのである。

また、航空機は長距離の移動で用いられることが多いことから、鉄道や自動車に比べ非日常性の高い乗り物だといえるだろう。国際空港ではさまざまな国の旅客が列をなし、各国の航空会社の乗務員が個性豊かな制服に身を包んで闊歩（かっぽ）する。上空からは、はるか彼方（かなた）まで広がる空や海、富士山の雄大な姿、美しい夜景やときにはオーロラなど、普段見ることのない景色を目にできる。「空を飛ぶ」という特別な移動に、航空機に乗り込んだときから胸

1　IATA とは世界の航空会社の業界団体で、1945 年に設立された。国際線定期便を運航する多くの航空会社が加盟している。航空運賃・発券に関するルールや運送業務に関する決定、航空安全の推進などを主に担っている。

の高鳴りを覚えた人も多いのではないだろうか。

航空機は、人生を豊かにする旅行体験だけでなく、進学・留学・就職・転勤などといった人生の節目に利用されることも多い。空港では、日々新たな出会いと別れが繰り返され、航空機の移動は、訪れた土地での新鮮な経験をもたらすだろう。航空事業は、人々に夢を提供できる事業であるといえる。

人々に夢を提供できる航空業界は、その事業規模も非常に大きい。COVID-19の影響で一時的に縮小したが、2019年の世界の航空会社の売上高を合わせると約90兆円[2]、また、2016年の時点で1,020万人の雇用を生み出していた[3]。

2 航空事業の果たす役割

(1) 人流

航空事業の果たす役割として真っ先に思い浮かぶのは、人の輸送、すなわち「人流」であろう。

1996年の時点において、世界の航空旅客数は年間約14億人であった。それが2016年には約38億人にまで急増し、20年で2.7倍となった。2017年の時点では、さらに将来20年間において、世界の航空旅客者数は年間78億人まで増加するという予想もなされている[4]。

この後、COVID-19によって著しい影響を受けたが、2023年には旅客需要が2019年レベルに回復するとIATAは見込んでいる。一時的な落ち込みを経て、再び成長軌道に乗ることだろう。

2 IATAによる調査。

3 ATAG、AVIATION BENEFITS BEYOND BORDERS、2018年。

4 IATA、2036 Forecast Reveal Air Passengers Will Nearly Double to 7.8 billion。

表0-1 世界の航空旅客数の推移

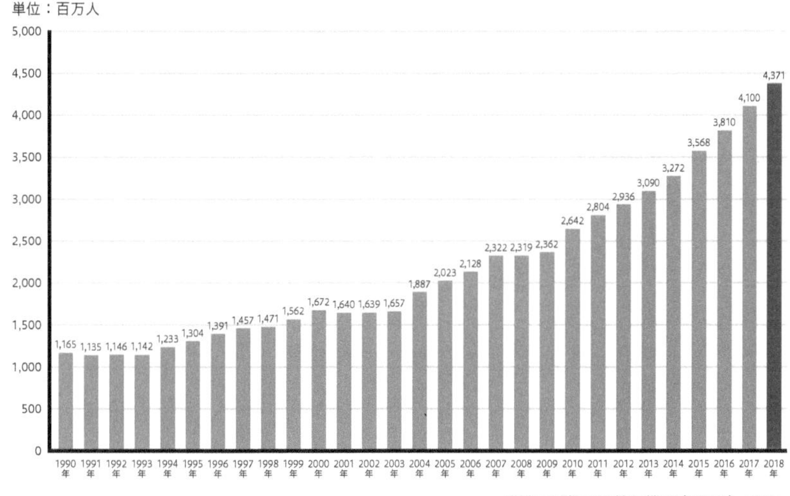

出典：国際民間航空機関（ICAO）・IATA

かつては、航空機は運賃が高く、一部の特別な人々しか利用できない時代もあった。しかし、航空機の大型化やジェット化が進み、運賃も低下したことで、そのハードルは大きく下がった。今や、世界中の数多くの人々が飛行機を使って移動する時代になった。

歴史を振り返ると、各国の首脳やVIPが航空機から出てきて手を振る映像が数多くのニュースを彩ってきたように、現代世界の外交や経済、文化交流の歴史の背景には航空機での移動があったといえる。個人の観光旅行やビジネスでの往来による国際交流も、人々の生活や文化に変化を与え、新たな時代を切り開いてきたともいえるだろう。「平和の祭典」といわれるオリンピック・パラリンピックでは、選手や観客だけでなく、ギリシャで採火された聖火も、多くの場合は航空機によって開催地へ輸送される。東京2020オリンピック・パラリンピック競技大会においても、アテネから宮城県の松島基地まで航空機で輸送された。国際交流や相互理解の促進は、航空機なしには実現することはできない。

加えて、災害発生時の被災地への支援・被災地からの避難や、医療（治療・検査など）のための渡航などには物理的な移動が必須であり、これらも航空機がその一翼を担っている。2011年3月に発生した東日本大震災においては、被害が大きく機能を停止した東北新幹線や仙台空港を補うべく、航空各社は臨時便を設定し、山形や福島など東北地方の空港と各方面との間の移動手段を確保した。国土交通省によると、臨時便の数は、東北地方の各空港合計で4月末までに2,028便に上った。このように、航空事業は人々の暮らしを支えるだけでなく、幸福づくり、ひいては世界平和に貢献していく産業だといえる。

世界規模での事業展開が珍しくない現代では、ビジネスのボーダーレス化が進行し、EU（欧州連合）やASEAN（東南アジア諸国連合）に加盟する各国では域内移動の自由化も加速している。航空事業は、発達する通信技術とともに、国際社会を支えるインフラとしてますます重要になっている。COVID-19の影響でオンライン会議やテレワークが急速に浸透したことで、ビジネス渡航のあり方については変化が予測されるだろう。

しかし、対面でのコミュニケーションには普遍的な価値があり、何より人々には旅行への欲求がある。異なる価値観に触れ、五感で文化を直接知ることこそが国際交流や相互理解には不可欠であり、航空事業の必要性に変わりはないといえるだろう。

また、働く場所がより自由になったことで、より柔軟なレジャー需要が生まれると考えられている。ワーケーション[5]などの新たな働き方の伸長も期待されている。COVID-19の経験を経て、航空事業は新たな時代を迎えている。

トピックス　パッケージツアーが後押しした日本人の海外旅行

第2次世界大戦終戦からしばらくの間、日本人の海外渡航は業務や留学のみが認められ、観光目的で海外に行くことができなかった。東京オリンピック開催年である1964年に、「渡航自由化」により誰もが海外に行けるようになったが、海外渡航は一人当たり年1回、外貨の持ち出しは500ドルまでという厳しい条件が付けられており、言葉の壁や習慣の違いもあって観光目的の海外旅行は一般的なものではなかった。

そんな中、JALが日本企業としては初めての海外パッケージツアー「ジャルパック」の販売を1965年に開始した。航空券やホテルを一括して予約し、日本語の話せるツアーコンダクターとともに海外へ出るというものだ。1965年4月に第1便がヨーロッパに出発したが、ツアーの参加者には事前に「旅行説明会」を行うなど、非常に手厚いものだった。海外旅行はまだまだ高額でなかなか手を出せない時代だったが、多くの日本人が海外に憧れを抱き、金融機関には海外旅行のための積立預金も存在していた。こうしたパッケージツアーの存在も後押しして、海外旅行は広がりを見せていく。1960年には約10万人だった国際線の旅客数は、1968年にはついに100万人を超えている。

5　旅先で仕事を行うこと。仕事＝workと休暇＝vacationを組み合わせた造語。

図0-2 ジャルパック第１陣：ヨーロッパ16日間コース（1965年4月10日）

その後、1970年には「ジャンボジェット」と呼ばれたボーイング747がJALでも就航した。ボーイング747は2階建て客室を持ち、従来の大型機と比べて2倍以上の旅客の搭乗が可能であることから、輸送力はさらに大きく増えていった。それに伴い航空券の価格も大幅に下がり、海外旅行はさらに身近なものへと変化していった。

(2) 物流

旅客とともに航空機が輸送しているもの、それは貨物である。旅客機における貨物室は客室の下部、すなわち胴体の下部にあることから、「おなか」を意味するベリー（Belly）と呼ばれている。顧客から託された貨物は、旅客機のベリーで輸送されることもあれば、フレーター（Freighter）と呼ばれる貨物専用の航空機によって輸送されることもある。なお、旅客・貨物の双方に対応する航空会社もあれば、貨物専業の航空会社も存在している。

では、どのようなものが航空貨物として輸送されているのだろうか。

例えば、寿司のネタだ。海外で水揚げされたマグロやサーモンなどは、即座に冷凍されて鮮度が損なわれないうちに東京に空輸されている。また、国産天然魚に力を入れる回転すし店では、甘エビは北海道から、マグロは和歌山や沖縄から、イカは長崎からと、各地で水揚げされたのち羽田空港へ空輸された新鮮な魚を首都圏の店舗で提供しているという。航空貨物は、多様で新鮮な食材の輸送によって私たちの食を豊かにしているといって良いだろう。

世界では、2017年実績において重量にして6,190万トン、金額にして約6兆ドル（約650兆円）に該当する貨物が国際航空貨物として輸送された[6]。

日本発着の国際航空貨物輸送量は、貿易貨物輸送量全体の0.1%程度にすぎないが、金額ベースでは28%となっている。このことから、海上貨物と比較すると高価格な物品が

6　ATAG、AVIATION BENEFITS BEYOND BORDERS、2018年。

航空貨物として輸送されていることが分かる。

航空貨物のメリットとしては、「安全性」「速達性」「定時性」が挙げられる。

精密機械や医薬品などは、その特性から高い輸送品質が求められるため、事故率が低く安全な航空機での輸送が適している。生鮮品やファッション製品などは、鮮度が重要視され、長時間の輸送によって価値が低くなることから、速達性のある航空輸送に優位性がある。また、機械部品などは生産工程において遅れを生じさせないために、定時性が特徴の航空輸送によって安定した生産計画を立てることが可能になる。COVID-19 のワクチンも、これらの観点から航空機で輸送され、適切な温度管理のもと迅速かつ安全に、計画通り届けられた。

ただし、船舶に比べ運賃が高額なため、航空機で運ばれるのは運賃負担力のある物品が中心となる。例えば精密機器や医薬品など、重量は小さいが付加価値が高い商品などがこれに該当する。Apple 社の iPhone も、新機種が発売される際には世界中に向け大量に航空貨物として出荷されているといわれている。高い運賃を払ってでも、より早く、振動や衝撃、盗難や破損の発生を避けられる航空貨物輸送が選ばれている。

1990 年代以降、経済のグローバル化が進展する中で、多くの企業が需要や原材料・労働力を海外に求めた。この前提には安定した輸送手段が必要となっており、航空貨物輸送を含む国際物流が、国境を越えた生産と流通を支えている。

3 航空事業の特性

(1) 制約

民間航空においては、国家間の航空協定や空港の発着枠など、事業運営上の制約は少なくない。例えば、航空会社が路線の開設や増便などを行うとき、会社の独断で行うことはできない。国と国との間を結ぶ国際定期便の開設は、互いに相手国から合意を得ておくことが必要となっている。そのために当事国同士で結ぶのが「二国間航空協定」である。

飛行機は第 1 次世界大戦期に飛躍的に性能が向上し、大戦後に航空輸送の事業展開が始まった。しかしここで、国際間飛行による「領空主権」の問題が発出した。領土の上空にも、国家が領域権を有しているかの議論である。これらの国際航空における問題を解決するべく、1919 年に初めて「国際航空条約」(通称「パリ条約」) が締結された。領土とその上空域については、その国家の完全かつ独占的な主権が与えられ、領空への進入を拒否する権利と、領空での飛行を規制する権利を持つとされた。これは、公海はどの国家の支配下にもないとする「海洋の自由」を原則とした海運とは対照的なものであった。

第2次世界大戦中の1944年11月には、米国の呼びかけで、戦後の民間航空のあり方を議論するために52カ国が集結した。これが「シカゴ会議」である。ここで国際民間航空輸送の統一ルールの策定が目指され、航空に関する原則を定めた「国際民間航空条約」（通称「シカゴ条約」[7]）が採択された。

シカゴ条約の主な内容

①領空主権
②航空会社・航空機の国籍条項
③空の5つの自由（領空通過、技術着陸の自由のみ合意）。カボタージュ[8]の原則禁止
④国際民間航空機関（International Civil Aviation Organization、以下「ICAO」[9]）の設立

7　民間航空機を対象に、領空主権に関する慣習法を再確認すると同時に、航空機の法的地位を定め、国際民間航空を能率的かつ秩序あるものにすることを目的とした条約。日本の加盟は1953年。正式名称は、国際民間航空条約（Convention on International Civil Aviation）。1944年11月に米国のシカゴで開催された民間航空に関する国際会議において採択されたことから、通称はシカゴ条約と呼ばれている。

8　外国航空会社による国内旅客輸送のことで、シカゴ条約では原則禁止とされた。

9　ICAOとは、世界の国際民間航空の安全かつ秩序ある発展を促進するために設立された国連の専門機関の1つで、193か国が加盟している（2020年7月現在）。航空の安全・保安や、環境保全に必要な国際基準や規則を定めている。

図 0-3　空の自由

区分	自由	内容	図	概念	取り決め
通過権	第 1 の自由	上空を無着陸で通過する自由（領空通過権）	自国 → 上空通過 → 相手国	シカゴ条約で認められた概念	シカゴ条約で多国間協定
通過権	第 2 の自由	運輸以外の目的で着陸する自由（テクニカルランディング ＝給油などのための技術着陸）	自国 → 技術着陸 → 相手国	シカゴ条約で認められた概念	シカゴ条約で多国間協定
運輸権	第 3 の自由	自国から相手国へ輸送する自由	自国 → 相手国	シカゴ条約で認められた概念	2国間協定での取り決め
運輸権	第 4 の自由	相手国から自国へ輸送する自由	相手国 → 自国	シカゴ条約で認められた概念	2国間協定での取り決め
運輸権	第 5 の自由	相手国と第三国との間で輸送する自由	自国 → 相手国 → 第三国	シカゴ条約で認められた概念	2国間協定での取り決め
運輸権	第 6 の自由	相手国から自国経由で第三国へ輸送する自由	相手国 ← 自国 → 第三国	一般的に使われている概念	2国間協定での取り決め
運輸権	第 7 の自由	相手国から第三国へ輸送する自由	相手国 ↔ 第三国（自国）	一般的に使われている概念	2国間協定での取り決め
運輸権	第 8 の自由	相手国内区間を輸送する自由（接続便カボタージュ）	自国 → A 相手国 B	一般的に使われている概念	2国間協定での取り決め
運輸権	第 9 の自由	相手国内区間を輸送する自由（完全なカボタージュ）	自国　A → 相手国 B	一般的に使われている概念	2国間協定での取り決め

シカゴ会議において、植民地を持たない米国は空の自由化を求めたが、英国を中心とするヨーロッパ諸国は国際的な制約が必要だと主張し、意見が対立した。「空の 5 つの自由」については、「通過権（Transit Rights）」とされる第 1 の自由と第 2 の自由のみ合意に至り、「国際航空業務通過協定」として承認された。一方、「運輸権（Traffic Rights）」とされる第 3 から第 5 の自由については、統一したルールを定めるには至らなかった。そのため、各国政府は 2 国間で航空協定を締結し、相互に「運輸権」を認め合う取り決めを行うこととなった。

1946 年、米国・英国間の 2 国間航空協定が大西洋上のバミューダ島で結ばれた。これは「バミューダ協定」と呼ばれ、2 国間航空協定のモデルとなっている。お互いの運輸権を認め、指定航空会社や路線、便数などを定めたが、保護主義的な姿勢が反映されたものだった。

バミューダ協定の主な内容

①指定航空会社
②輸送力（便数）
③路線（乗り入れ都市、経由地、以遠都市）
④運賃・両国間の承認方式（IATA 協定方式、両国承認方式、発地主義など）
⑤その他（コードシェア・チャーター便など）

この後、世界各国がこの協定を参考に 2 国間運航協定を締結し、路線を開設することとなった。日本も各国と 2 国間で航空協定を結び、新路線の開設や増便について交渉している。

このように、シカゴ条約と 2 国間協定の 2 つが存在することによって、初めて相互に飛行機を飛ばすことができる。

また、このほかにも空港の発着枠の確保や、運航ダイヤの届け出が必要となっているなど、航空事業の運営はさまざまな制約の上で成り立っている。

(2) 成長性

世界的な航空需要は、新興国の経済成長を受けて今後も長期的に伸びていくことが見通されている。COVID-19 によって大きく影響は受けたが、航空業界はこれまでもさまざまなイベントリスクを乗り越えて成長してきた。今回も一時的な落ち込みを経て、再び成長軌道に乗ることだろう。

中でもアジアは最大市場となっており、コロナ以前の航空旅客数の成長率は最も高い。アジア地域は世界経済の成長センターとして期待されており、生産・物流の拠点を抱え、高い伸びが予測されている。特にアジアと北米を結ぶ路線では、旺盛な需要が見込まれる。

図 0-4　旅客数の推移

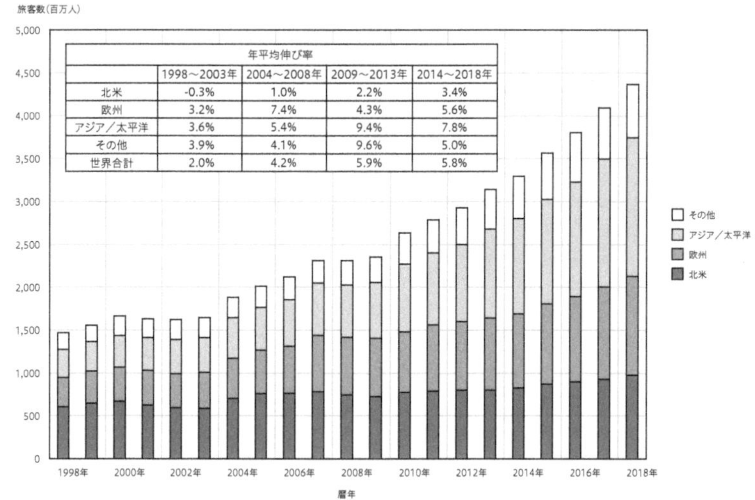

年平均伸び率				
	1998～2003年	2004～2008年	2009～2013年	2014～2018年
北米	-0.3%	1.0%	2.2%	3.4%
欧州	3.2%	7.4%	4.3%	5.6%
アジア／太平洋	3.6%	5.4%	9.4%	7.8%
その他	3.9%	4.1%	9.6%	5.0%
世界合計	2.0%	4.2%	5.9%	5.8%

出典：日本航空機開発協会 民間航空機関連データ集、2018年4月

図 0-5　航空旅客数の長期需要予測（2017 ～ 2036 年）

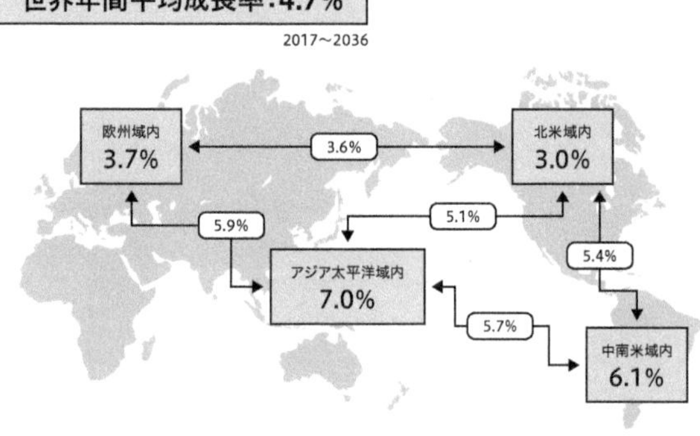

出典：Boeing、Commercial Market Outlook

日本に目を移すと、アジアとアメリカの中間に位置する地理的な優位性が注目すべき点といえる。航空輸送においては、当事国（2 国間）だけでなく、自国を経由した 3 国間輸送も活発に行われており、人流・物流ともに、アジア＝アメリカの間の通過需要を多く輸送している。すなわち、日本には今後も旺盛な需要が見込まれる地の利があるといえる。図 0-6 で示すように、2038 年までの年増加率は 3.6％と予測されている。

図0-6 地域間の旅客流動と今後の需要予測（2038年までの年増加率）2020年2月時点

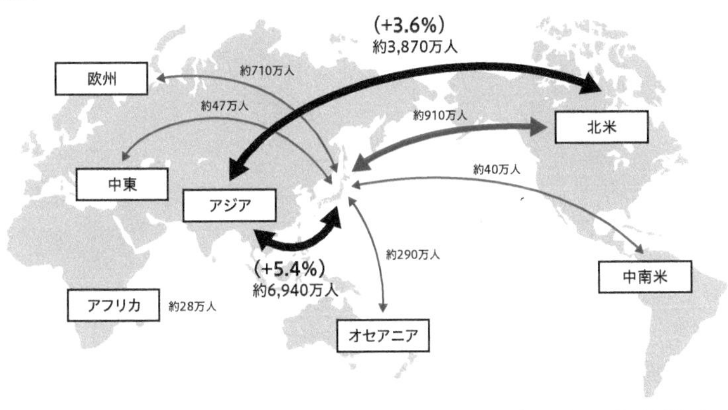

出典：「SABRE ADI O&D Market(2018)」「民間航空機に関する需要予測（日本航空機開発協会）」より航空局が作成

加えて、訪日外国人の急増も特筆に値する。訪日外国人旅行客を増やし、観光立国を目指す目的で「ビジット・ジャパン・キャンペーン」が始まった2003年の訪日外国人旅行者数は521万人であったが、2018年にはついに3,000万人を突破した。背景として、アジアの経済成長やビザの発給要件の緩和に加え、円安が進んだことで、外国人が気軽に日本を訪問できるようになったことが挙げられる。

東京2020オリンピック・パラリンピックの開催も念頭に、政府は2020年には年間4,000万人、2030年に年間6,000万人の訪日を目標にしていた。COVID-19の影響が大きく2020年の目標を達成することはできなかったが、政府は2030年の目標を維持している。COVID-19が収束し、訪日外国人客や3国間輸送の取り込みが再び盛んになることで、日本国内や日本発着需要が伸び悩んだとしても、日本の航空産業の将来は明るいといえるだろう。

(3) 事業の構造・特徴

①装置産業

航空事業は、莫大（ばくだい）な設備投資を基盤として成立する「装置産業」である。航空機をはじめ、航空機の格納庫や整備工場といった大規模な施設・設備、訓練用のフライトシミュレーターやモックアップ、空港で使用されるさまざまな特殊車両、予約・チェックイン・搭載・運航管理や経営支援などあらゆる業務を支えるコンピューターシステム群など、多岐にわたり巨額の投資が必要である。航空機はリース市場の拡大により初期投資が軽減されてきてはいるが、固定費が極めて大きいことが特徴である。

旅客機メーカーはボーイングやエアバスなど数少ない会社が世界のシェアを占めている。そのため、機材そのものでは大きな違いが見られない。このことから、各航空会社は機内の座席や、機内食などの機内サービス、マイレージプログラムなどで差別化を図っている。

なお、サービスを充実させて付加価値を高めている航空会社は「フルサービスキャリア」(FSC = Full Service Carrier) と呼ばれ、サービスの簡略化によりコストを削減し低運賃を提供している航空会社はLCCと呼ばれている。

②労働集約型の産業

航空事業の運営には、多くの人財確保が必要になり、人間の労働力による業務の割合が大きい。代表的な職種として、パイロット、客室乗務員、整備士のほか、飛行計画書（フライトプラン）の作成やパイロットへ天候などの情報提供を担う運航管理者、貨物の搭降載や航空機の誘導・給油を担当するグランドハンドリングスタッフ、空港でのチェックインなどを担当する空港旅客スタッフ、コールセンターでの電話対応を担当する予約スタッフ、機内食の調理や搭載を担当する機内食スタッフなどがあり、それぞれ高い専門性が必要とされている。特に、パイロット、整備士、運航管理者は国家資格が必要であり、育成に時間を要することも特徴の1つである。

さまざまな職種が協力して一便一便の運航をチームワークで支えていることが航空事業の特徴であり、また働く者にとっての大きな魅力でもある。

なお、多くの職種が必要になることから、航空需要が大きく伸びる中では、人財の確保も課題の1つである。特にパイロットについては、LCCの台頭や航空機の小型化、多頻度化によって、世界的な不足が指摘されていた。これに対しては、定年の延長や養成機関の定員増など、さまざまな打ち手が施されている。

③インフラストラクチャーに依存

空港などのインフラストラクチャーに依存している点も航空事業の特徴である。航空機があっても、離着陸できる空港がないとビジネスができない。加えてそこには空港施設の利用権や発着枠の確保などが必要となり、これらがそろって初めて運航が可能となる。

なお、空港の整備や航空管制、空港アクセス交通の整備については、国、自治体、またはほかの企業が担っており、航空会社がこれを直接担うことはない。

インフラストラクチャーに依存している点はほかの運輸業においても共通項といえるが、道路や線路の建設に多くの時間と費用を要する自動車・鉄道と比べると、空港を整備すれば距離の制約なく路線を設定できるのもまた航空輸送の特徴の 1 つである。

④外的要因に左右される

航空事業には多額の資産が必要である一方、収入の変動リスクも大きい。その理由として、外的要因に左右されやすいことがいえる。例えば、記憶に新しい COVID-19 だけでなく、テロや戦争、リーマンショックに見られるように、感染症や経済・政治の動向、戦争などのイベントによって収入が大きく左右される。

- 1980 年　第 2 次石油危機の発生
- 1991 年　湾岸戦争の発生
- 2001 年　米国同時多発テロの発生
- 2002 年　イラク戦争の発生と SARS（重症急性呼吸器症候群）の流行
- 2008 年　リーマンショックの影響
- 2020 年　COVID-19 の世界的感染拡大

また、台風や大雪、地震といった天候や災害にも影響を受け、航空機自体の運航可否や、空港などの設備の使用可否によって運航が制限されることもある。

加えて、航空機の運航には大量の燃油を必要とすることから、燃料価格や為替の変動によっても収益が大きく変化する。このため、航空会社はイベントリスクにも対応できる経営体力を備えておくことが必要だといえる。

なお、世界情勢の影響を受けながらも、世界の航空旅客数は、1990 年以降の 25 年間で約 3 倍の規模に成長してきた。イベントリスクに耐えながらも、成長を続けてきた産業である。

図 0-7　世界情勢と航空旅客数の推移

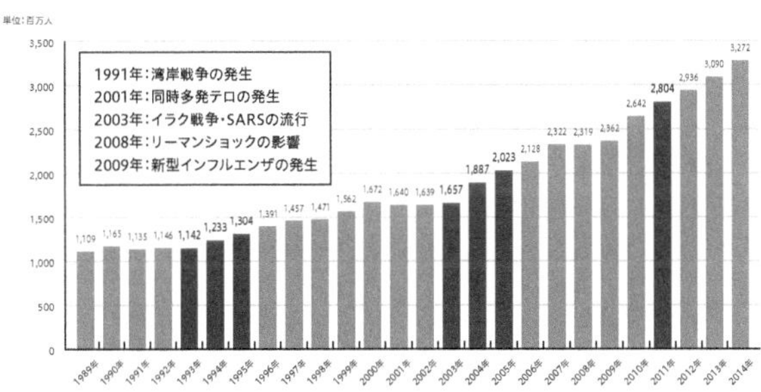

世界の航空旅客数は、2014年度総計で年間32億人を突破。世界情勢の影響を受けながらも、25年間で約3倍の規模に成長

出典：ICAO統計資料より作成

⑤在庫がきかない

航空事業の大きな特徴として、「商品の在庫がきかない」ことがいえるだろう。航空機が出発してしまえば、座席や貨物スペースを新たに販売することができないため、出発した段階でその価値は消失してしまう。たとえ空席があっても、座席を貯蔵できないことに大きな特徴がある。そのため、売上額を最大化するための価格設定と販売座席数のコントロール（プライシングとレベニューマネジメント）が重要となる。一定の座席数を所与として、運賃や運賃に関するルールを柔軟に工夫し、収入の最大化を目指すビジネスであるといえる。

航空機のハードやダイヤは差別化が難しいため、ヒューマンサービスやソフト（機内食やマイレージプログラムなど）で勝負する面が大きいといえる。加えて、多様な運賃を用意することもまた、差別化の1つの手法である。同じ座席であっても、複数の運賃が存在している。例えば、ビジネス利用では直前の予約や旅程変更にも対応できる運賃が好まれるが、旅行などでの利用を想定し、早期の予約と旅程変更ができないことを条件にした割引運賃が設定される。このように、運賃を多様にすることにより、新たな需要を発掘し拡大している。

なお、貨物は海上輸送との競争に常に直面しており、旅客以上にボラティリティ（需要変動）が高く、運賃の変動幅も大きい。

トピックス 「日本流」のサービスで差別化

現在も各航空会社はサービスの差別化を目指して奮闘しているが、戦後民間航空の黎明（れいめい）期にもさまざまな工夫が見られた。

特筆すべきものに、JALの「着物サービス」が挙げられるだろう。客室乗務員が着物姿で食事サービスを行うもので、1954年の国際線就航に際して導入された。担当に指名された客室乗務員は狭いトイレの中で制服から着替えるなどの苦労もあったというが、1990年まで国際線のファーストクラスで実施されていた。機内食でも和食や日本茶を提供し、着物姿の客室乗務員が搭乗記念のうちわを配るなど、日本の航空会社としての個性を演出していた。

また、JALが導入した最初のジェット旅客機であるDC-8型機の機内には、純日本風のファーストクラスラウンジが設けられていた。日本画家である前田青邨氏が描いた紅白の梅の装飾画や、障子や西陣織のシートカバーなど、「日本文化」を強くアピールした機内も評判を呼んだ。

当時、国際線運航においては他国の航空会社に対して劣位にあったが、「日本らしさ」

をいかに表現するかという当時の思いが垣間見える。現在では、着物サービスも純日本風の機内装飾も見られなくなったが、その当時制定され、現在も使用されているロゴマーク「鶴丸」に、その思いは今も息づいている。

図 0-8
DC-8 型機のファーストクラスラウンジ(1960 年)

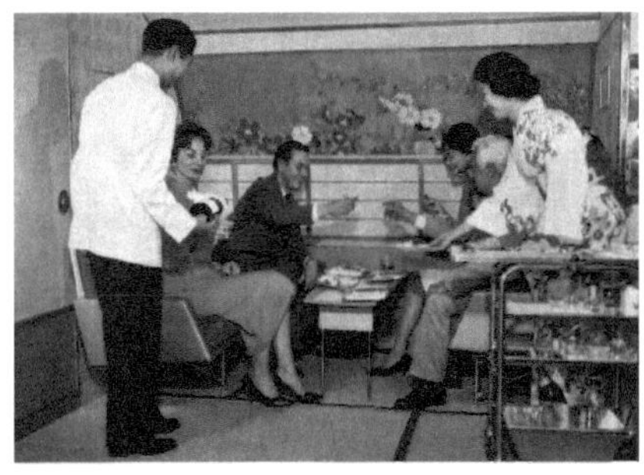

図 0-9
ボーイング 747 型機（1970 年）

(4) 安全

もとより、航空事業が成り立つための大前提は安全である。航空会社は、その社会的責務として、高い安全性を担保することが求められている。

1950 年代にジェット旅客機が運航を始めたが、当初は飛行機の信頼性そのものが低く、多くの事故が発生した。それらを教訓として、飛行機の設計・製造技術を進化させ、事故は減少していった。

しかし、飛行機が進化し複雑化するにつれて、今度はそれを人間が使いこなせなくなることに起因した事故が発生するようになった。そこで、訓練によって、パイロットや整備士の技量を向上させる取り組みが進められた。代表的なものとして、フライトシミュレーターの導入が挙げられる。

加えて研究されたのが、ヒューマンファクターである。1980 年代には、どんなに注意していてもエラーを起こすという人間の特性を十分に認識した上で対策を立て、飛行機の設計そのものにも人間工学を取り込んだりするようになった。1990 年代からはさらに、安全管理、安全文化という概念が注目され始めた。

安全とは「ハザードの特定およびリスクの管理を継続して行うことでリスクが受容レベルまで低減され、かつ受容レベル以下に維持されている状態」をいう。安全文化を構築するとともに、安全のPDCAサイクル[10]が回っていることをしっかり管理していくことで、揺るぎない安全管理体制を構築している。

4 本書の構成

本書では、本章で取り上げた航空事業のさまざまな特徴を踏まえ、航空業界の現在と航空会社の戦略を多角的に取り上げる。

第1章ならびに第2章にて、日本の航空政策と航空産業についてひも解いていく。航空業界を取り巻く環境の変遷を、「規制緩和」と「空港」の観点から取り上げる。

これを踏まえた航空会社の経営戦略を、第3章以降で各側面から実践的に解説する。まず、航空会社にとって商品ともいえるネットワークやアライアンスなど、航空運送事業を磨き上げる戦略を取り上げる。加えて、レベニューマネジメントやマーケティングなどによっていかに収益を上げるか、またLCCや貨物事業などの航空会社のさまざまな事業について解説する。また、航空会社の存立基盤である安全への取り組みや、企業風土改革についても紹介する。加えて、航空会社がSDGs[11]の達成や、地域活性化などの社会課題の解決に向けていかに取り組んでいるかについても紹介する。

終章では、「航空事業のこれから」と題して、サービスの進化や新たな時代の航空事業について考える。

それでは、航空事業を巡る旅に出発しよう。

---

10 Plan（計画）・Do（実行）・Check（確認）・Act（改善）の4段階を繰り返して継続的に改善する、品質管理などにおける手法の1つ。

11 Sustainable Development Goals、持続可能な開発目標。

第1章

規制緩和による競争政策

1 航空事業の規制緩和

航空会社は、自社の飛行機をどこからどこに何便飛ばすか、その区間の運賃をいくらにするか、自由に決めているのだろうか。この章では、主に国内事例をもとに、航空事業と規制について考察していく。

(1) 45・47体制

第2次世界大戦後の日本の航空事業の歴史は、GHQによる航空主権抑制期間を経た後、1951年の、日本航空株式会社（現JAL）の設立から始まる。翌1952年には、日本ヘリコプター輸送株式会社（後に極東航空株式会社と合併、現ANA）が設立された。また、同年設立された日東航空株式会社および富士航空株式会社、翌1953年設立の北日本航空株式会社の3社が1964年に合併して日本国内航空株式会社が誕生し、さらに、1971年に同社が東亜航空株式会社と合併して、東亜国内航空株式会社（TDA）となった。1988年、東亜国内航空株式会社は、株式会社日本エアシステム（JAS）に商号を変更した。日本の民間による定期航空史は、JAL、ANA、JAS、この3社により形作られる。

航空は、戦後、GHQにより制限を課せられていたことからも分かるように、軍事・外交政策にも直結する輸送インフラでもあることから、特に、外国との往来においては、関係する2国の政府間で、運航する路線、便数の交渉・決定が行われ、両国間での権利規制の下で運航されていた（シカゴ条約）。こうして、国の利権をそのまま反映する性質を帯びていたことから、当時の各国航空会社は、国営、もしくは、国が株式の過半数を所有する形態をとることも多く見受けられた。日本においても、日本航空株式会社法により国が半数を出資する特殊法人として日本航空株式会社（JAL）が設立され、JALは、国際線の運航を一手に担っていた。

これは、昭和45年（1970年）閣議了解、および昭和47年（1972年）の運輸大臣通達により、わが国の航空会社の過当競争を排し、その共存共栄を図る観点より、JALは国際線と国内幹線、ANAは国内幹線およびローカル線、ならびに近距離国際チャーター、TDAは国内ローカル線および幹線と、各社の事業分野を定めたことによる国内航空会社の役割分担で、その取り決めがなされた元号から、45・47体制と呼ばれる。

このように、今から約50年前の日本の航空の黎明（れいめい）期においては、航空各社は、自己の経営判断ではなく、国によってその事業領域が定められており、その範囲内での活動となっていたことになる。

(2) 規制緩和の第一歩（国際線、国内線、JALの民営化）

前述の通り、当初、航空会社の事業領域は、国の方針により定められていたが、1986年に転機が訪れる。

国の運輸政策を決定する運輸政策審議会において「今後の航空企業の運営体制の在り方について」が答申され、これにより、これまでの各社の役割分担などが変わることになる。

その具体的な内容は、表1-1の通りである。

表1-1 国内航空の規制緩和

項目	内容	備考
国際線	ANA 国際定期便運航開始 JAS 国際定期便運航開始	成田＝グアム（1986） 成田＝ソウル（1988）
JALの完全民営化	日本航空株式会社法の廃止 政府保有株式の放出	
国内線	同一路線区間への2社、3社参入要件整理	

出典：国土交通省資料より、JAL調べ

本審議会答申の背景には、前述の政府による決定、いわゆる45・47体制の目的であった「航空企業間の過当競争を排して、共存共栄を図る」という産業保護政策が一定の成果を上げ、規制から競争へ（利用者利便向上に向けた競争促進へ）の政策転換といえよう。

これらの決定事項につき、個別に見ていこう。

(3) 国際線の参入規制緩和

この答申では、明確に「国際線の複数社制」がうたわれた結果、ANAおよびJASの国際定期便への参入が認められた。

当時、国際線の運航においては、関係する2国間政府による交渉の結果によって、どことどこの間に何便飛ばすかが決められているということは先に述べた通りである。日本と米国の間の国際線運航を例にとってみると、両国間を運航できる航空会社は、あらかじめ両国政府により決定されており、新たな会社が自由に路線を開設することは許されていない。

本答申により、日本の航空会社における国際線のJAL独占は廃止され、国際線も複数社による運航が可能となった。まずは1986年にANAが国際定期便の運航を開始し、その後、1988 年に JAS が成田＝ソウルの国際定期便を開設した。

ただし、この時点では、2 国間の路線・便数は、両国政府間の交渉で決められており、航空会社が自由に設定できるものではなかったことは申し添えておく。

JAL の完全民営化

JAL は、当初、国が他国と同等に国際線運航を行うために、国が株式の半数を所有した特殊法人であったと述べた。いわゆる、45・47 体制から 20 余年が経過し、その意義は一定程度達成されたとの判断の下、主として以下の 2 点から、JAL の完全民営化が進められた。

・企業間の競争条件の均等化

・自主的かつ責任ある経営体制の確立

これにより、政府は、1987 年の通常国会にて、日本航空株式会社法の廃止を決定し、同年に保有株式を放出、JAL の完全民営化が行われた。

2 国内線の参入規制緩和

政府による規制が緩和されたのは、国際線ばかりではない。国内線においても、新たな航空会社による新規路線開設が認められるようになり、2 社、3 社の路線開設を可能とする条件設定がなされた。いわゆる、ダブルトラック（2 便化）、トリプルトラック（3 便化）要件である。

国内線も、これまでその路線を運航していなかった会社が路線を開設することが可能となったが、具体的な路線開設に当たっては、政府の設定する条件をクリアし、路線開設の認可を受ける必要があった。

それでは、国内線参入要件の歴史を見ていこう。

ダブルトラック、トリプルトラック

日本国内の航空路線は、航空会社が自由に路線設定をできるのだろうか。

日本国内には、97 の空港があるが（2022 年現在）、需要構造は、政治・経済の機能が集中する東京や首都圏と地域を結ぶ路線に集中しており、羽田空港と地域を結ぶ路線が主である。

1991 年 6 月の運輸政策審議会答申により、安全運航の確保を基本としつつ、航空会

社間の競争促進を通じて利用者利便の向上を図るため、国内線も、需要に応じて2社または3社による運航が可能となった。2社運航をダブルトラック、3社運航をトリプルトラックと呼ぶ。

これにより、国内航空各社の路線開設規制が緩和され、路線の需要（旅客数）に応じて、新たな路線の開設が可能となった。

表1-2 路線開設規制の緩和（国内線）

	45・47体制	緩和後
JAL	幹線のみ	幹線及びローカル線
ANA	幹線及びローカル線	
JAS	ローカル線及び一部幹線	

注1 「幹線」とは、新千歳、東京（羽田）、東京（成田）、大阪、関西、福岡、沖縄（那覇）の各空港を結ぶ路線をいい、「ローカル線」とは、これ以外の路線をいう

ただし、路線開設には需要（利用旅客数）の基準があり、それをクリアした路線が対象となることが特徴であった。具体的な旅客数基準としては、それぞれ、年間利用者数につき、ダブルトラック化は20万人、トリプルトラック化は30万人とされていた。

この規制緩和により、具体的にダブル、トリプルトラック化された路線は、表1-3の通りである。

表1-3 国内線のダブル・トリプルトラック化の実施状況

トリプルトラック		
路線名	会社名	備考
東京＝札幌	JAL・ANA・JAS	JAS・1965年3月〜
東京＝大阪	JAL・ANA・JAS	JAS・1968年3月〜
東京＝福岡	JAL・ANA・JAS	ANA・1970年3月〜
★東京＝鹿児島	JAL・ANA・JAS	JAL・1986年7月〜
★東京＝那覇	JAL・ANA・JAS	JAS・1988年7月〜
★東京＝広島	JAL・ANA・JAS	JAL・1990年7月〜
★東京＝小松	JAL・ANA・JAS	JAS・1991年7月〜
★東京＝熊本	JAL・ANA・JAS	JAL・1991年7月〜
★東京＝長崎	JAL・ANA・JAS	JAL・1991年7月〜
★東京＝大分	JAL・ANA・JAS	JAL・1993年3月〜
★東京＝宮崎	JAL・ANA・JAS	JAL・1994年9月〜
★大阪＝札幌	JAL・ANA・JAS	JAS・1991年5月〜
★大阪＝鹿児島	JAL・ANA・JAS	JAL・1991年9月〜
★大阪＝長崎	JAL・ANA・JAS	JAL・1994年9月〜
★大阪＝宮崎	JAL・ANA・JAS	JAL・1994年9月〜
★大阪＝福岡	JAL・ANA・JAS	JAS・1995年4月〜
★大阪＝那覇	JAL・ANA・JAS	JAS・1995年4月〜
★大阪＝仙台	JAL・ANA・JAS	JAS・1996年4月〜
★名古屋＝札幌	JAL・ANA・JAS	JAS・1993年3月〜
★名古屋＝福岡	JAL・ANA・JAS	JAS・1995年4月〜
★札幌＝仙台	JAL・ANA・JAS	JAS・1996年7月〜
★札幌＝福岡	JAL・ANA・JAS	JAS・1996年9月〜
計22路線（★計19路線）		

ダブルトラック		
路線名	会社名	備考
東京＝高松	ANA・JAS	JAS・1973年4月〜
東京＝釧路	ANA・JAS	ANA・1975年7月〜
★東京＝松山	JAL・ANA	JAL・1988年7月〜
★東京＝函館	JAL・ANA	JAL・1989年7月〜
★東京＝秋田	JAL・ANA	JAL・1991年7月〜
★東京＝旭川	ANA・JAS	ANA・1992年12月〜
★東京＝青森	ANA・JAS	ANA・1994年9月〜
★東京＝徳島	ANA・JAS	ANA・1994年11月〜
大阪＝高知	JAS・ANK・(ANA)	ANK・1990年12月〜
★大阪＝松山	JAL・ANA	JAL・1991年4月〜
★大阪＝大分	JAL・ANA	JAL・1994年9月〜
★大阪＝熊本	JAL・ANA	JAL・1994年9月〜
★大阪＝函館	JAL・ANA	JAL・1996年7月〜
★成田＝大阪	JAL・ANA	ANA・1986年7月〜
★成田＝札幌	JAL・ANA	ANA・1992年11月〜
名古屋＝長崎	ANA・JAS	ANA・JAS・1977年4月〜
名古屋＝仙台	ANA・JAS	ANA・1977年6月〜
★名古屋＝那覇	ANA・JTA	JTA・1992年4月〜
★名古屋＝鹿児島	JAL・ANA	JAL・1992年7月〜
福岡＝那覇	JAL・ANA	ANA・1973年5月〜
★福岡＝宮崎	JAL・ANK	ANK・1996年7月〜
鹿児島＝奄美大島	JAS・ANK	ANK・1985年11月〜
★鹿児島＝福岡	JAS・ANK	ANK・1987年7月〜
★那覇＝石垣	ANK・JTA	ANK・1989年7月〜
★那覇＝宮古	ANK・JTA	ANK・1993年4月〜
★鹿児島＝那覇	ANK・JTA	JTA・1993年4月〜
★札幌＝新潟	JAL・ANA	JAL・1996年7月〜
★札幌＝広島	ANA・JAS	JAS・1996年8月〜
★大阪＝新潟	ANA・JAS	ANA・1996年10月〜
計29路線（★計22路線）		

注1：[備考]列は2社目、3社目の参入会社および運航開始年月
注2：下線と二重下線は、1992年10月のダブル・トリプルトラック化基準緩和後のダブル・トリプルトラック化路線
注3：白抜きは、1996年4月のダブル・トリプルトラック化基準緩和後のダブル・トリプルトラック化路線
注4：★は、1986年の運輸政策審議会答申以降にダブル・トリプルトラック化

出典：国土交通省資料よりJAL作成

これによって、それまではANA単独、あるいはJAS単独運航であった路線についても、段階的に他社にも参入が認められ、利用者にとってはさらに選択肢が広がることとなった。

その後、こうした基準は緩和され、1997年には、基準自体が撤廃された。

45・47体制による航空会社ごとの路線すみ分けが1986年に廃止され、国内線については、ダブル、トリプルトラック化による新規路線参入規制の緩和を経て、路線の開設は事前届け出制となり、後述する混雑空港[1]を除いては、航空会社の参入・撤退が自由となった。

1便ルールと3便ルール

国内航空路線について、一定の基準をクリアする必要があるものの、複数社による乗り入れ、運航が可能となったが、航空は公共交通機関であるという点から、撤退など路線の再編には規制が設定されている。ここでは、特定路線への路線維持に関する規制を学ぶ。

まずは、路線が消滅することを抑制するための「1便ルール」である。

1便ルールの定義

1便ルールの定義は以下の通り。

「それぞれの航空会社内における発着枠の他路線への転用により減便される路線の当該転用後の便数が、当該路線を運航している全航空会社の便数の合計で1便未満になる場合に、当該発着枠を回収し、運航を希望する航空会社を募集する制度」

（出典：国土交通省「東京国際空港の新B滑走路の供用に伴う新規発着枠の配分について（平成12年3月10日空事第80号）」）

つまり、航空会社の判断で、羽田空港とある地域を結ぶ路線が1便未満になる、すなわち、なくなってしまう場合、国土交通省は、その路線の運航を希望する会社を募り、運航する会社が出てきた場合、その路線を運航する権利をもともと持っていた会社から新たな会社に移すという規制である。

これにより、もともとその路線を運航していた会社は、その路線を運航する権利、つまり、羽田空港の発着枠を失うことになる。

こうして、地域と首都圏を結ぶ路線が消滅し、その地域に住む人の利便性が失われることにならないよう政策的な配慮がなされている。

1 「安全な運航の確保や環境上の制約等のために、航空機の発着について全日又は一定の時間帯に一定の制約が設けられている空港で、このような制約を上回る発着が見込まれるもの」（出典：国土交通省）。2022年時点では、成田空港、羽田空港、伊丹空港、関西空港、福岡空港が該当する。

3便ルールの定義

3便ルールは、以下のように定義されている。

「羽田空港における少便数路線（総便数3便以下の路線）をグループ化し、減便時にはほかの少便数路線のみに転用することができることとする制度」

（出典：国土交通省「当面の羽田空港の望ましい在り方に関する懇談会報告（平成16年9月）」）

こちらも、羽田空港と地域を結ぶ路線が削減されないようにするための政策である。

つまり、ある航空会社が路線の見直しに当たって、1日の運航便数が3便以下の路線のうち、何便かを別の路線に移そうとした場合、その会社の持つ3便以下の路線への移管しか認められないというもので、例えば、羽田＝札幌のように、すでにたくさんの便が運航している路線（高需要路線）に移すことは認められないのである。

これらは、公共財である羽田空港の発着権益を利益追求の観点のみで利用者が多い路線に偏らせることなく、地域と羽田を結ぶ路線を一定以上維持し、地域間で航空輸送サービスに差が生まれないようにするための措置（政策的規制）なのである。

このように、航空会社は、利益を上げて株主などステークホルダーの期待に応えなければならない反面、公共交通機関として、国内の航空ネットワーク維持のために各種規制の下での事業を行う必要がある。

3 国内線に関する運賃規制の緩和

ここまでは、路線の設定に関する規制とその緩和の歴史について述べてきた。ここでは、国内線の航空運賃の自由化について触れる。

そもそも、航空会社は、どこの空港からどこの空港までいくらの料金で航空券を販売するか、自由にできているのだろうか。

答えは、「現在では」可である。正確には届け出制といい、主管省庁である国土交通省に、文字通り販売する運賃の料金を「事前に」届け出る必要があるが、国内線においては、ほぼ、航空会社が自由に料金を決め、販売できるようになっている。

ただしそれは、前に述べた通り、「現在では」である。国内線航空運賃も、かつては、政府による認可が必要であった。

国内航空運賃規制の変遷

認可制の下では、航空運賃は、能率的な経営の下における適正な原価に適正な利潤を加えて算出することとされ、会社ごとに収支が均衡するために必要な範囲内で値上げを認める「総括原価主義」を採用していた。

しかし、同一距離でありながら、路線によって格差のある運賃設定がなされていたことから、1990年に、同一距離に対して同一運賃帯を適用する標準原価方式に改められた。

1996年には、国内航空運賃に標準原価を最高額とする一定の幅で運賃を認可し、25%の範囲内で各航空会社の自主的な運賃設定を可能とする幅運賃制度が導入されている。

こうした段階的な規制緩和を経て、2000年2月の改正航空法施行により、運賃・料金の設定・変更は、認可制から事前届け出制に移行し、航空会社は、市場の状況に応じた自由な経営判断に基づき、多様な運賃・料金を設定し、これを随時変更することが可能となった。

ただし、航空会社の経営判断によって、利用者を不当に差別的に取り扱う運賃・料金や、独占路線における著しく高額な運賃・料金を設定すること、また、競合路線においてほかの競争事業者を市場から排除することを目的とする略奪的な運賃の設定などが行われる可能性があることから、そのような不当な運賃・料金に対しては、運輸審議会に諮った上で、国土交通大臣がその是正を図るための変更命令を発動できることになっている。

表1-4 1990年時点の国内航空運賃の例（参考）

区間	料金（大人・片道）
羽田＝新千歳	23,850円
羽田＝伊丹	14,600円
羽田＝那覇	34,900円

当時は、どの航空会社でも同一区間の運賃が同じだった

出典：JAL調べ

トピックス 裏書（エンドースメント）とは

航空券を発券した航空会社以外の航空会社で、その航空券を利用できるようにするための手続き。

かつて、紙の航空券の裏側に、他社利用可とする旨を記載したことから「裏書」と呼ばれる。

図 1-5 規制緩和の経緯（まとめ）

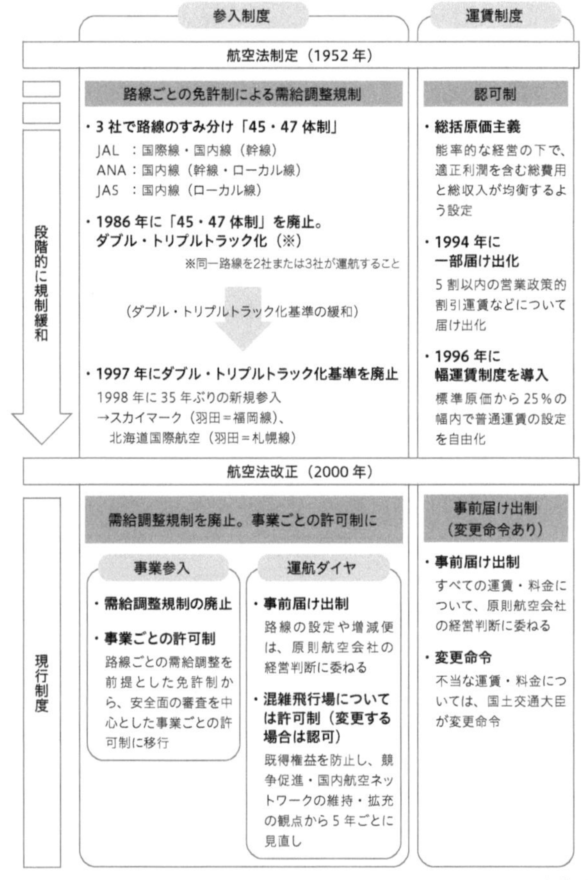

出典：国土交通省資料

4 国際線に関する外国との間の規制緩和

日本国内と外国の間を行き来する飛行機、国際線。日本の大規模国際空港といえば、首都圏の成田空港と羽田空港、中部空港、関西空港などが思い浮かぶであろう。そのほかにも、北海道の新千歳空港や、福岡空港などにも国際線が運航している。国際線は、JALやANAのみならず、外国の航空会社も多く日本に乗り入れており、外国への旅行などに、外国の航空会社を使った人も多いだろう。

国際線について、日本と海外のどこの都市との間をどうやって飛ばすか、航空会社が自由に決められるのだろうか。その実態を見ていこう。

(1) 欧米におけるオープンスカイ（国際線の乗り入れ自由化）

前述の通り、国際線は発着する2国間を運航する権利（権益）の調整が必要で、これまでは、関係する国同士の政府により交渉・決定されるのが一般的であった。

まずは、両国政府により、両国間で発着可能な空港や時間帯を決め、その後、それぞれの国で、その区間を運航する航空会社を決めるという手続きが必要だった。

これを、国の規制によるのではなく、両国の航空会社の路線や便数などについて、自由に運航可能にしようとする考え方が「オープンスカイ政策」であり、現在、日本も多くの国・地域との間でこのオープンスカイ協定を結んでいる。

まずは、このオープンスカイの歴史について見てみよう。

表1-6 国際航空の自由化の歴史

米国	1995年オープンスカイ政策を公表、国際市場の航空自由化へ 100以上の国や地域とオープンスカイ協定を締結
欧州	EU市場の統合に合わせ、パッケージI（1988年）、II（1990年）、III（1993年）と、段階的に自由化

出典：国土交通省資料よりJAL作成

1997年、EU加盟国域内ではカボタージュ[2]が撤廃され、加盟国の航空会社が、EU域

2 Cabotage。国が国境内の航空交通を統制する占有権。航空輸送のカボタージュとは、外国の航空会社が国内の2地点間を運航すること。シカゴ条約では、外国の航空会社に対して自国の領域内にて運送許可を与えない権利（カボタージュを規制する権利）を有することが定められている（第7条）。

内であれば自国以外のどこの区間であっても自由に路線を開設し、自由な運賃で運航できるようになった。

つまり、フランスの航空会社が、ドイツとイタリアを結ぶ国際線を運航することが可能になった。

このように、航空先進国である欧米において、国際航空輸送の規制緩和が本格化し、日本もその影響を受けることになる。

(2) 日本におけるオープンスカイ

世界の成長センターとなったアジアが、今後ともに世界に開かれた地域として発展していくことが、世界にとっても日本にとっても重要である。人口減少を迎えた日本にとって、国内をさらにオープンにし、アジアや世界の活力を取り込まなければ、安定した経済成長は困難という認識の下、アジアゲートウェイ構想が立ち上がった。1997年アジアゲートウェイ構想の目的は、以下の3つであった。

・アジアの成長と活力を日本に取り込み、新たな「創造と成長」を実現する
・アジアの発展と地域秩序に責任ある役割を果たす
・魅力があり、信頼され、尊敬される美しい国を創る

この重要政策の1つとして「人流・物流ビックバン」（利用者の視点に立った航空・港湾・物流改革）が推進され、その具体策として、日本にもオープンスカイが導入されることになる。

日本の国際線の相互乗り入れ自由化（オープンスカイ）は、こうして始まった。

国土交通省によれば、日本のオープンスカイも首都圏空港を含めて推進され、平成29年（2017年）9月時点で、33カ国・地域と合意している（図1-7)。

このオープンスカイによって、二国間輸送が自由化されているのは、首都圏空港では、成田空港が対象。羽田空港は対象とされていない。

図1-7 オープンスカイ合意国（2017 年 9 月時点）

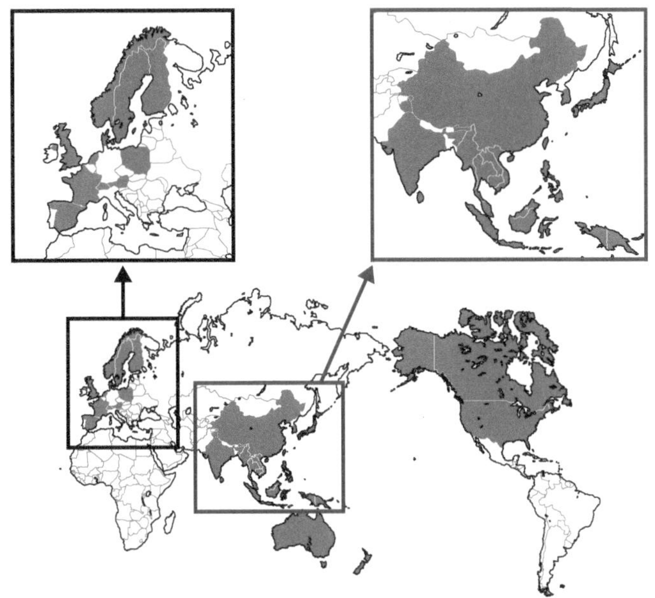

33カ国・地域と合意

日本発着旅客数（2016年度）	7,648万人
日本発着総旅客数における割合	96%

出典：国土交通省資料

関係する２国間の往来において、規制を取り払い、自由な競争の下に航空会社が競うことで、良質なサービスを利用者にもたらす。人やモノがスムーズに行き交うことで経済的な発展を遂げるという方向に世界が動き出し、ますますボーダレスな世の中となってきており、人々の生活はより一層便利になっている。

ただし、日本において、羽田空港はこうして航空会社が自由に乗り入れできる空港にはなっていない。なぜだろうか。

次に、この点について見てみよう。

5 空港乗り入れに関する規制

（1）羽田空港の現状

まず、羽田空港の成り立ちと歴史について振り返る。

羽田空港は、1931年に東京飛行場として開港し、滑走路3本を持つ首都の空港として運用されてきた。その後、1973年、成田空港の開港とともに、国際線機能を成田空港に移し、一部を除いて国内線専用空港として運用されてきた。そして、2001年の深夜国際チャーター便を皮切りに羽田空港の国際線運航が再開し、2010年には、さらなる航空需要に対応するため、4本目の滑走路と国際線ターミナルの供用を開始し、現在に至っている。

羽田空港は、主に国内線用として運用されていたころより、年間約6,000万人が利用する大規模空港であった。

このように、東京の玄関口として航空便が集中する羽田空港は、航空法第107条により「混雑空港」に指定され、発着できる航空会社、および発着可能回数（発着枠[3]）が国によって管理されている。

では、羽田空港の発着には、どのような規制があるか見ていこう。

国内線

羽田空港を発着する国内線は、5年に1回、国土交通省により、航空会社に与えられた発着枠の回収・再配分が行われる。既得権益化を防止し、競争促進と国内航空ネットワークの維持・拡充を図ることが目的となっている。

監督官庁である国土交通省航空局により、有識者による検討会「羽田発着枠配分検討小委員会」が設置され、各航空会社に割り当て済みの発着枠を一定のルールに基づき回収し、競争促進や地方路線維持への貢献度などの評価点に基づき評価を行った上で、回収した当該発着枠を新たに航空会社に配分する。

航空会社は、配分を受けた発着枠の範囲内で路線設定を行い、国内路線を運航する。

3　航空機が、空港への離陸または着陸の度毎に、当該滑走路を使用することができる機会を与えられる。これを発着枠（スロット）と称する。混雑空港においては、空港の処理能力を超えた航空機が発着することを防止し、安全かつ円滑な運航を確保するために、1日又はある時間内に発着可能な回数の限度が設定されている（出典：国土交通省）。

図1-8　配分前の羽田空港発着枠（2019年）

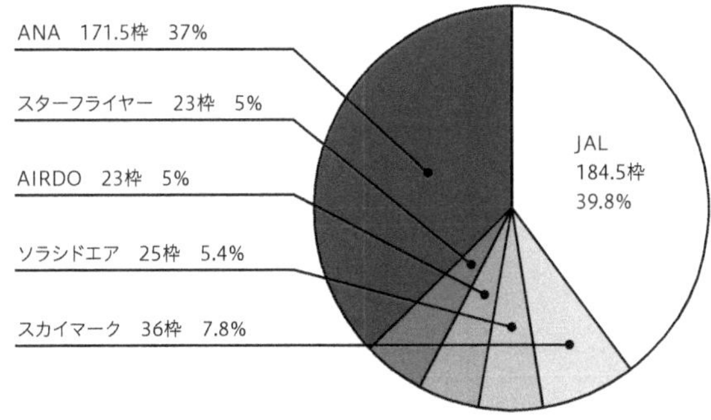

注1：羽田国内線の発着枠は、合計で463枠。このほかANAの2014年4月の三宅撤退分、ANAの2015年10月の大島撤退分の2枠分がある

出典：国土交通省資料

図1-9　配分後の羽田空港発着枠（2019年）

	回収前	回収数	再配分数	再配分後	増減
JAL	184.5	▲8	5	181.5	▲3
ANA	171.5	▲7	6	170.5	▲1
AIRDO	23	▲1	1	23	0
ソラシドエア	25	▲1	1	25	0
スターフィライヤー	23	▲1	1	23	0
スカイマーク	36	▲1	2	37	1
		▲19	16		

出典：国土交通省資料よりJAL作成

国際線

外国との間を行き来する国際線についても、オープンスカイ政策の進展により、合意に至った両国間では、いつ、どこに、どの会社がどういう飛行機で運航するかについて、規制が撤廃され、自由化が進んでいることはすでに述べた通りであるが、羽田空港は、そのオープンスカイの対象となっていないのも前述の通りである。

国内線同様、発着枠に余裕のない羽田空港の国際線も、国により管理されている。

図 1-10 羽田空港の旅客数・発着枠推移

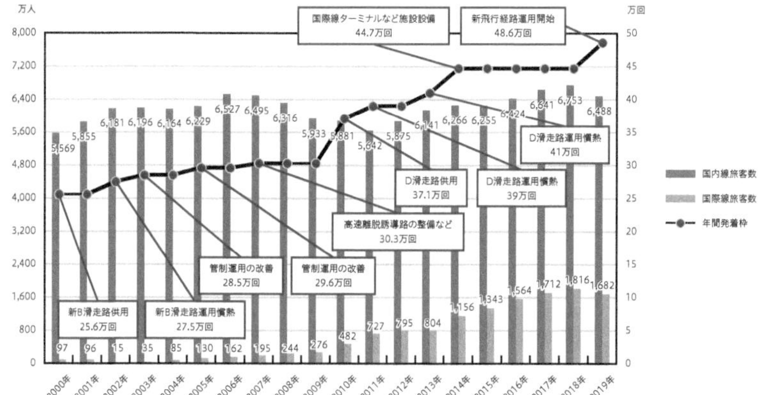

出典：国土交通省資料

図 1-10 の通り、2010 年 9 月の 4 本目の滑走路（D 滑走路）の供用開始に伴い、羽田空港における国際定期便の運航が本格的に再開され、徐々に利用者数も増加、2019 年には年間約 1,700 万人が国際線を利用している。

一方、国内線旅客数も、おおむね年間 6,500 万人と、国際線運航開始前と比べて減ることなく、国内線の規模を維持しつつ、国際線の運航を増やしていることが分かる。

これは、4 本目の滑走路（D 滑走路）を増設したことで空港処理能力が増え、発着枠が増加したことにより、その増加分を国際線に割り当てたものだが、それでも、航空会社が自由乗り入れするに十分な規模とはいえない。

それが、羽田空港が「混雑空港」として、国によって、乗り入れる航空会社、および路線、便数が管理されている理由である。

羽田空港国際線の発着枠は、過去 2 回にわたり、国別、航空会社別に割り当てられている。

表 1-11 羽田空港国際線の発着枠割り当て（第 1 回・2013 年）

	日本側発着枠			相手国側発着枠（参考）
		ANA	JAL	
イギリス	2	1	1	2
フランス	2	1	1	2
中国（北京）	2	1	1	2
シンガポール	2	1	1	2
タイ	2	1	1	1
ドイツ	2	2	-	2
ベトナム	1	1	-	1
インドネシア	1	1	-	1
フィリピン	1	1	-	1
カナダ	1	1	-	1
計	16	11	5	15

合計
31

出典：国土交通省資料

表 1-12 羽田空港国際線の発着枠割り当て・国別配分数（第 2 回・2019 年）

国名	配分数（1 日当たり）	
	本邦企業	相手国企業
米国	12 便分	12 便分
中国 [注1]	4 便分	4 便分
ロシア [注2]	2 便分	2 便分
オーストラリア	2 便分	2 便分
インド [注3]	1 便分	1 便分
イタリア	1 便分	1 便分
トルコ	1 便分	1 便分
フィンランド	1 便分	1 便分
スカンジナビア [注4]	1 便分	1 便分
合計	25 便分	25 便分

注1：中国とは、羽田発着枠配分のほか、成田・北京・上海にかかわる輸送力制限を大幅に緩和することを確認
注2：下線は、今回の増枠による羽田空港、昼間時間帯、新規就航国
注3：インドは、これに加え深夜早朝枠1便ずつを両国企業にそれぞれ配分
注4：デンマーク、スウェーデン、ノルウェーの3カ国で1便分を配分

出典：国土交通省資料

表 1-13 羽田空港国際線の発着枠割り当て・企業別配分数（第 2 回・2019 年）

国名	配分数（1日当たり）	
	ANA	JAL
米国	6 便分	6 便分
中国 [注1]	2 便分	2 便分
ロシア [注2]	1 便分	1 便分
オーストラリア	1 便分	1 便分
インド [注3]	0.5 便分 [注1]	0.5 便分 [注1]
イタリア	1 便分	-
トルコ	1 便分	-
フィンランド	-	1 便分
スカンジナビア [注4]	1 便分	-
合計	13.5 便分	11.5 便分

注1：深夜早朝枠と組み合わせて1便を運航

出典：国土交通省資料

この結果、羽田空港を発着する国際線は、下表にもある通り、多くの海外の都市と結ばれ、充実していった。国内線の多くが発着する首都圏空港として、国内の各地域からの、または各地域への国際線の乗り継ぎもスムーズになり、利便性も向上していった。

表 1-14 羽田空港 就航都市一覧（2022 年 7 月）

方面	都市／空港	
東アジア方面	・ソウル（金浦） ・ソウル（仁川） ・広州 ・香港 ・深セン ・上海（虹橋） ・上海（浦東）	・天津 ・青島 ・北京（首都） ・北京（大興） ・台北（松山） ・台北（桃園）
東南アジア方面	・クアラルンプール ・シンガポール ・ジャカルタ ・ハノイ	・ダナン ・ホーチミン ・バンコク ・マニラ

方面	都市／空港
オセアニア／ミクロネシア方面	・ブリスベン ・メルボルン ・シドニー
北米方面	・ホノルル　・ヒューストン ・コナ　・シカゴ ・ポートランド　・ソルトレイクシティ ・サンフランシスコ　・ダラス（DFW） ・サンノゼ　・デトロイト ・シアトル　・アトランタ ・ロサンゼルス　・ワシントン DC ・ニューアーク　・トロント ・ニューヨーク（JFK）　・バンクーバー ・ミネアポリス
ヨーロッパ方面	・パリ　・ヘルシンキ ・フランクフルト　・イスタンブール ・ミュンヘン　・モスクワ（DME） ・コペンハーゲン　・モスクワ（SVO） ・ミラノ　・ウラジオストック ・ローマ　・ロンドン（LHR） ・ウィーン
中近東／アフリカ方面	・デリー ・ドーハ ・ドバイ

出典：羽田空港ホームページ

6　日本における航空会社の新規参入

日本の国内航空は、45・47 体制下において JAL（国際線、国内幹線）、ANA（国内幹線、ローカル線）、JAS（国内ローカル線）の 3 社それぞれの事業領域が定められた。その後も、当該区間の利用者数によってダブルトラック（2 社運航）、トリプルトラック（3 社運航）の規制がかけられており、実質的に、この 3 社以外の航空会社が新たに市場に参入し、運航することは不可能であった。1986 年に 45・47 体制が廃止され、航空各社が自由に路線を開設可能となったことに加え、ダブル・トリプルトラック路線の要件も緩和され、国際線には ANA、JAS が参入し、JAL は国内路線を増やしていったことは前述の通りである。

さらにその後、1997年にダブル・トリプルトラック基準が廃止され、航空会社の新規参入障壁が大幅に下がった結果、1998年、新規航空会社として、スカイマーク、北海道国際航空（現AIRDO）が定期運航を開始し、日本の空を新たな航空会社の飛行機が飛ぶようになった。

現在では、路線ごとの需給調整を前提とした免許制から、安全面の審査を中心とした事業ごとの許可制となり、監督官庁である国土交通省により許可されれば、誰でも新たな航空会社を設立し、運航することが可能となった。

規制緩和が奏功し、新規参入によって選択肢が増えることで競争が進み、利用者利便が向上しているといえる。

表1-15 新規航空会社の現状（1996年〜）

設立年月	会社名	主要株主
1996年11月	スカイマーク	インテグラル株式会社（50.1%） ANAホールディングス株式会社（16.5%）
1996年11月	AIRDO	株式会社日本政策投資銀行（32.49%） ANAホールディングス株式会社（13.61%） 双日株式会社（10.00%）
1997年7月	ソラシドエア	株式会社日本政策投資銀行（19.24%） 宮崎交通株式会社（17.03%） ANAホールディングス株式会社（17.03%）
1999年11月	アイベックスエアラインズ	株式会社日本デジタル研究所（47.9%）
2002年12月	スターフライヤー	ANAホールディングス株式会社（17.96%） TOTO株式会社（4.88%）
2008年6月	フジドリームエアラインズ	鈴与株式会社（100%）
2011年2月	Peach Aviation	ANAホールディングス株式会社（77.9%） 株式会社INCJ（15.1%）
2011年9月	ジェットスター　ジャパン	日本航空株式会社（50%） 豪カンタスグループ（33.3%） 東京センチュリー株式会社（16.7%）
2012年9月	スプリング　ジャパン	日本航空株式会社（66.7%） 春秋航空（33.3%）
2018年7月	ZIPAIR Tokyo	日本航空株式会社（100%）

出典：各社ホームページ公開情報（2022年3月）、有価証券報告書よりJAL調べ

45・47体制下では、3社のみであった主要な国内定期航空会社は1990年代後半の規制緩和を経て、多くの新規航空会社が誕生し、日本国内の各地域と日本と世界を結ぶ路

線を運航している。

＜参考文献＞

運輸省　昭和61年度　運輸白書「第3章　新たな局面を迎えた航空」

運輸省　平成8年度　運輸白書　第2部「第9章　航空輸送サービスの充実に向けた取り組み」

国土交通省　羽田発着枠配分基準検討小委員会（第1回）資料　平成31年1月

▼国土交通省ホームページ　航空　国際的取り組み「オープンスカイ交渉の進捗状況について」
https://www.mlit.go.jp/common/001201828.pdf

国土交通省　令和4年度　国土交通白書　第II部「第6章　競争力ある経済社会の構築」

国土交通省　報道発表資料　羽田空港国際線発着枠の配分について　平成25年10月2日

国土交通省　報道発表資料　羽田空港国際線発着枠の配分について　令和元年9月2日

▼羽田空港ホームページ　国際線　就航都市一覧　2022年7月
https://tokyo-haneda.com/flight/city_list.html

第2章

空港整備と民営化

1 日本の空港整備の推移

(1) 日本の空港

空港とは「公共の用に供する飛行場」と空港法で定義され、旅客機や貨物機など航空機の離着陸に用い、ある程度の規模と設備を持つ施設を指している。2022 年 3 月現在、日本国内には 97 の空港がある。狭い国土に 100 弱の空港が設置されているが、これは日本の国土が南北に長く移動手段として航空機が必要だったことや、多くの離島が存在し生活路線として空路を整備する必要があったためだ。空港は空港法に基づき、管理主体別に以下 4 つのカテゴリーに分類される。

表 2-1　空港の種別と数

種別	空港数	備考
①拠点空港（以下内訳） 会社管理空港 国管理空港 特定地方管理空港	28 (4) (19) (5)	国際・国内航空輸送の拠点 会社が設置し管理（成田・中部・関西・伊丹） 国が設置し管理 国が設置し、自治体が管理
②地方管理空港	54	国際・国内航空輸送網の重要となる空港 自治体が設置し管理
③共用空港	8	自衛隊・米軍が設置し管理
④その他の空港	7	

出典：国土交通省ホームページ

2 首都圏・関西圏・中部　各空港の整備の歴史

(1) 羽田空港

1931 年に日本初の国営民間航空専用空港として、東京飛行場（現在の羽田空港）が開港した。第二次世界大戦終結後しばらくの間は米国の進駐軍に接収されていたが、1952 年に大部分の施設が日本に返還され、現在の東京国際空港の呼称となった。その後航空機のジェット化が進み、1964 ～ 1971 年にかけて 3 本の滑走路を有する空港となった。

かつては国際線が就航していたが、1978 年に国際線が成田空港に移管されて以降 2010 年までの 32 年間、羽田空港は一部の国際線を除き国内線専用空港として運営されていた。

成田空港開港後も首都圏の航空需要が増加し続けたため、発着容量の拡大と利便性向上を目指して2010年に4本目の滑走路と国際線旅客ターミナルが整備され、国際線定期便の受け入れが可能となった。

図2-2　羽田空港の変遷

1931年に「東京飛行場」が開港

1970年にB滑走路の延長工事

2010年にD滑走路が完成し、滑走路は合計4本に

出典：国土交通省関東地方整備局東京空港整備事務所ホームページ

(2) 成田空港

羽田空港の処理能力が限界に達し、首都圏の新たな国際空港として1978年に成田空港が開港した。羽田空港に代わり国際線の受け入れ空港として開港したものの、地域の建設反対運動などにより開港が7年遅れた。開港当初から滑走路1本での運用が長く続き、1992年に第2旅客ターミナルがオープン、2002年には2本目の滑走路の供用が開始されたが、当初予定していた2,500メートルより短い2,180メートルでの暫定供用であった。

その後、地域と交渉を続け、2009年に当初の計画通り2,500メートルに延伸され、発着容量の増加につながった。2015年には第3旅客ターミナルがオープンし、LCCを中心に利用が増加している。なお、2028年度末には3本目の滑走路の供用開始が計画されている。

(3) 関西空港

航空需要が拡大する中、住宅地に近く騒音問題を抱えており、発着可能時間の制約があった伊丹空港のみでは将来の需要に対応できないことが見込まれたため、新たに関西空港を建設することが1974年に決定された。騒音対策のため、20年かけて沿岸から約5キロ離れた水深が深い海の埋め立て工事を行い、1994年に世界初の完全人工島の空港として開港した。

関西空港は開港当初は1本の滑走路での運用であったが、2007年に2本目の滑走路が供用開始となり、完全24時間運用となった。2012年には日本初となるLCC専用の第2旅客ターミナルが運用を開始し、2014年には米国の航空貨物会社フェデックス・エクスプレスの北太平洋地区ハブが開設され、東アジアと米国の中継物流拠点としても機能している。

(4) 中部空港

2005年に関西国際空港に次ぐ国内第2の海上国際空港として開港し、成田空港・関西空港に次ぐ国際拠点空港として位置付けられている。これまで愛知県小牧市にあった名古屋空港は、市街地に立地する空港のため拡張が困難であることや、騒音問題による運用時間の制限もあり、国際線拠点空港としての機能を十分に備える新空港建設の機運が高まった。1985年に中部空港建設に向けての調査が開始され、関西空港建設を参考に愛知県常滑市沖合の人工島に建設された。

LCCの増加に伴い、2019年にLCC専用の第2ターミナルがオープンした。今後の完全24時間化空港を検討する観点から2本目の滑走路建設の構想も議論されている。国際的な空港間競争が激化しており、「航空＋2次交通」による主要観光地への容易なアクセスの実現や、持続的成長を見据えた空港島全体の機能強化に取り組んでいる。

表2-3 首都圏空港・関西空港・中部空港整備年表

年代	羽田空港	成田空港	関西空港	中部空港（セントレア）	備考
1931年	「東京飛行場」開港。滑走路1本				
1938～1939年	最初の拡張工事で滑走路が2本に				
1945年	8月　連合国軍が接収 海老取川以東の住民の48時間以内強制撤去。「ハネダ・エアベース」に名称変更				第二次世界大戦終結
1951年	連合国から返還。東京国際空港に改称				8月　日本航空（JAL）設立 10月　日本航空国内線就航（羽田＝伊丹＝福岡）

第2章　空港整備と民営化

年代	羽田空港	成田空港	関西空港	中部空港（セントレア）	備考
1952年	3本目の滑走路運用開始				連合国軍から羽田空港が返還され、「東京国際空港」と改称。12月に全日本空輸（ANA）設立
1954年					2月　日本航空国際線初就航（羽田＝ウェーク＝ホノルル＝サンフランシスコ）
1964年					10月　東京オリンピック開催 4月　日本国内航空（後のJAS）設立
1970年					45・47体制閣議了解 **（注1）**
1978年	成田空港開港。国際線が移転。羽田空港は国内線、成田空港は国内線に	5月開港（滑走路1本）。第1旅客ターミナルビルオープン			
1985年					45・47体制廃止
1992年		第2旅客ターミナルビルオープン			
1994年	日本政府、羽田空港の再拡張を行うことを決定		9月開港（滑走路1本）。世界初の完全人工島からなる海上空港		
1995年					
1996年					11月　スカイマーク設立、AIRDO設立
1997年					7月　ソラシドエア設立

年代	羽田空港	成田空港	関西空港	中部空港（セントレア）	備考
1998年		発着枠を1日360回から370回へと改定			
2002年		暫定B滑走路（2,180メートル）併用		2月開港（滑走路1本）	JAL・JAS統合
2005年			8月　2本目の滑走路が運用開始		
2010年	10月　国際線新ターミナルで、4本目の滑走路が運用開始	LCC専用ターミナルで2本目滑走路の運用開始（年間発着枠が22万回へ拡大）			1月　JAL経営破たん
2011年					2月　ピーチ・アビエーション設立
2015年		2本目滑走路運用開始。第3旅客ターミナルビルオープン			
2019年		A滑走路の発着時間延長（23時から24時までに）			
2020年	3月　都心上空飛行の規制緩和				3月　羽田空港発着枠拡大
2021年					東京オリンピック・パラリンピック開催
2020年代後半		3本目滑走路の運用開始予定			

注1：前述の通り、国内航空会社間の過当競争を避けるため、各社の事業分野を定めた（45・47体制）。1970年閣議決定。1972年運輸大臣通達。JALは国際線・国内幹線。ANAは国内幹線・ローカル線。JASはローカル線

3 首都圏空港の現状と課題

(1) 羽田空港の現状

日本で最大の発着便数を担う羽田空港は、日本国内と世界の主要都市を結ぶハブ空港でもある。海外24カ国53都市とつながり、国内線では48路線を有している（2020年夏ダイヤ）。年間利用者数は、2019年実績で国際線・国内線を合わせて8,550万人。このうち国際線旅客数は1,871万人、国内線旅客数は6,679万人で、世界屈指（トップ10以内）の空港である。都心からのアクセスも良く、そのためビジネス需要も多い。

韓国の仁川空港、シンガポールのチャンギ空港は24時間運用の空港としてアジア圏内でその存在感を増しており、羽田空港も世界を結ぶネットワーク構築に向けかじを切った。多くの航空会社が都心へのアクセスの良さや、日本国内との乗り継ぎに便利な羽田空港への乗り入れを希望しており、さらに処理能力を拡大するため、2020年3月に都心上空を飛行する新ルートの運用が開始され、年間の発着数が約3.9万回増加し、大幅な増便が可能となった。

(2) 羽田空港の課題

首都圏上空を通過する新しい飛行ルート運用に関しては、周辺地域から騒音や落下物を懸念する声もあり、引き続き航空会社や関係者が丁寧に対応することで理解を得ることが重要である。

また、羽田空港は24時間発着が可能であるが、深夜早朝時間帯はアクセスバス運行などの取り組みは行われているものの、公共交通機関がほとんど運行されていないため、空港周辺のホテルに宿泊するか、タクシー利用が必要となるなど、24時間運用のメリットを利用者が十分に享受できていない状況にある。

近年では、都心に近い利便性を活かしたビジネスジェットの需要も高まっており、今後はターミナル整備など受け入れ体制を充実していくことも課題といえよう。

このため、落下物対策総合パッケージとして「落下物防止対策基準」の策定や駐機中の機体チェックの強化といった未然防止策の徹底が国土交通省から2018年に示された。また、被害者救済制度の拡充や航空会社の加入義務化（落下物の原因となる航空機が複数推定される場合に連帯して補償する制度）、空港運営者などによる補償費の立て替えや見舞金の給付といった事例発生時の対応強化についても示され、国や航空会社が一丸となって取り組みを進めている。

(3) 成田空港の現状

成田空港からは海外41カ国3地域118都市(121路線)に、国内22都市23路線(2019年冬ダイヤ) に乗り入れている。羽田空港の海外乗り入れ先数が24カ国53都市なので、比較すると成田空港の海外乗り入れ先数はかなり多い。2010年に羽田空港に国際線が本格的に復活したものの、1978年から国際線の空港として運用されており、近年は特にLCCの就航数が多い。2015年にはLCC専用ターミナルもオープンし、インバウンド旅客の受け入れ空港としての役割も果たしている。成田空港の発着便にLCCの占める割合は約30%となった (2019年冬ダイヤ)。このように多くの国と結ばれている成田空港は、アジアとアメリカ、ヨーロッパとオセアニアを結ぶ中継地点としても機能している。

また、羽田空港には深夜時間帯を除き貨物専用機が乗り入れられないことや、成田空港周辺に物流基地が形成されていることから、成田空港の貨物取扱量は常に国内上位にある。

2020年、施設・管制の充実、運用時間の延長など機能強化が行われ、年間約4万回の発着数増加が実現した。

(4) 成田空港の課題

騒音対策による発着制限 (23:00 ~ 6:00、A滑走路は24:00 ~ 6:00) があり、柔軟なダイヤ設定や発着枠の拡大に課題がある。今後3本目の滑走路の建設が予定されているが、引き続き地域と連携した取り組みが重要である。

また、国際線の乗り継ぎや、LCCなど今後の需要を確実に取り込んでいくことが必要となる。

なお、近年ではバスや電車のアクセスも改善されてきているが、開港当初から指摘されている都心へのアクセスも引き続きの課題である。

(5) 羽田空港・成田空港共通の課題

羽田空港と成田空港を合わせた首都圏の発着容量は、羽田空港の滑走路の増設や飛行経路の見直し、管制機能の高度化などにより徐々に拡大してきている。

2020年夏ダイヤでは、羽田空港と成田空港を合わせた年間発着回数は約83万回とアジア諸国ではトップクラスになっているが、欧米主要都市では100万回を超えている空港もある。今後、成田空港の3本目の滑走路整備などにより、首都圏空港の発着回数は約100万回まで拡大する見込みであるが、航空ネットワークの拡充による利便性の向上や、政府目標である訪日旅客数6,000万人 (2030年) の実現に向けて、引き続き航空需要に応じた対応が必要である。発着容量の拡大に際しては、駐機場やターミナルビルの整備、出入国の円滑化、航空保安の強化などについても、併せて取り組んでいく必要がある。

図 2-4 世界各都市内の空港の就航都市数・発着回数・旅客数

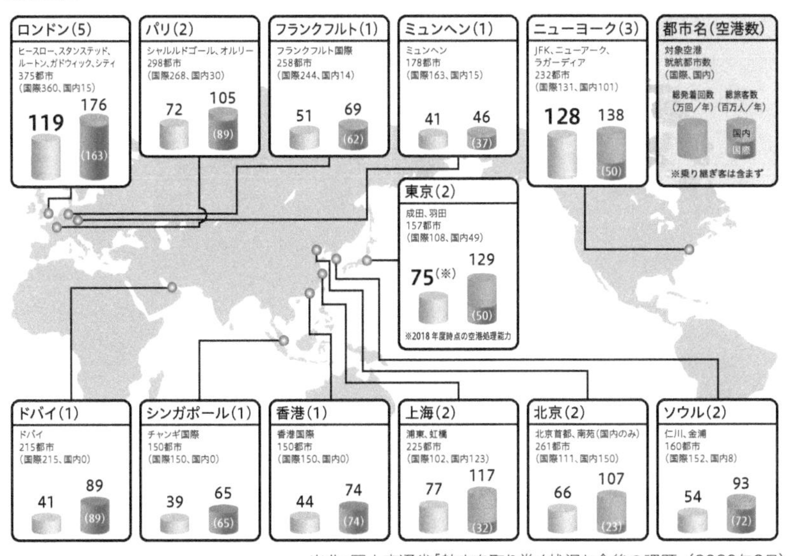

出典：国土交通省「航空を取り巻く状況と今後の課題」(2020年2月)

また、近年では大型の台風や地震といった自然災害が発生し、空港へのアクセスが遮断され、利用者や従業員が空港に滞留してしまう事例も発生している。経済・社会を支える基盤インフラである空港の機能を確保するため、国や空港会社、航空会社などの関係者が連携して対応を加速することがより一層重要となっており、空港の護岸かさ上げ・排水機能強化による浸水対策や、滑走路など施設の地震対策、空港アクセス遮断時におけるバス・タクシー事業者などとの連携、滞留者に対する多言語での情報発信といった取り組みが行われている。

トピックス 横田空域

航空機は「飛行空域」という上空の決められた領域の中を飛行している。

横田空域とは米軍が管制業務を行っている空域である。その範囲は新潟県から東京西部、伊豆半島、長野県まで広がり、高度は3,700メートルから最高約7,000メートルにのぼる空域である。この空域内には、米軍の横田基地をはじめ航空自衛隊の入間基地、海上自衛隊・米軍の厚木基地などの飛行場があり、これらの飛行場を利用する航空機に対し、進入管制業務（航空機に対し出発・進入の順序、経路、方式の指示などを行う業務）を行うための空域として利用されている。

4 首都圏空港（羽田、成田空港）の将来像

首都圏空港は、首都圏の経済・社会活動を支えるのみならず、航空ネットワークによって接続された日本全国の各地域の経済活動・社会活動にとって不可欠な社会基盤である。

今後、少子高齢化が進む中、将来にわたり日本が持続可能な経済成長と発展を果たしていくためには、国内外の人やモノの交流の活性化や、アジアを含めた世界の成長を取り込むことが求められている。

前述の通り、2020年3月に首都圏空港の処理能力が83万回に達したことにより、容量面ではアジア諸国の中でトップクラスとなった。近年、アジア各国の主要空港では、大規模な拡張が行われ、ハブ空港としての存在感を強めている。例えば、2019年に開港した北京大興空港は、800億元（約1兆2,000億円）が投じられ、地下鉄や高速鉄道と直結され、北京中心部から20分とアクセスが良く、最新のIT技術が取り入れられるなど、利用者にとって利便性が高い。2025年には、旅客数7,200万人を目指しており、チャンギ空港（シンガポール）、仁川空港（韓国）、香港空港といったアジアの主要ハブ空港に肩を並べる。

これに対し、わが国首都圏では、2020年代後半に成田空港の第3滑走路を整備し、首都圏空港としての発着回数を合計100万回に増加させることが計画されており、これが実現すれば、ロンドン、ニューヨークと肩を並べるレベルに達することになる。

図 2-5　首都圏空港の発着回数の推移

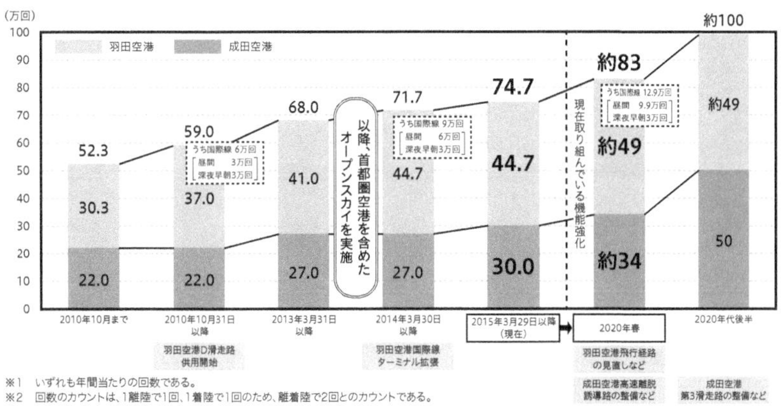

出典：国土交通省「航空を取り巻く状況と今後の課題」（2020年2月）

表 2-6　アジア諸国の空港と首都圏空港 運用と発着状況

国	中国		韓国	シンガポール	日本（首都圏空港）	
空港名	北京大興国際空港	上海浦東空港	仁川空港	チャンギ国際空港	**羽田空港**	**成田空港**
	2019 年開港	2025 年ターミナル 3 完成予定	2023 年ターミナル 2 拡張予定	大規模複合施設共用	**2020年国際枠増枠**	**2020年代後半　第 3 滑走路整備**
運用時間	24 時間	24 時間	24 時間	24 時間	**24 時間**	**6:00〜23:00 A 滑走路 6:00 〜 24:00**
滑走路	4 本	4 本	3 本	2 本	**4 本**	**2 本**
(計画値)	(6 本)	(5 本:2025 年)	(5 本:時期未定)	(3 本)	**—**	**3 本**
年間発着回数	62 万回	50 万回	39 万回	39 万回	**49 万回**	**34 万回**
(計画値)	(88 万回)	(76 万回)	(79 万回)	—	**49 万回 (変更なし)**	**(50 万回)**

出典：「NAAグループ中長期経営構想について」（2019年3月）より、JAL作成

将来を展望するに当たり、まずは 100 万回の離発着能力を最大限に活用することが重要であり、羽田空港、成田空港の 2 つの空港の持つ、内際乗り継ぎ、際際乗り継ぎ機能や、LCC ターミナルなど、それぞれの強みを活かして両空港を積極的に活用していくことが望まれる。

アジアを含めた世界の成長の取り込みは、生産年齢人口が減少する日本にとっては特に重要であり、首都圏空港のハブ機能強化による貢献が期待される。

2030年を見据えれば、空飛ぶクルマやドローンなど、新しいモビリティの実用化が見込まれている。また、政府は、2050年にカーボンニュートラルを宣言しており、航空業界全体で温室効果ガス排出量削減を目指す中において、空港でも相応の対応が不可欠である。

また、首都圏空港の利用者を増やすためには、東京を含め日本の各地域の国際競争力を高める体制づくりが必要となってくる。MICE[1]などの経済効果の大きいビジネス関連イベントを誘致するといったビジネス機会の創出、魅力ある観光都市として訪日需要を喚起することによって、国際線の利用者を増やすことが首都圏空港の発展につながる。

図 2-7 首都圏空港における課題

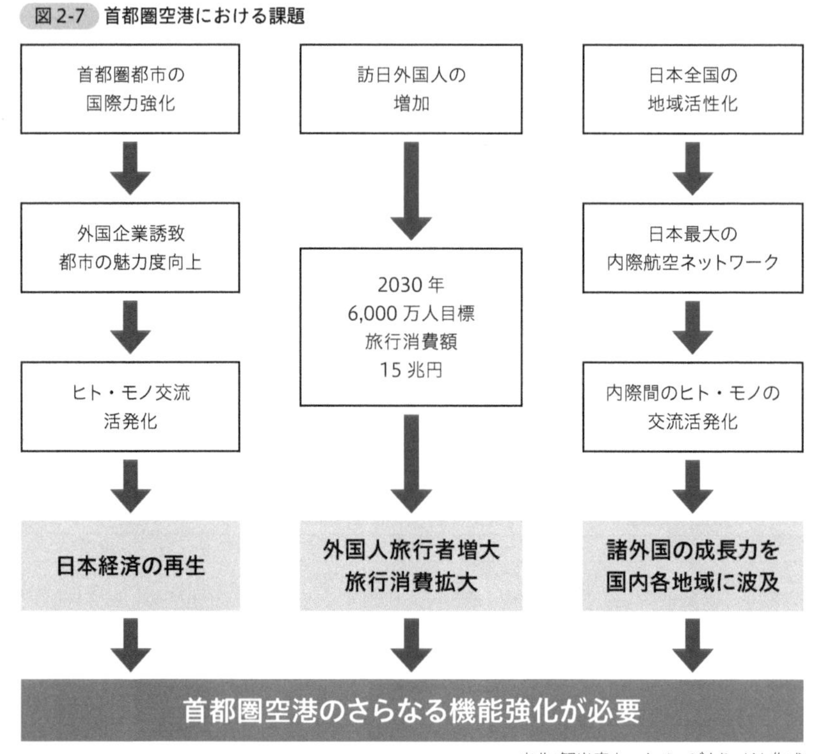

出典:観光庁ホームページより、JAL作成

1 ビジネストラベルの1つの形態。Meeting（会議・セミナー）、Incentive tour（報奨・招待旅行）、Conference（学会・国際会議）、Exhibition（展示会）の略。

課題

首都圏空港の機能強化が進まず、アジアの大都市空港との競争において後れをとる事態になった場合、日本経済におよぼす影響を考えよ。

5 地方空港の現状と課題

日本政府は観光先進国への新たな国づくりに向け、2016 年に「明日の日本を支える観光ビジョン構想会議」において観光ビジョンを策定した。これは観光を日本の基幹産業に据えることを目的としたものであり、訪日外国人旅行者数を 2020 年に 4,000 万人、2030 年に 6,000 万人とする目標が掲げられた。目標達成のために、戦略的なビザ緩和や航空ネットワークの拡充が求められ、地方空港への LCC などの国際線の新規就航や増便を強力に推進することとなった。また 2017 年には、全国 27 の地方空港を「訪日誘客支援空港」（図 2-8）に指定し、当該空港には新規就航や増便、空港の受け入れ環境の整備など国による総合的な支援を行った。

図 2-8　訪日誘客支援空港

拡大支援型

訪日誘客に一定の実績を上げている上、拡大に向けた着実な計画・体制を有しており、国の支援（運航コスト低減やボトルネック解消など）を拡大することにより、訪日旅客数のさらなる増加が期待される空港

→静岡、仙台、熊本、茨城、北海道（稚内、釧路、函館、女満別、帯広、旭川）**、高松、広島、北九州、米子、佐賀、新潟、小松、青森、徳島、鹿児島、南紀白浜、岡山、山口宇部、松山**

計 19 空港

継続支援型

訪日誘客に一定の実績を上げている上、着実な計画・体制を有しており、引き続き、国の支援（運航コスト低減やボトルネック解消など）を実施することにより、訪日旅客数のさらなる増加が期待される空港

→長崎、那覇、大分、宮崎、花巻、福島　**計 6 空港**

育成支援型

訪日誘客に高い意欲を持ち、国による伴走支援（戦略立案策定など）により、訪日旅客数の増加が期待される空港

→松本、下地島　**計 2 空港**

出典：国土交通省「航空を取り巻く状況と今後の課題」（2020年2月）

2018年には約171万人（日本全体に占める割合5.8%）が主要7空港（羽田、成田、関西、中部、新千歳、福岡、那覇）を除く地方空港を利用し、2019年はその数は前年比較で若干減少はしたものの、入国外国人の空港別割合で5%台を維持している。地方空港はアジア圏内からのLCCの就航に支えられながら利用客数を伸ばしてきたが、空港経営という側面では、多くの空港が赤字経営に陥っているのが実情である。地方空港の主な収入は、航空会社から支払われる空港利用料、ターミナルビルの地代、施設の賃貸料などから成り立っている。

近年は海外LCCの就航が急増し、収益に貢献していたが、COVID-19による影響を受けた各社の運休・撤退で再び収益基盤が不安定になっている。地方空港の持続的な成長のためには、観光庁が推し進めている地方へのインバウンド誘致策、自治体やDMO[2]と空港の連動など、インバウンドやLCC活用の経営に加えて、日本の国内流動の活性化やアウトバウンドも視野に入れた施策が求められる。

図2-9　入国外国人数 空港別割合

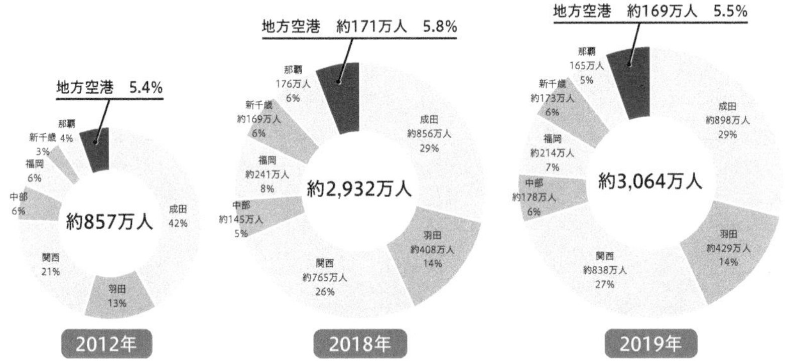

出典：国土交通省「航空を取り巻く状況と今後の課題」（2020年2月）

6 空港整備財源

(1) 空港を維持・管理するための財源

空港を維持・管理するための財源は、「空港整備勘定」として主に航空会社が支払う空港使用料や一般会計から繰り入れられる航空機燃料税などによって賄われている。空港整

2　Destination Management/Marketing Organization。詳細は、第13章の279ページを参照。

備勘定とは、1970年に空港整備の促進と維持運営を目的として設けられた国の特別会計であり、空港整備などに要する費用負担を航空事業者に求める受益者負担の考えから成り立っており、大部分を航空会社などが負担している。

図 2-10 空港整備勘定の仕組み

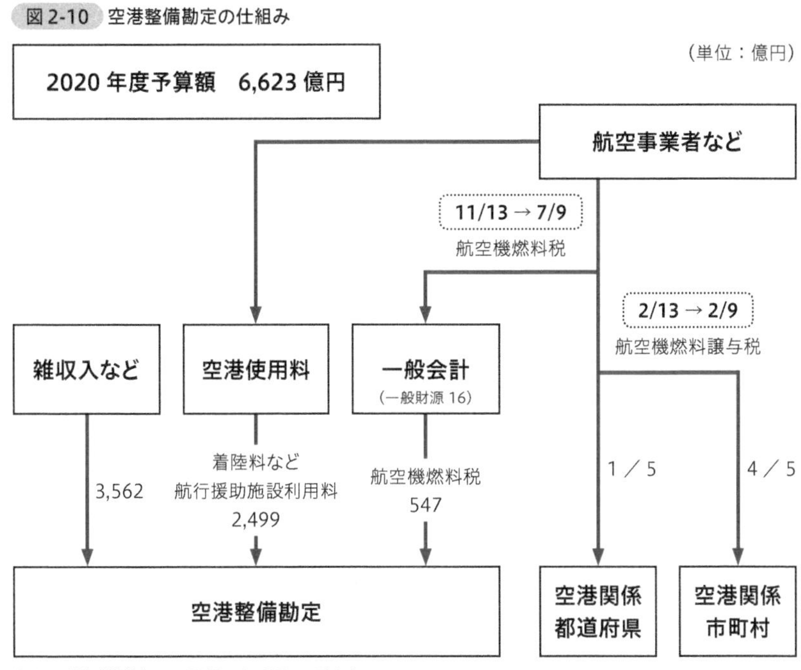

注1 計数は端数処理の関係で合計額に一致しない。
注2 点線枠は、2020年度から2カ月の特例措置の延長。
本則 26,000円／kℓ → 18,000円／kℓ
離島路線 19,500円／kℓ → 13,500円／kℓ
沖縄路線 13,000円／kℓ → 9,500円／kℓ

出典：国土交通省2020年度航空局関係予算概要

図 2-10 の航空機燃料税のうち、9分の7が一般会計から空港整備勘定に繰り入れられる。残りの9分の2は自治体に配分され、空港周辺の騒音対策などに充てられる。「雑収入等」には、コンセッションによる運営権対価収入が含まれる。

図 2-11 空港整備勘定の歳入・歳出規模（2020 年度予算額）

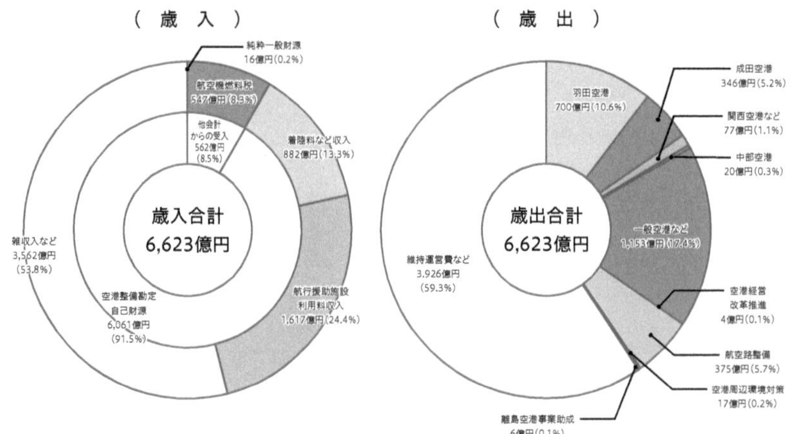

出典：国土交通省2020年度航空局関係予算概要

2020 年度は、単年度のみの特殊要素として、歳入予算のうち「雑収入等」に北海道 7 空港および、福岡空港の民営化によるコンセッションフィーの約 2,600 億円、歳出予算のうち「維持運営費等」にこれらコンセッションフィーを財源とする、通常の空港整備勘定の財政投融資の借入返済分として約 2,400 億円が計上されている。

空港使用料については、国管理空港（羽田・鹿児島・那覇など）は空港整備勘定に入り、地方管理空港（青森や福島など）はそれぞれを管理する自治体、会社管理空港（成田・中部・関西・伊丹）は空港運営会社の収入となる。

表 2-12 主な公租公課

着陸料	航空機の着陸に際して空港に支払う料金。重量、騒音値、時間帯などにより金額が異なる
停留料	航空機を空港に駐機させておく際に必要な料金。重量や停留時間により金額が異なる
保安料	保安検査や受託手荷物検査を受ける旅客数や貨物の重量に応じて支払う料金
航行援助施設利用料	安全で効率的な運航を行うために、航空管制などの航行援助サービスを受ける対価として支払う料金
航空機燃料税	国内線のみに課される税で、航空機に積まれた燃料の量に応じて課される税金（1 リットル当たり本則 26 円）。日本特有の課税であり諸外国での例は少ない

日本の着陸料は諸外国との比較で高い傾向にある。これは、空港への投資の回収、空港整備勘定がプール制であることもその背景にあると考えられる。

なお、諸外国では、着陸料以外の形で負担を求める国も多く、旅客が払う料金全体では日本を超える国も少なくない。

図 2-13　世界主要空港の着陸料比較（国際線：航空機１回当たり）

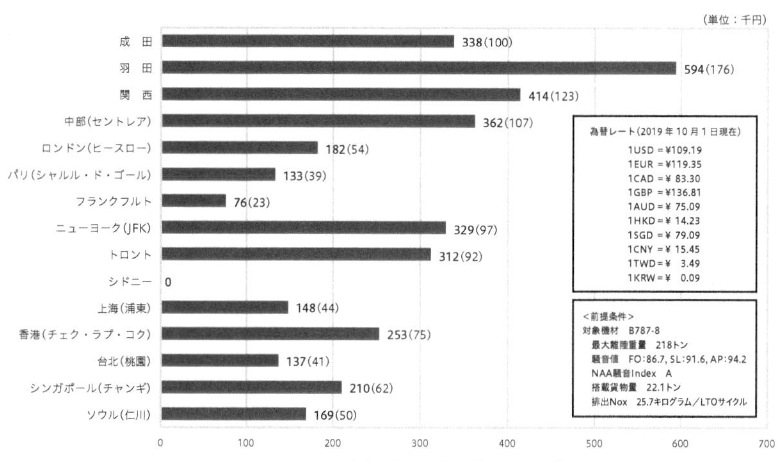

出典：成田国際空港株式会社「中間決済説明資料」2020年3月

図 2-14　航空運賃に占める公租公課

（例）羽田発－福岡行（飛行距離：883 キロ）
　　　ボーイング 787 型機（軽減措置を反映していない本則料金による試算）

30%前後

注1：2021年2月運賃をもとに作成。公租公課は、着陸料、停留料、保安料、航行援助施設使用料を含む。

トピックス 航空保安

空港施設や航空機はそれらが国を象徴するものであること、一度に多くの死傷者を出し得ることなどから、特定の政治的・宗教的な主張などを目的としたテロの標的になりやすい。このようなテロ行為などから乗客や従業員をはじめとした人命を守るため、各国政府や航空業界は連携して航空保安対策の強化に絶え間なく取り組んでいる。すべての乗客や手荷物が搭乗前に検査を求められ、さらにその検査基準は多様化、厳格化（液体物の持ち込み制限、上着や靴への検査強化など）されてきており、ほかの交通手段と比較して利用者に対する厳しい保安対策が講じられていることが航空輸送の特徴といえる。近年では、誰でも自由に出入りできる空港内エリアに対する攻撃、ドローンをはじめとした遠隔操縦航空機システムによる脅威などが世界的な懸念事項となっている。さらに、航空機の安全運航を脅かす空域の回避やサイバーテロ対策も航空保安対策の領域に含まれる。

日本においても、東京 2020 オリンピック・パラリンピックを機に国内各空港の検査機器類の高度化などによる検査能力の向上が進められ、旅客や手荷物に対する検査基準の厳格化も行われてきた。現在は航空会社の運送約款に基づいて実施されている旅客や手荷物への保安検査を法律上義務化し、新たに罰則も設ける法改正が 2021 年 6 月に国会で可決され、2022 年 3 月に施行された。（表 2-15 を参照）。

表2-15 保安検査変更の方向性

	現状		方向性
①保安検査の位置付け	・航空会社が搭乗旅客に保安検査を実施（運送約款で担保）	➡	**保安検査の法律上の根拠の明確化** ・旅客などに対し保安検査の受検義務化（検査未受験の場合は罰則） ・預入手荷物検査の義務付け
②関係者の役割分担・連携強化	・国が保安上の基準（通達）を設定 ・保安検査は各航空会社が検査会社に委託	➡	**国はハイジャック・テロなどの防止に関する「基本方針」を策定** ・国の役割の明確化（主体的にマネージメント） ・航空会社、空港会社など関係者の役割の明確化、連携 これに基づき、国は関係者へ指導、助言
③保安検査の量的・質的向上策	・各航空会社を通じて検査会社の取り組みを推進 ・ボディースキャナーなど、先進機器の導入 ・上記の取り組みに対し、国から補助	➡	・国による検査会社への指導・監督の強化 ・さらなる先進機器の導入推進や検査員の労働環境の改善 （財源の充実を含む必要な対応策を継続的に検討）

（2）空港整備勘定の現状と課題

日本の空港運営の特徴として、航空会社が支払っている航行援助施設利用料や航空機燃料税、国管理空港の着陸料が空港整備勘定にプールされ、そこから各空港の整備・維持・運営などに配分される仕組みとなっていることが挙げられる。プール制の仕組みにより、黒字となっている空港の収益によって赤字空港への補助が行われ、各空港が維持・運営されているが、空港単位での独立採算制が採られていないため、空港運営の効率化が進まない要因にもなっている。このため、後述するように空港運営の民間能力の活用が進められている。

また、昨今はCOVID-19の影響により航空会社の経営が厳しい状況となっていることから、着陸料や航空機燃料税などの支払いが猶予・減免されており、空港整備勘定の歳入は減少する方向にある。空港整備勘定の大半は航空会社などが支払う公租公課で成り立っているため、中長期的な視点から歳入と歳出のバランスをどのように取っていくべきか、検討が必要となっている。

(3) これからの空港整備財源のあり方

空港の新規建設や航空ネットワークの拡充が求められていた時代には、空港整備勘定は一定の効果をもたらしていたが、今後新たな空港建設は想定されておらず、空港は建設から維持・運営にシフトしている。

これまで長きにわたり、受益者負担の考え方から航空会社などの負担で空港整備財源を賄っており、これが航空会社のコストの一部を占めていることから、結果的に航空利用者の運賃に反映されている。各空港の維持・運営にかかる歳出の精査や、赤字空港における収支改善に向けた取り組みを含め、空港整備財源のあり方の検討が求められる。

7 空港民営化

(1) 世界の空港民営化の始まり

一般的に、空港は国や自治体など公共の所有と位置付けられており、「企業経営」よりも「施設運営」に重きが置かれていた。1970年代に入り航空需要の増大に伴って規制緩和が進み、空港も運営から経営への転換の動きが見られるようになった。

1987年、イギリスBAA[3]（英国空港運営公団）の株式上場により、ヒースロー空港やガトウィック空港が民営化され世界初の民間による空港経営が始まった。

この空港民営化は、当時のマーガレット・サッチャー政権が「広範囲な国民が資本を所有する民主主義」を目指し、「民間資本の導入による空港の企業性、効率性の向上」を具体化したものである。

1990年後半になると、世界中で空港民営化の動きが広がり、特にドイツ・オランダ・オーストラリアで民営化が加速した。このようにイギリスの例を契機に民営化が世界的に注目され、航空の規制緩和の進展とともにヨーロッパを中心に拡大した。国家財政への貢献、政府財政に縛られない資金調達、民間のノウハウを投入した創意工夫を活用するなどの観点から現在も民営化が進展しており、2021年時点で世界中の約100の空港が民営化されている。

3　ヒースロー空港・ガトウィック空港・スタンステッド空港を含む7空港を保有。

トピックス 世界初となるイギリスの空港民営化

民営化の目的は「公的部門の規模縮小」「経営の自由度の確保」「効率性と顧客サービスの向上」「非航空系事業の拡大」であった。

BAA の民営化は空港運営の経営裁量の拡大、非航空系事業による収益力の強化という点で、空港民営化を世界的な潮流へと導いた大きな意義がある。民営化されたイギリスの空港は至るところに店舗が設置されており、広い通路や待合スペースを確保する代わりにカフェスペースやブランドショップを展開するなど、非航空系事業の収益強化を図った。通路には多くの広告も掲出されており、広告収入も大きな財源となっている。民営化当初は海外資本による買収防止といった観点から空港運営会社への政府による一定の参画が可能な仕組みがあったが、現在では撤廃されている。ヒースロー空港の所有・運営は、2006 年からスペインの建設会社フェロビアル社が中心となったコンソーシアムによって行われていたが、2012 年からはヒースロー・エアポート・ホールディング・リミテット（HAH）が所有している。

(2) 日本の空港民営化

日本の空港は、経済成長や航空需要の増大に伴って順次整備が進められた結果、現在では空港の配置はほぼ完了し、整備から維持・運営へとフェーズが変わってきている。そのため、地域の実情を踏まえつつ、民間の知恵と資金を活用した空港経営の効率化を目指し、2013 年に「民間の能力を活用した国管理空港等の運営等に関する法律」、通称「民活空港運営法」が施行された。これにより、国などに滑走路や駐機場といった施設の所有権を留保しつつ民間事業者に運営権を一定期間付与し、民間事業者が空港とターミナルビルや駐車場などの非航空系事業とを一体的に経営することが可能となった。

図 2-16 民活空港運営法の概要

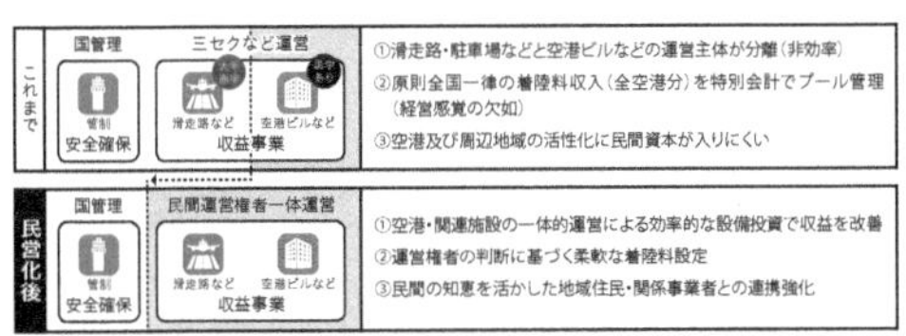

出典：国土交通省「2020年度航空局関係予算概要説明」

航空系と非航空系の施設と収入の内訳は、表 2-17 の通りである。

表 2-17 航空系と非航空系の施設と収入の内訳

航空系	施設	滑走路、誘導路、駐機場、誘導灯、管制塔
	収入	着陸料（滑走路、誘導路の利用）、旅客ターミナル、搭乗用施設などの使用料、貨物取扱料、駐機料、地上支援業務料（航空機の誘導、けん引、手荷物・貨物の搭降載、ケータリング、給油、給水、機内清掃）など
非航空系	施設	ターミナルビル、駐車場、貨物ビル
	収入	ターミナルビル使用料（航空会社のカウンター、商業店舗スペースの賃貸料）、駐車場収入、免税店収入、飲食店収入など

出典：国土交通省「2020年度航空局関係予算概要説明」

なお、民営化のスキームには以下の５つの方法がある。

①株式上場（株式市場において株式を公開し売却）

②特定の民間企業への売却（空港の一部または全部を入札により売却）

③長期独占営業権など一定期間の空港経営権を売却

④ BOT（Build-Operate-Transfer）方式（民間事業者が空港施設などを建設・運営し、事業終了後施設を公共部門に譲渡）

⑤管理委託契約。施設の所有権を移転せず、民間事業者が事業運営

日本の民営化は、国に所有権を残したまま事業運営に関する権利を長期間にわたって付与する⑤の「コンセッション方式」が採られた。これは、安全性や利用者利便の確保の最終責任は国が負いつつ、空港経営改革の実現を図ることを目的にしたものである。

(3) 期待される民営化の効果

これまで行われてきた、航空系事業と非航空系事業の経営を分ける「上下分離方式」から、これらを一体化した経営へ移行することで、空港全体の効率化が期待できる。非航空系の収入を民間の創意工夫によって拡大することにより、その収益を航空系に投入し着陸料を低減して就航路線を拡大することや、地域特性を踏まえた空港マーケティングの実現など、民間の活力により収入とコストを意識した自由で柔軟な経営が可能となる。さらに、別の空港やほかの交通インフラと利用客を奪い合う競争下に置かれるため、サービスの向上も期待できる。

ほとんどの国管理空港では航空系事業は赤字、非航空系事業は黒字となっているが、海

外の空港民営化の事例からも空港を一体経営することで空港全体の収益のバランスが保たれ、空港経営の健全化につながることが望まれる。

表 2-18　国管理空港の収支（航空系事業＋非航空系事業の収支）

単位：百万円

	航空系事業			
	営業収益	営業費用	営業損益	経常損益
東京国際	79,738	77,363	2,375	31,225
新千歳	10,654	10,556	98	5,218
那覇	5,449	15,377	△9,928	5,472
稚内	50	1,380	△1,330	△768
釧路	225	1,884	△1,659	△1,130
函館	491	2,390	△1,899	△1,447
新潟	416	2,808	△2,392	△1,671
広島	1,043	2,490	△1,446	△997
松山	915	1,515	△599	△295
高知	454	1,025	△571	△507
北九州	606	1,707	△1,101	△954
長崎	997	2,870	△1,873	△1,036
熊本	1,062	2,609	△1,548	△59
大分	546	2,133	△1,587	165
宮崎	956	2,278	△1,322	△271
鹿児島	1,561	2,375	△814	△233
八尾	123	311	△188	△40
丘珠	38	443	△405	△399
小松	715	761	△46	41
美保	205	329	△124	△108
徳島	459	575	△116	△70
三沢	78	438	△360	△360
百里	195	336	△141	△137
岩国	135	394	△259	△256
合計	107,112	134,346	△27,234	31,385

＋

	非航空系事業			
	営業収益	営業費用	営業損益	経常損益
東京国際	296,087	280,901	15,186	13,134
新千歳	68,272	62,279	5,994	3,707
那覇	13,669	9,169	4,500	4,368
稚内	155	153	3	8
釧路	664	522	142	133
函館	2,228	1,840	388	352
新潟	1,984	1,807	177	167
広島	2,635	2,343	292	293
松山	2,082	1,922	159	166
高知	1,422	1,177	244	257
北九州	1,242	268	974	50
長崎	5,402	5,061	340	355
熊本	1,940	1,364	576	735
大分	3,010	2,809	202	164
宮崎	4,672	4,565	108	118
鹿児島	2,821	2,533	287	360
八尾	0	0	0	0
丘珠	220	209	11	13
小松	2,121	1,907	214	279
美保	532	479	53	54
徳島	798	786	12	19
三沢	209	201	8	12
百里	405	399	6	6
岩国	311	272	39	42
合計	412,881	382,967	29,915	24,791

＝

	航空系事業＋非航空系事業			
	営業収益	営業費用	営業損益	経常損益
東京国際	375,825	358,264	17,560	44,360
新千歳	78,926	72,834	6,092	8,925
那覇	19,118	24,546	△5,428	9,840
稚内	205	1,532	△1,328	△760
釧路	889	2,406	△1,517	△997
函館	2,719	4,230	△1,511	△1,095
新潟	2,401	4,615	△2,215	△1,504
広島	3,678	4,833	△1,154	△704
松山	2,997	3,437	△440	△129
高知	1,876	2,202	△326	△250
北九州	1,848	1,976	△128	△904
長崎	6,399	7,931	△1,533	△681
熊本	3,002	3,973	△971	676
大分	3,556	4,942	△1,386	329
宮崎	5,629	6,843	△1,214	△153
鹿児島	4,382	4,908	△526	126
八尾	123	311	△188	△40
丘珠	257	651	△394	△387
小松	2,837	2,668	168	320
美保	737	808	△71	△55
徳島	1,257	1,361	△104	△51
三沢	287	639	△352	△348
百里	600	735	△135	△131
岩国	446	666	△219	△214
合計	519,993	517,313	2,681	56,175

出典：国土交通省「2019年度国交省空港別収支」

(4) 民営化された空港

①関西空港・伊丹空港

2013 年 7 月に「民活空港運営法」が施行されて以降、関西空港・伊丹空港・仙台空港などが次々民営化された。

2012 年に関西国際空港（株）が設立され、関西・伊丹両空港の経営統合が完了し、2016 年には関西エアポート（株）が両空港の事業を引き継ぎ、運営を開始した。関西エアポート（株）はオリックスと仏空港運営大手ヴァンシ・エアポート企業連合など 30 社が出資する民間企業で、運営期間は 2016 年 4 月 1 日から 2060 年 3 月 31 日の 44 年間である。

2018 年 4 月に民営化した神戸空港を運営する関西エアポート神戸（株）は関西エアポート（株）が 100%出資する子会社であり、神戸市より委託を受け神戸空港の運営を行っている。運営期間は 2018 年 4 月 1 日から 2060 年 3 月 31 日の 42 年間である。

関西空港は、民営化後の第1期（2016年4月～9月）において国際線の旅客数は前年同期との比較で＋13%となり黒字となった。これは、新規路線および国際線を中心としたLCCの誘致、最新型保安検査機器（スマートレーン）の導入や、第2ターミナル（LCC用）の拡張、ならびに支付宝（アリペイ）決済のいち早い導入といった非航空系収入向上の取り組みを実施した結果である。

図2-19　関西空港の発着回数推移

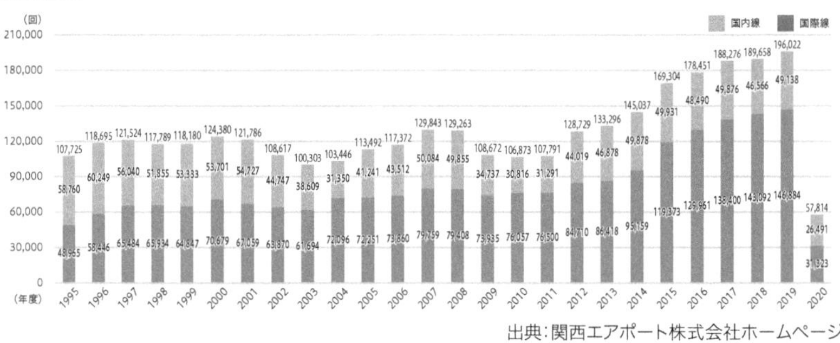

出典:関西エアポート株式会社ホームページ

図2-20　関西空港の旅客数推移

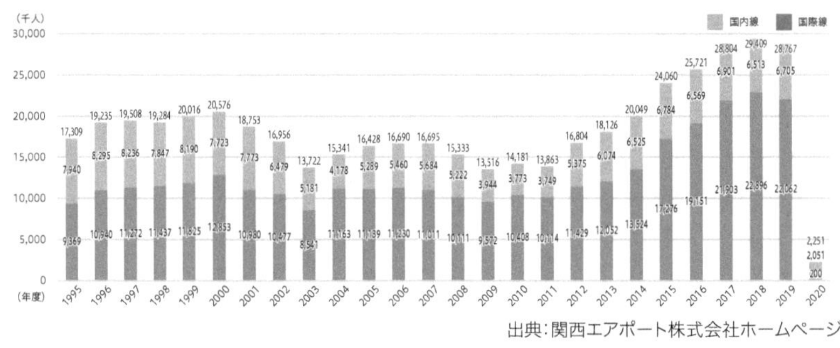

出典:関西エアポート株式会社ホームページ

関西国際空港は2025年の日本国際博覧会（略称「大阪・関西万博」）を目標に、さらなるインバウンド受け入れ増のため国際線施設の機能強化を図る予定である。具体的にはターミナル1の国際線エリアの拡大、ストレスなく快適に旅行できる環境整備、商業エリアの強化などを計画しており、2025年に完成する予定である。

空港民営化の大きな目的は、柔軟な着陸料の設定による運航便数増加に加え、航空系収入と非航空系収入を一体化することによって柔軟な空港経営を行うことにある。伊丹空港は、商業施設の充実により非航空系収入を増やすことに注力している。改修に4年半をかけ、2020年8月に約50年ぶりの大規模改修が完了した。国内初のウォークスルー型商業エリアを整備し、保安検査場の通過後にエリア内を回遊して買い物や飲食を楽しむことができる。また、保安検査場前の一般エリアの店舗をさらに充実させ、航空機利用者以外の、周辺地域の住民なども広く楽しめる施設を目指した。

②仙台空港

2016年、仙台国際空港（株）が事業を引き継ぎ、国管理空港として日本初の民営化事業を開始した。仙台国際空港（株）は、東急グループ5社を中心とした7社が共同出資して「仙台国際空港株式会社」が設立された。東急グループの一員で東急グループの持ち株比率は42%、運営期間は30年である。運営会社は「東北の交流人口を増やし、地域経済の活性化に貢献する」というミッションを掲げ、空港利用者の利便性向上に力を注いでいる。

民営化後は、積極的な海外LCCの誘致や、旅客数により航空会社が支払う着陸料を割引する制度の導入、保安検査場内の待ち時間短縮などの工夫により、民営化初年度である2017年の旅客数は前年度比＋8.7%の343万人と開港以来最高を記録した。2016年度は赤字だったが、2017年度は黒字化を実現、2018年度も黒字を達成した。

利用者の利便性向上と施設拡大を目的としてターミナルをリニューアルし、2017年4月に1階国内線到着エリアの改修、2018年10月にピア棟（搭乗エリア）の拡大を実施した。2021年度下期のグランドオープンを目指し、保安検査場の拡張や検査機器の導入によるストレスなく快適な旅行環境の整備や、保安検査場通過後の商業店舗拡大などを目指していたが、COVID-19の影響を受けて計画は中断されている。

図2-21　仙台空港の旅客・貨物・収支推移

旅客単位：万人

		2016年	2017年	2018年	2019年
旅客	合計	316	343	361	371
	国内	293	315	330	333
	国際	22	28	31	37
貨物		0.7万トン	0.7万トン	0.7万トン	0.6万トン

単位：百万円

	2016年	2017年	2018年	2019年
営業収益	4,594	5,155	5,506	5,746
営業利益	△99	67	35	△37
経常利益	△29	101	64	△30
当期純利益	△8	109	135	△42

注1：2019年度は、ターミナル改修費用がかさんだため赤字となった

出典：仙台国際空港株式会社ホームページをもとにJAL作成

③福岡空港

年間2,400万人が利用する福岡空港は、2016年7月の仙台空港、2018年4月の高松空港に続いて、国管理空港としては3例目の民営化が行われた。

2019年4月、福岡エアポートホールディングス・西日本鉄道・三菱商事・九州電力・CHANGI AIRPORTS INTERNATIONALの5社で構成する企業連合「福岡エアポートHDグループ」が出資する福岡国際空港（株）が事業を引き継ぎ、空港運営事業を開始した。運営期間は30年間で、2019年～2023年中期経営計画では国際線ネットワークの拡充（22路線→26路線）や、それに向けたホテル・駐車場などの施設整備、国内線＝国際線アクセスの専用道路化、ウォークスルー型免税店の整備などによる顧客満足度向上を目指している。さらに、航空機利用者以外の周辺地域の住民なども広く楽しめる施設を目指し、エアポートシティ化を予定している。

2018年度の旅客数は、好調なインバウンド需要などを背景に、2,484万人と過去最多を更新した。

④北海道7空港

訪日外国人の増加により、北海道の玄関口である新千歳空港の混雑解消が課題となっていた。訪日外国人を道内の他空港へと拡散させることで地方の活性化にもつなげられるとの考えから、北海道内7空港一体での民営化が進められることとなった。

2020年1月に、北海道空港、日本政策投資銀行、JAL、ANAホールディングスなど17社が参画した北海道エアポート（株）が、北海道7空港の一体運営を開始した。運営期間は30年で、まずは同年6月に新千歳空港、10月に旭川空港、2021年3月に稚内空港・釧路空港・函館空港・帯広空港・女満別空港の運営事業を開始した。

2020～2024年度中期事業計画では、7空港の役割分担に応じたターゲット路線（図2-22）の設定、LCC誘致による新規需要の拡大、道内オープンジョー（到着と出発で別空港利用）による広域観光促進が基本戦略とされている。また、7空港の到着、商業、出発各エリアをそれぞれの特徴を活かした「北海道ショーケース」と位置付け、北海道の魅力訴求を行うとしている。

図2-22　空港ごとのターゲット路線

空港	国際線	国内線
新千歳	アジア圏ローカル　欧米豪など長距離	3大都市圏拠点空港+地方都市
函館・旭川	東アジア・東南アジア首都	3大都市圏拠点空港
釧路・帯広・女満別・稚内	東アジア首都	3大都市圏拠点空港

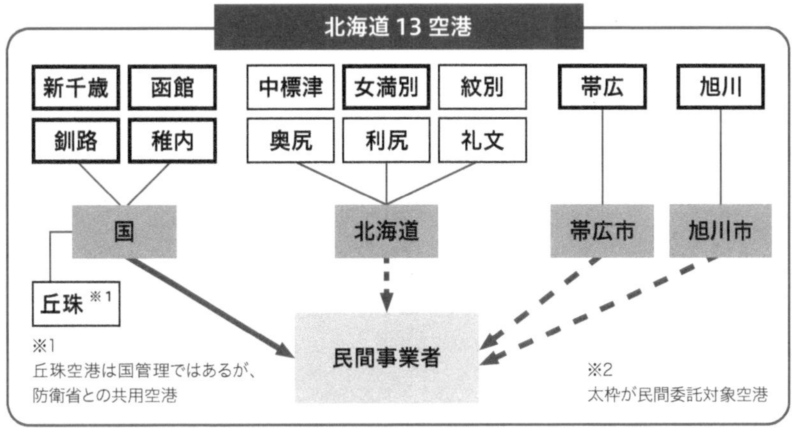

出典：国土交通省「空港を取り巻く状況と今後の課題」2020年2月8日

(5) そのほかの空港における民営化

地方空港において、今後収益増を目指すためには、既存航空会社の増便、LCCや新規国際線の就航（主に外資系航空会社）によって旅客数を増やすことが必要である。そのためには着陸料の割引などが手段となり得るが、現在の国管理空港や地方管理空港においては空港ビルの運営事業者にその権限がないため、航空系事業と非航空系事業との一体運営を目的として民営化を検討する空港は今後増えていくと思われる。

また、もう1つの方法として、空港内商業エリアを充実させ、航空旅客以外の利用者の集客を増やすことで収益増を目指すに当たり、民間企業の知恵と工夫を取り入れたいと考える空港も多い。

(6) 空港民営化における課題

空港の民営化後も、空港までのアクセス向上や地域全体での魅力訴求など、空港運営会社だけでは解決できない課題が残ることから、自治体やほかの輸送機関などとの協力が必要不可欠である。

また、COVID-19による大幅な減便や航空旅客数減で、航空会社から得る空港使用料や施設利用料のほか、売店・レストランなどの売り上げが大きく減少し、民間企業である空港運営会社の経営リスクが顕在化した。公共交通インフラである空港が機能を停止し、地域経済などへの影響が出ることのないよう、民営化後も空港運営会社への公的なサポート体制の構築などの対応が求められる。

課題

自分自身が空港経営を行う場合、どの空港の民営化を手がけるか。また、どのように経営し、顧客目線で優れた空港に変えていくか。
以下の点を踏まえて考察せよ。
①現状の空港運営の課題点
②将来のあるべき姿

第3章

ネットワーク戦略

1 路線ネットワークの構築

需要と供給

人や物が出発地から目的地まで航空機を利用して移動することにより需要が生まれる。これをOD（Origin Destination）需要という。OD需要に対応し、どのような路線を運航してビジネスを成立させるかがネットワーク戦略の基本である。航空会社は、運航する路線（出発地・到着地・経由地）、使用する航空機材（座席数・クラス構成）、運航頻度（便数）、運航時間帯（ダイヤ）を路線便数計画として策定し、ネットワーク戦略を具現化している。

OD需要はすでに存在しているものだけではなく、新たな路線ネットワークによって創出されることがある。例えば、直行便の新規就航やLCCの参入によって利便性の向上や運賃の低下が起こり、新たなOD需要が創出されたり、ほかの交通機関（鉄道、高速バス、船舶）から航空へ需要の転移が発生したりする。古くは、1967年に当時のパンアメリカン航空が羽田空港に夜間駐機していた航空機を有効活用し、東京＝グアム線を深夜便として開設したことがグアムの観光開発につながった例もある。旅行会社とタイアップしたチャーター便でテストマーケティング的に新たなデスティネーションの開発や周知を図り、航空需要を喚起することもある。

「Point to Point」と「Hub and Spoke」

一定規模の需要がある2地点間を直行便で結ぶことを「Point to Point」という。

これに対し、拠点空港を中心として放射線状に各地への路線を構築することを、自転車の車輪に見立てて「Hub（車軸）and Spoke」という。FSCの多くはこの両者を組み合わせて路線ネットワークを形成している。一方、LCCは航空機の稼働を高めるとともに乗り継ぎに要するコストを抑制するため、Point to Pointで路線を構成することが一般的である。

図3-1 Hub and Spoke

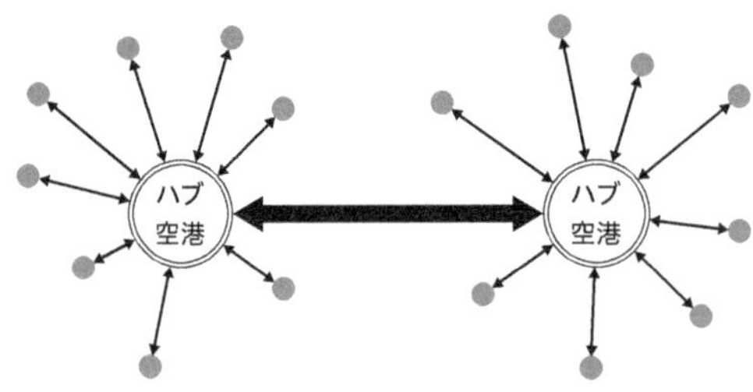

Point to Pointは、いうまでもなく目的地まで直行できることから利便性が高く、競争力も高いので、OD需要の規模から利益が確保できる地点間については直行便が運航されている。しかし、直行便を運航するに足りるだけのOD需要が見込めない地点間に関しては、拠点空港で乗り継ぐことによって需要に対応している。例えば、秋田と広島の間は直行便を運航するだけの需要が見込めないことから、羽田空港で乗り継いで移動することになる。

日本では、国内線は羽田空港や伊丹空港などの大規模空港がハブ（Hub）としての機能を果たしているほか、那覇空港は先島諸島（石垣島や宮古島など）、鹿児島空港は奄美群島（奄美大島や徳之島など）を結ぶハブである。国際線では、羽田空港が国内線と国際線とを結ぶハブ、成田空港がアジアと北米など国際線と国際線とを結ぶハブとして大きな役割を果たしている。

米国では、アトランタ空港、シカゴ空港、ダラス・フォートワース空港など、多数のハブが存在し、大手航空会社はそれぞれ複数のハブ空港から米国内や中南米、欧州、アジアを結ぶ路線を展開している。例えば、アメリカン航空はシカゴ空港、ダラス・フォートワース空港、ニューヨーク／ジョン・F・ケネディ空港、ロサンゼルス空港などをハブとして路線ネットワークを構築している。

欧州では、日本と同様、大手航空会社の本拠地がハブとなっている。例えば、ブリティッシュ・エアウェイズはロンドン／ヒースロー空港、ルフトハンザドイツ航空はフランクフルト空港を乗り継ぎ拠点としている。

アジアでは、ソウル、北京、上海、香港、バンコク、シンガポールなどに大規模なハブ空港があり、成田など日本の空港としのぎを削っている。

中東にはドバイ、ドーハといった乗り継ぎを主目的とした大規模空港があり、それぞれエミレーツ航空、カタール航空がハブとして全世界を結んでいる。

図3-2　JALの国際線路線図（コードシェアを含む）

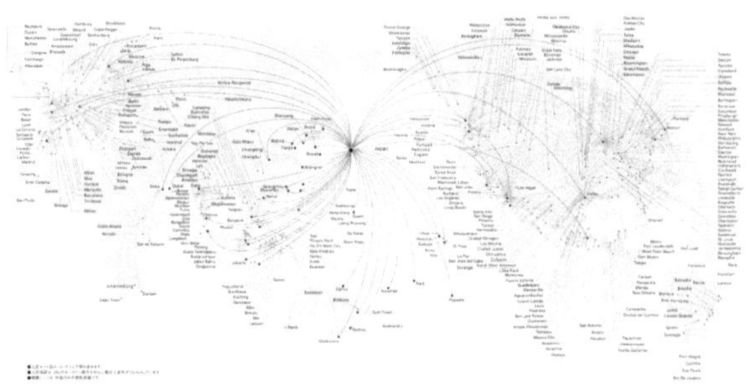

出典：JAL REPORT

表 3-3　2018 年空港別旅客数ランキング

順位		空港名	国	乗降客数	増減率
2018年	2017年				
1	1	ハーツフィールド・ジャクソン・アトランタ国際空港	米国	107,394,029	3.3
2	2	北京首都国際空港	中国	100,983,290	5.4
3	3	ドバイ国際空港	アラブ首長国連邦	89,149,387	1
4	5	ロサンゼルス国際空港	米国	87,534,384	3.5
5	4	東京国際空港	日本	87,131,973	2
6	6	シカゴ・オヘア国際空港	米国	83,339,186	4.4
7	7	ロンドン・ヒースロー空港	英国	80,126,320	2.7
8	8	香港国際空港	香港	74,517,402	2.6
9	9	上海浦東国際空港	中国	74,006,331	5.7
10	10	シャルル・ド・ゴール国際空港	フランス	72,229,723	4
11	11	アムステルダム・スキポール空港	オランダ	71,053,147	3.7
12	16	インディラ・ガンジー国際空港	インド	69,900,938	10.2
13	13	広州白雲国際空港	中国	69,769,497	6
14	14	フランクフルト空港	ドイツ	69,510,269	7.8
15	12	ダラス・フォートワース国際空港	米国	69,112,607	3
16	19	仁川国際空港	韓国	68,350,784	10
17	15	イスタンブール空港	トルコ	68,192,683	6.4
18	17	スカルノ・ハッタ国際空港	インドネシア	66,908,159	6.2
19	18	チャンギ国際空港	シンガポール	65,628,000	5.5
20	20	デンバー国際空港	米国	64,494,613	5.1
			2018 年の合計	1,539,332,722	4.7

出典：国際空港評議会

「Hub and Spoke」のメリットとデメリット

ハブ空港での乗り継ぎが発生するとはいえ、あまたある地点間の OD 需要について航空輸送サービスが利用可能になり、移動時間短縮によって大きな時間価値や経済価値を生み出す。また、各地点と拠点空港とを結ぶ便の運航頻度が増すことで、多様な時間選好性にも対応することができる。航空会社にとっても、需要喚起につながるとともに、効率的に需要を摘み取ることができる。このように、「Hub and Spoke」には利用者と航空会社の双方に大きなメリットがある。

これらのメリットを最大化するには、乗り継ぎ時間をできるだけ短縮することが求められる。そのためには、ハブとなる拠点空港において、一定の時間帯に便の到着・出発を集中させる必要がある。例えば、2 時間以内に乗り継ぎができるよう、10 時～ 12 時、15 時～ 17 時、20 時～ 22 時に便の発着を集中させるように運航ダイヤを設定することが行われる（これを「バンク」と称する）。そうすると、多数の便を同時に発着させるための施設（滑走路、駐機場、ターミナルビル、ビル内の移動手段、手荷物の仕分け・搬送システムなど）の整備や、ピーク時間帯のワークロードに対応した人員の配置が必要になってくる。このように、航空会社および空港には、ピーク時間帯に合わせた設備投資や人員配置が必要となり、投資額や経費がかさむデメリットがある（羽田空港のように発着枠に余裕がない空港では時間帯による発着便数の差が小さく、この問題は発生しないが、一方で乗り継ぎ利便性に十分配慮したダイヤ設定が難しいという別の問題が生じる）。

加えて、ある便が遅延すると、乗り継ぎ先の便が接続待ちで遅れるといった遅延の連鎖が発生しやすいこともデメリットとして挙げられる。

図 3-4　成田空港での接続タイムテーブル例（JAL・2021 年度夏ダイヤ）

発地	着地	到着
マニラ	成田	15:35
ホーチミン		16:00
バンコク		16:10
釜山		16:15
シンガポール		16:20
ジャカルタ		16:20

➡

出発	発地	着地
17:20	成田	ロサンゼルス
17:20		サンディエゴ
18:05		サンフランシスコ
18:10		シアトル
18:25		ボストン

2 路線便数計画の策定

路線便数計画とは

路線便数計画とは、運航する路線や便数（運航頻度）、使用する航空機の種類や客室仕様、運航ダイヤを決定するもので、通常、年間ベースで策定する。年度途中であっても、マーケットや生産資源（航空機・人員・施設）などの状況により、必要に応じて見直される。

路線便数計画を策定する上で前提となる制約条件は次の通りである。

①航空権益（国際線のみ）：他国との航空協定上、運航する権利があるか。

②発着枠：出発・経由・到着空港の発着枠を希望する時刻に確保できるか。

③航空機：距離や需要規模・クラス構成に適合する航空機が手配できるか。

④人員：パイロット・客室乗務員・整備士・空港スタッフなど必要な人員を確保できるか。
空港業務などの委託先の生産体制や品質に問題はないか。

⑤施設：駐機場・カウンターなど運航に必要な空港の施設を確保できるか。

これらの条件をクリアして初めて路線便数計画が成立する。

需要予測

既存の路線であれば、自社の実績をもとにマーケットの変化や他社の動向、イベントなどを加味して需要を予測し、路線便数計画に反映する。

ここでは、新たに路線を開設する際の需要予測の手法について述べる。

国際線の場合、ベースとなるのは経済予測で、各国の人口、GDP、パスポート取得率などの要素から回帰分析を用いて各国間の需要の成長を予測する。その上で、自社が保有するデータに加え、GDS[1]の予約データや、乗り入れ候補の空港から提供されるデータ（どのエリアの旅客がその空港を利用してどこへ行くか）などの外部データも用いて路線を開設した場合の需要を予測する。その際、コードシェア（後述）など提携航空会社（グローバルアライアンスや2社間提携）の路線ネットワークとの乗り継ぎ需要も考慮する。

国内線の場合も同様で、各地の所得や人口の変動を反映した総需要予測をベースに、当該路線や近隣空港を結ぶ路線の自社・他社の輸送実績、鉄道・バスなどほかの交通モードを含めた総流動と航空分担率（総流動に占める航空輸送のシェア）、自治体や空港会社から提供されるデータなどを用いて需要予測を行い、これに訪日外国人旅客の要素を加味している。

収支予測

旅客収入は「旅客数×平均単価」で決まる。旅客数は前述の需要予測をもとに自社のシェアや競争力を想定して算出する。単価は、自社の実績や他社の運賃レベルから予測する。これに貨物収入を加える。

費用はおおむね積み上げて計算することができるので、これらのデータから収支を予測し、路線開設の可否を判断することになる。

なお、空港によっては新規に開設される路線に対して時限的に空港使用料を減免する措

1 Global Distribution System。旅行会社が航空各社の予約を行う際に使用するシステム。

置が取られていたり、国内線では離島路線への公的な補助金や乗り入れ先の自治体との協業による助成といった要素もあるので、これらも加味している。

コードシェア

これまでは自社の航空機による路線開設について述べてきたが、他社の運航便に自社の便名を付して販売する「コードシェア」についても触れておく。

自社便を運航する規模ではないが一定度の需要が見込まれる路線、特に自社の利便性が劣っている地点について、その路線を運航する航空会社と交渉し、自社便名を付した「コードシェア」を設定することによって、乗り入れ地点や路線ネットワークを拡大している（詳細は、「第４章 アライアンス戦略」を参照）。

自社便のネットワークを補完する目的で、国際線においては自社便乗り入れ地点を発着する外国の国内線や国際線を中心に、日本発着路線についても実施されている。国内線に関しては、自社路線・便数の補完に加え、大手航空会社による中小航空会社（AIRDO、フジドリームエアラインズなど）への経営支援の要素もある。

事例研究　新路線の開設まで（JAL・成田＝シアトル線の例）

JAL は 2019 年 3 月に、成田＝シアトル線を開設した。シアトルは、米国西海岸最北部のワシントン州最大の都市である。ワシントン州にはボーイングの工場のほか、マイクロソフト、アマゾン、スターバックスの本社があり、「第 2 のシリコンバレー」とも称されている。イチローが活躍したマリナーズの本拠地として、日本でも知られている。

日本と米国主要都市との間の航空需要では、ロサンゼルス、ニューヨーク、サンフランシスコ、ラスベガスに次ぐ 5 番目であること、地理的に日本との距離がほかの都市に比べて近く所要時間が短いこと、JAL とコードシェア提携を実施しているアラスカ航空の本拠地で、乗り継ぎ利便性が高いことがシアトルを新規乗り入れ地点に選定した主な理由である。

アラスカ航空とは、米国内やカナダの 55 地点を結ぶ路線でのコードシェアを、路線開設と同時に追加した。

アジア路線や米国国内線との乗り継ぎや貨物を含めて需要と収支を予測し、十分に採算を確保できる見通しが立った。

同時に、上述の「制約条件」をクリアできるか、検討が行われた。

①航空権益：米国とオープンスカイ協定を締結しており、問題なし。

②発着枠：成田、シアトルとも希望する時刻に発着枠が確保できた。

③航空機：距離や需要から最適なボーイング787-8型機が確保できた。

④人員：パイロット、客室乗務員およびシアトルでの拠点開設に必要な人員（整備士・空港・販売スタッフ）と、適切な委託先確保の見通しが立った。

⑤施設：空港を運営するシアトル港湾局と調整し、必要な施設を確保した。

路線開設の方針が決まると、具体的な準備に入る。まず、開設要員が発令され、ビザ取得後、現地に赴いて空港や営業の拠点を立ち上げる。

表3-5 新路線開設の準備

項目	内容
人員	現地で新規採用を行うほか、日本からの派遣、米国内の他地点からの異動などによって必要人員を充足させる
施設	業務に必要なオフィスやカウンターなどを賃借する。空港においては、シアトル港湾局と交渉してチェックインカウンターやバックオフィスのスペースを確保するとともに、什器備品や通信設備を手配する
業務委託契約	旅客や貨物のハンドリング、整備や運航のサポート、機内食の供給、乗務員が宿泊するホテルと送迎、オフィスの清掃など、信頼に足る業務委託先を選定し、契約を整える
施設検査	整備部品やツール、マニュアルなど必要な物品を配備し、準備を整えた上で、航空当局の施設検査に合格する
コードシェア	シアトル線の「売り」であるアラスカ航空とのコードシェアによるネットワーク拡大は大きなアピールポイントである。アラスカ航空と交渉を行い、新たに55地点にJAL便名を付したコードシェア便が乗り入れることとなった
運賃設定	東京＝シアトル間のみならず、シアトル線を利用して日本国内・アジア域内の地点とを結ぶ各種の運賃を設定する
告知・宣伝	路線開設を広く告知する。日米両国のみならず、乗り継ぎ需要のあるアジア諸国も含め、シアトル線の利便性とサービス品質をアピールする広告宣伝を展開し、認知度を高める
販売促進	マイレージのキャンペーンや旅行会社とのタイアップで、集客を図る

2018年9月に路線開設を決定した後、約6カ月の間にこうした準備や予行演習を十分に重ね、2019年3月31日、初便運航の晴れの日を迎えた。

図 3-6　成田＝シアトルの路線図（開設時）

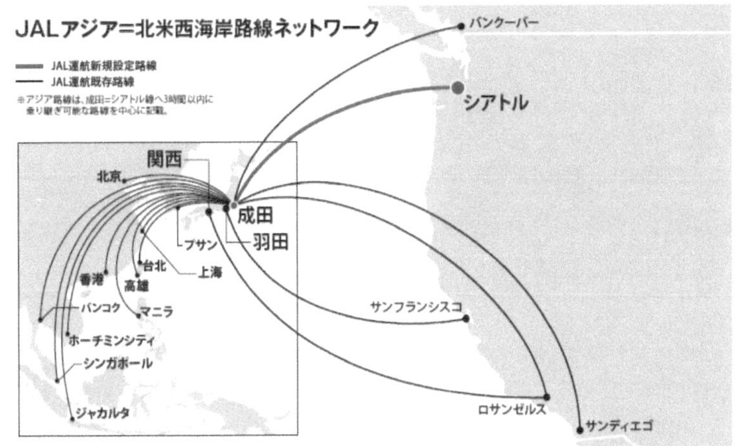

出典：JALプレスリリース

図 3-7　シアトルにおけるアラスカ航空の主要ネットワーク

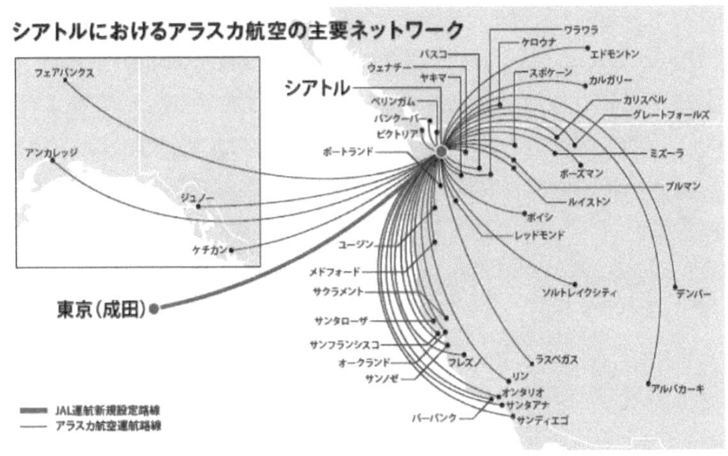

出典：JALプレスリリース

課題

自分が新たに開設してみたいと考える路線はどこか（国際線、国内線を問わない）。その理由・根拠と、開設するために解決しなければならない課題を考察せよ。

3 機材計画

機種選定

航空機は、経年とともに整備費用がかさむことから、およそ20年が経済寿命とされる。

このため、ある機種の退役が開始される約5年前に、後継機種の選定作業が開始される。中長期的な需要予測をもとに必要なサイズ（キャパシティー）、航続距離、機材数、納期を想定し、これらの条件を満たす中から航空機を選定する。

とはいっても、自動車と異なり、メーカーや機種は極めて限定的である。大型から小型に至るジェット機（おおむね150～500席クラス）は米国のボーイングと欧州のエアバスの2社に集約され、それより小さなサイズのリージョナルジェット機（50～150席クラス）もブラジルのエンブラエルとエアバスの2社に限られている（このマーケットに三菱航空機が参入しようとしているが、2022年3月の時点で納入開始時期は不明）。

また、機種によっては複数のメーカーのエンジンから選択できることがある。その場合はエンジンについても分析・評価を行い、決定することになる。

機種選定に当たっては、パイロットや整備士の養成にも留意する必要がある。パイロットや整備士の国家資格は機種ごとに取得することが義務付けられており、新機種を導入すれば資格取得のための訓練が必要となる。航空機メーカーによって設計思想が異なることから、別メーカーの航空機の資格を取得する際は比較的長い時間を要することが多い。

整備用の予備部品を含め、新たなメーカーから購入することによるスイッチングコストは高く、同じメーカーから複数のサイズの航空機を導入する方が、一般的には経済合理性がある。

その一方で、同じメーカーや同一機種を多数保有することによるリスクもある。運航の安全に影響をおよぼす重大な不具合が発生した際に、安全性が担保されるまでの間、各国の航空当局から当該機種の運航を禁じられることがあり、そうなった場合にはより深刻な影響を受ける。ボーイング787型機はリチウムイオン電池のトラブルのため2013年1月に全世界で運航が停止され、改修が終了した同年5月までの4カ月余り飛行することができなかった。また、ボーイング737MAX型機は操縦特性補助システムに不具合があり、二度目の墜落事故の直後、2019年3月に運航停止となって、原因の究明とシステム改修、パイロットの訓練を経た後、1年9カ月後の2020年12月に運航を再開した。

また、一般論として、メーカーとの商談において複数社を競合させることにより、有利な条件を引き出すことができる。

こうしたことから、メーカーや機種を絞りこむことによる経済合理性と、リスクの低減や交渉ポジションの優位性を勘案し、機種選定を行うことになる。LCC では経済合理性を重視して単一機種を運航するケースが多い一方、FSC ではリスク低減も考慮して複数のメーカーから航空機を購入することが多い。

航空機の導入

航空機購入は極めて高額な投資であり、当然のことながら投資妥当性の検証がとても重要である。150 ～ 180 席クラスのボーイング 737 型機やエアバス A320 型機はおおむね 1 機で 120 ～ 150 億円、300 ～ 500 席クラスのボーイング 777 型機やエアバス A350 型機はおおむね 1 機で 400 ～ 500 億円である（いずれもカタログ価格で、実際の購入価格は条件交渉により決定される。また自動車同様、各種オプションの採用により購入価格が上昇する）。購入から退役までに 1 機が稼ぎ出すキャッシュを現在価値に換算し、プラスのキャッシュフローを生み出すことが航空機購入の前提条件となる。

航空機の購入費用に加え、新機種を導入する場合、新たに配備しなければならない予備部品、パイロットや整備士の訓練を行うフライトシミュレーター（模擬飛行装置、1 基当たり数億円から数十億円）も含めて計算する必要がある。

航空機の導入に当たっては、購入とするかリース機材を賃借するかという選択肢がある。リースの場合はレッサーに対して金利や手数料相当分を負担することになるので、長期間使用することが前提であれば購入する方が一般的には有利である。一方、購入する場合は発注から受領に至るまでの間、メーカーへ支払う資金を調達しなければならない。使用予定期間と資金計画に基づいて判断することになる。

リースは購入に比べ初期投資を大幅に抑えることができるので、新興航空会社や LCC はリースによって航空機を導入するケースが多い。各国で LCC が大きく勢力を伸ばしている背景には、リース市場の発達がある。航空需要は右肩上がりで伸びていくことが予測されていることから、航空機リースは投資家にとって魅力がある（COVID-19 によって当面はネガティブな影響があるが）。

一方、リース期間内は契約で定められたリース料金の支払いが続くため、COVID-19 などのイベントリスクによって減便され、収入が減少したとしてもキャッシュアウトを抑えられないリスクがある。

トピックス　投資判断に用いられる「NPV」とは

NPV とは、Net Present Value の略で「正味現在価値」のことである。ある投資をした場合に生み出されるキャッシュの現在価値の総和で、投資の妥当性や優先順位を判断する基準として一般的に用いられている。NPV が大きいほど投資の効果が大きく、NPV がマイナスであれば投資は不適格ということになる。

NPV はプロジェクトの期間（航空機であれば使用年数）のキャッシュインとキャッシュアウトを 1 年ごとに想定し、各年の資本コスト（複利）で割り引いて算出する。資本コストとして、WACC（Weighted Average Cost of Capital）が代表的なものして用いられている。これは、実際に資金を調達するにはいくらのコストがかかるかを算出したもので、株主資本コスト（配当など）と負債コスト（借入金や社債の金利など）の加重平均値である。

実際には、NPV 算出の評価期間を航空機使用年数よりも短い期間にて評価を行い、早期に投資回収を図る方向で検討を行う。

表 3-8　航空機購入の NPV 算出例

（単位：億円）

		機体購入	路線投入							退役
		0年目	1年目	2年目	3年目	4年目	5年目	…	19年目	20年目
営業CF	路線で稼ぐキャッシュ		10	10	10	10	10	…	10	10
投資CF	機体購入価格	-100								
	初期投資（予備部品やフライトシミュレーターなど）	-20								
	機体売却価格									1
	各年の CF	-120	10	10	10	10	10	…	10	11
	CF 現在価値	-120.00	9.52	9.07	8.64	8.23	7.84	…	3.96	4.15
	NPV（注 1）	5								

注1　WACCは5%で算出

事例研究 JALにおけるエアバスA350型機の選定から就航まで

2019年9月に運航を開始したエアバスA350型機の導入は、2012年ごろから主力機ボーイング777型機の更新を目的に検討を開始し、長い歳月をかけたプロジェクトであった。

図3-9 エアバスA350型機

過去、JALはボーイングの航空機を選定していたが、破たんからの復活を果たす過程で、原点に立ち戻って安全性・品質・サポートを含めた経済性などを総合的に評価した。

新開発のエンジンに加え、胴体・主翼など広範囲に複合材を用いることにより、同サイズの既存機に比べて大幅な燃費改善が見込まれ、優れた経済性を有していることや、機内の気圧を地上に近づけることなどによって利用者により快適な空の旅を提供できること、また、燃費改善に伴い二酸化炭素や窒素酸化物の排出を抑え、環境にも優しい航空機であることなどを評価し、JALとしては初めて[2]エアバス機を選択した。

その後、部門横断型の「A350導入準備室」という特別組織を設置し、客室内の座席商品開発や機体全般の仕様選定、パイロットや整備士の養成、各種マニュアル作成など、多岐にわたる導入準備作業を行ってきた。ボーイングとは異なるエアバスならではの専門用語や、美意識を重視する社風などに戸惑ったり、苦労することもあったが、プロジェクトメンバー間で迅速に問題を共有し、早期にエアバスとともに対処方法を検討することによって困難を乗り越え、無事計画通りに運航を開始することができた。

図3-10 A350型機の機内

搭乗時には「日本の伝統美」がテーマの客室をお楽しみいただきたい。

2 統合前の株式会社日本エアシステムによる運航を除く。

客室仕様

航空機そのものはメーカーが仕様を決定するが、機内のレイアウトや座席、ギャレー（キッチン）、IFE（In-Flight Entertainment system、ビデオやオーディオ設備）、Wi-Fiといった機内の装備は購入する航空会社が決定する。

機内のレイアウトは、その航空機を投入する路線の需要構成を想定し、クラス構成（例えば、国際線であれば、ファースト／ビジネス／プレミアムエコノミー／エコノミーの4クラスにするか、ビジネス／エコノミーの2クラスにするか）とクラスごとの座席数を、品質と効率性を勘案して設計する。

座席は、①座席メーカーのカタログ製品からオプションを選んで購入するケース（洋服に例えればイージーオーダー）、②航空会社の要望に添った座席をメーカーが開発するケース（オーダーメード）の2通りある。FSCの、特にファーストクラスやビジネスクラスでは座席の品質が選好性の大きな要素となっていることから②が、LCCではコスト圧縮を重視して①が多い。

機内の装備には多大な投資を要するとともに収入への影響が大きいことから、客室仕様を決めることは航空会社の戦略上、大変重要である。

図3-11 座席の例

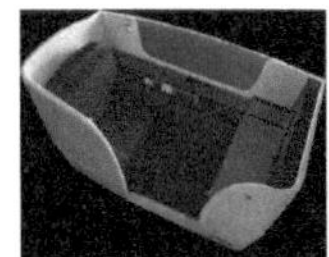

ファーストクラス（JAL）

ビジネスクラス（JAL）

エコノミークラス
（スプリング・ジャパン）

図3-12 シートレイアウトの例

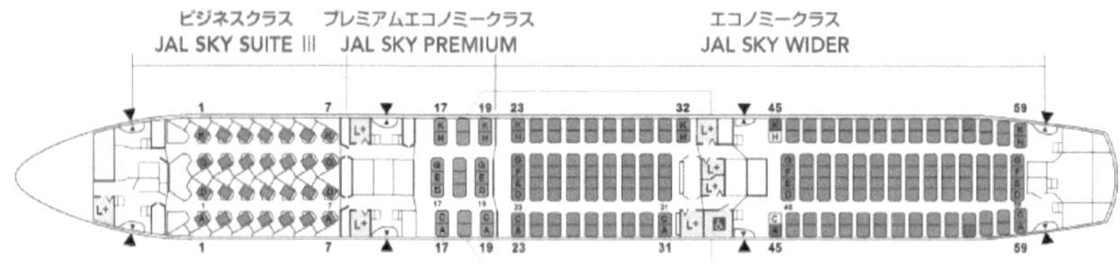

JALのボーイング787-9・国際線仕様機

4 地域航空ネットワークの維持

地域航空の現状と課題

少子高齢化、人口の都市部への集中が進む中において、地域の公共交通ネットワークをどのような形で維持していくべきかは、大きな課題である。

航空に関しては、地方間路線、とりわけ離島を結ぶ路線の採算はますます厳しくなってきており、住民に不可欠な足（翼）をいかにして維持するか、その政策的枠組みやコスト負担のあり方について議論が行われている。

2013 年に公布・施行された「交通政策基本法」では、第 3 条に「交通に関する施策の推進は、（中略）近年の急速な少子高齢化の進展その他の社会経済情勢の変化に対応しつつ、交通が、豊かな国民生活の実現に寄与するとともに、我が国の産業、観光等の国際競争力の強化及び地域経済の活性化その他地域の活力の向上に寄与するものとなるよう、その機能の確保及び向上が図られることを旨として行われなければならない」とあり、上述の課題を踏まえた政策立案が求められた。

また、第 16 条に「国は、国民が日常生活及び社会生活を営むに当たって必要不可欠な通勤、通学、通院その他の人又は物の移動を円滑に行うことができるようにするため、離島に係る交通事情その他地域における自然的経済的社会的諸条件に配慮しつつ、交通手段の確保その他必要な施策を講ずるものとする」とあり、離島などおける交通手段の確保を国の責務と定めた。

地域航空への公的補助

国は、地方航空ネットワークを確保するため、さまざまな施策を行っている。

第 2 章で解説した通り、公租公課については地方路線や小型機材にかかわる着陸料や航行援助施設利用料が軽減されている。

また、離島航空路線に関しては、航空機および部品にかかわる購入費補助、赤字が見込まれる路線に対する運航費補助、離島住民を対象とした割引運賃に対する支援が実施されている。

加えて、関係自治体による地域航空会社への出資や補助も行われており、地域航空、とりわけ離島航空への公的補助は一定程度実施されている。

地域航空会社の協業

地域航空会社はほかの航空会社と協業を行い、採算性や効率性を高めて、路線ネットワークの維持を図っている。

事業の面では、国内の複数の航空会社が共同して運送を実施し、旅客や荷主に連帯して責任を負う「共同引受」（便名は統一される）と、1つの便に複数の航空会社が自社の便名を付して運航する「コードシェア」の、2つの形態がある。例えば、鹿児島空港を拠点とし奄美群島を中心に運航している日本エアコミューター（以下、JAC）、札幌丘珠空港を拠点とし北海道内を中心に運航している北海道エアシステム（以下、HAC）は、いずれも親会社であるJALと共同引受を実施しており、JAL便名に統一されている。また、熊本県の天草空港を拠点に運航する天草エアライン（以下、AMX）はJALと、長崎空港を拠点に離島を結ぶオリエンタルエアブリッジ（以下、ORC）はANAとコードシェアを行っている（AMXにはJALが、ORCにはANAとJALが、少額ながら出資している）。地域航空会社は、共同引受またはコードシェアを実施することにより、大手航空会社の販売網を利用して自社機の座席や貨物スペースを販売できるメリットがある。特に、今後増加が見込まれる訪日外国人を誘致するに当たっては、海外における強力な販売ツールを得ることになる。

航空機材の面では「共通事業機」を導入し、重整備などのため自社機を運航できない場合、他社から航空機を賃借することで減便や運休を回避している。これまで、JACはHACおよびAMXと、ORCはANAウイングスとの間で共通事業機契約を締結してきた。中でもAMXは1機しか保有していないため、以前は重整備の期間中、全便の運休を余儀なくされていたが、共通事業機により大きく改善された。また、AMXが2016年に就航させた新機材ATR42-600型機の導入に当たっては、同型機の導入を決定していたJACが機体仕様の決定、乗務員や整備士の訓練、マニュアルの作成などさまざまな面でAMXに協力した。

図3-13
JACのATR42-600型機

航空機整備の面では、整備業務を他社へ包括的に委託する「管理の受委託」という形で協業が行われている。例えば、HACとAMXはJACに、ORCは一部の機種についてANAに委託する体制となっている。

このように、事業、航空機材、航空機整備の面で、地域航空会社と大手航空会社、あるいは地域航空会社間での協業が進められている。

「地域航空サービスアライアンス」の発足

2016 年 6 月、国土交通省は「持続可能な地域航空のあり方に関する研究会」を設置して、地方航空路線を持続させるための方策の検討を開始し、2018 年 3 月に「最終とりまとめ」を決定した。その中で「地域航空を担う組織のあり方自体を見直すことが必要であり、その形態としては、一社化（合併）又は持株会社の設立による経営統合の形態を模索していくべき」との提言が示された。

しかしながら、経営統合にはさまざまなハードルがあるため、2019 年 10 月、大手航空 2 社（ANA・JAL）および地域航空 3 社（AMX・ORC・JAC）を構成員とする「地域航空サービスアライアンス有限責任事業組合」（Essential Air Service Alliance LLP、以下 EAS LLP）が 4 年間の期限を設けて発足し、協業幅を拡大すべく提言や検討を実施している。

図3-14 EAS LLPで取り組む施策の体系イメージ

<これまで>

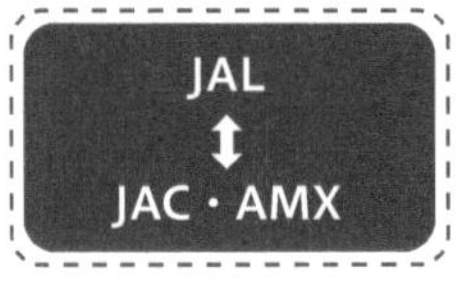

系列内のコードシェア

整備協業・予備機／部品の共用

シミュレーター共用・訓練の受委託

（それぞれの系列内で限定的）

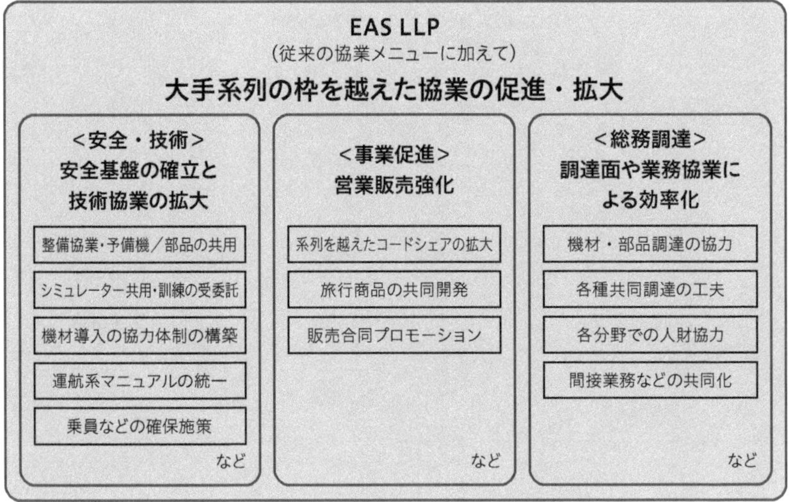

出典：EASLLP設立 共同リリースより

トピックス 有限責任事業組合（LLP）とは

有限責任の組合員によって構成される事業体。出資金の多寡にかかわらず権限や利益配分など運営ルールを自由に決めることができること（内部自治原則）が特徴で、EAS LLPのように構成する各社（組合員）が対等な関係で協業する場合などに適している。

課題

地域航空会社の収支を改善するための施策（アイデア）を具体的に提案せよ。

第4章

アライアンス戦略

1 アライアンス（国際提携）とは

世界に広がる路線網は航空会社にとっての重要な事業基盤であるが、1社単独で構築可能な路線網には限界があり、提携を通じた路線網の拡大は国際的な競争に勝ち抜き、生き残るための経営戦略といえる。世界の航空会社は、自社の経営資源や戦略に基づき、市場や競合状況などの外部環境の変化に対応して提携を活用しながら路線網を拡大してきた。現在世界の航空市場では3大グローバルアライアンスに多くの航空会社が加盟し、そのシェアは旅客キロベースで70%強になっており、世界の航空・観光市場はグローバルアライアンスを抜きに成立できなくなっている。

一方で、グローバルアライアンスが拡大するとコードシェアなどにより特定路線で供給調整が行われるため、将来的には地域独占状態を招き、市場が価格のコントロールをできなくなると国際世界観光機関（UNWTO）[1]から指摘されている。

航空会社の提携は、これからも世界の人々の交流に大きな影響を与えるものと考えられる。

本章では、提携の歴史と変遷、提携のメリット、提携の形態と深度、今後の提携などについて、図表を用いてできるだけ分かりやすく解説していく。

2 提携の歴史と変遷

航空会社提携の歴史はその時代の航空政策の変化に応じ、図4-1のような変遷をたどってきた。

図4-1 航空輸送の変遷

1940年代～1960年代	1970年代～1989年代	1990年代～2000年代
規制・保護主義	規制緩和	世界的なオープンスカイ

(1) 規制・保護主義の時代

第2次世界大戦前後には、航空機が主に軍事上の輸送手段として大きな役割を果たすようになったが、戦争終了とともに、民間航空の時代が本格的に幕を開けた。各国間の航

1 UNWTO（United Nations World Tourism Organization）。世界の観光に関する国連所属の組織。

空運送の取り決めとして、シカゴ条約（1944年）、バミューダ協定（1946年）などの枠組みが合意され、1945年には各国の航空会社で構成される業界団体であるIATA、1947年には国連の専門機関であるICAOが次々に設立され、国際民間航空が飛躍する基礎ができた。

このようにして民間航空の新時代がスタートしたが、各国政府による自国のナショナルフラッグキャリア（国を代表する航空会社、国営航空など）への手厚い保護政策が世界の趨勢（すうせい）であった。

（2）規制緩和の時代

第2次世界大戦後、民間航空は各国の手厚い保護政策のもとで成長してきたが、1970年代に入り、米国の積極的な規制緩和政策により、世界的な航空自由化の流れが加速した。

1978年の米国の規制緩和法施行によって米国内線の競争が激化し、1988年代に入ると自社旅客の囲い込みのツールとしてFrequent Flyer Program[2]（以下FFP、詳細は「第6章 マーケティングと商品・販売戦略」を参照）が登場した。また、1995年以降はオープンスカイ協定により、国際線において参入地点・輸送力・運賃に関する規制が大幅に緩和された。

自社単独でのグローバルなネットワーク拡大は物理的に困難であることから、コードシェアによる他社資源を活用した運航形態を通じたネットワークの拡大が進んだ。同時にFFP提携も行うことで各社は顧客の囲い込みを図り、コードシェア、FFP提携を軸とした2社間提携が急速に拡大していった。

日本においても、経済成長に伴い国際線・国内線ともに事業規模が拡大した。世界の規制緩和の流れに合わせて、日本の航空会社の事業分野を規制していた45・47体制が1985年に廃止され、翌1986年には国際線の複数社体制がスタートした。これにより、日本航空による国際線1社体制が終了した。1987年には日本航空の民営化が行われ、日本においても本格的な規制緩和が始まった。

保護政策から規制緩和に時代が変化するとともに、航空会社間の競争は激化した。競争に生き残るため、各社はネットワークの拡大・強化に乗り出し、2社間提携がネットワーク

2　FFPとは、マイレージサービス、またはマイレージプログラムとも呼ばれ、乗客の囲い込みを目的に会員カードを発行し、搭乗距離に応じて無料航空券やアップグレードなどの特典を提供する航空会社のサービス。Frequent Flyer Programの頭文字の略。米国で実施された航空規制緩和により、業績が低迷したアメリカン航空が1981年に販売促進策として始めたもの。マイレージのためやすさや使いやすさが会員獲得の条件となるため、航空会社のカードだけでなく、さまざまなクレジットカード会社のポイントや電子マネーと相互に交換できるようになっている（出典：JTB総合研究所）。

拡大の主流となった。

(3) 世界的なオープンスカイと大競争時代（アライアンスの時代）

1990年代に入ると規制緩和の勢いが強まり、米国は1995年に「新国際航空政策」を宣言して、市場原理が働く航空市場の実現、消費者の選択肢の拡大、航空会社の参入機会均等などを目指した。米国主導によるオープンスカイの動きやEU域内の航空自由化も進み、世界規模のLCCも台頭し航空会社間の競争も激化した。また、この時代は2社間提携から複数社が加盟する航空連合による提携（グローバルアライアンス）が主流になり始めた。

アライアンスとは3つ以上の航空会社が、商品・サービスなどの顧客サービス面や、コスト・運航技術・整備などの事業運営で協力を行うものであり、これにより加盟航空会社のネットワークや機材などを相互に活用しネットワークを一挙に拡大することが可能となる。またマイレージプログラムやラウンジなどの共通のプラットフォームを通じて、グローバルに顧客利便の向上・顧客の囲い込みが実現できる。

アライアンス形成の歴史に目を向けると、1997年にエア・カナダ、ユナイテッド航空、ルフトハンザドイツ航空、スカンジナビア航空、タイ国際航空の5社によって創設された「スターアライアンス」が世界初のアライアンスとなった。その後、これに対抗する形で1999年にはアメリカン航空、ブリティッシュ・エアウエイズ、カナディアン航空、キャセイ・パシフィック航空、カンタス航空の5社による「ワンワールド」が創設された。また2000年にはデルタ航空、エールフランス、大韓航空、アエロメヒコ航空の4社が3つ目のアライアンスとなる「スカイチーム」を結成し、これにより3大アライアンス体制が開始され、今日に至っている。

日本国内の状況に目を転じると、日本航空はアジア最大の航空会社として自前主義を採り、アライアンスへの加盟をしていなかったが、一方、全日本空輸は国際線の路線数が少なく、単独では他社への対抗が難しい部分をアライアンスに加盟することにより強化する方針を採り、1999年に「スターアライアンス」に加盟した。自前主義を採っていた日本航空も、全日本空輸のアライアンス加盟により競争力が低下したことや、世界の潮流がグローバルアライアンス間の競争に移行していったこともあり、2007年に「ワンワールド」に加盟することになった。

2国間の協定では「オープンスカイ協定」が世界的な規制緩和の引き金となり現在の航空市場を形成する要素となった。米国は国際旅客および貨物便において参入、運賃、便数に関して規則を緩和することで企業間の競争を生み出し、雇用機会と経済成長を促進させるため「オープンスカイ」政策を積極的に推進した。競争が激化することで航空運賃の引き下げにつながり、消費者の便益を増進させるとともに、景気変動の影響を受けやすい航空産業の国際競争力を高めることが狙いであった。また、EU においても、米国同様、航空会社の商業的な判断に対する政府の干渉を排除し、旅行と貿易の増加を図ることで成長を促進することとした。

2社間提携が増えるにつれ、個別提携が複雑化するのを避けるとともに、プラットフォームや施設を共有することによる効率化・生産性向上・利便性向上を目的として、アライアンスが興隆した。一方で、2社間提携には、提携内容をカスタマイズしたり、アライアンスのルールに縛られない戦術が打てるメリットがあり、各航空会社の置かれた事業環境によって長所と短所がある。

3大アライアンスの比較

3大アライアンスの加盟社数や乗り入れ地の数、乗り入れ国などの詳細は表 4-2 の通りである。

表 4-2　3大アライアンスの詳細

	ワンワールド	スターアライアンス	スカイチーム
加盟社数（注1）	14+1	27+1	19
乗り入れ地点数	1,100	1,300	1,150
乗り入れ国・地域数	180	191	175
便数／日	13,985	18,499	14,500
年間旅客数（百万）	536	656	543
年間 ASK（十億）	1,573	2,094	1,622
ラウンジ数	650+	1,100+	600+
機材数	3,505	3,821	3,570
売上高（US ドル・十億）	112.8	147.9	113

注1　2019年12月時点（加盟社数は2022年7月時点）

①ワンワールド

ブリティッシュ・エアウェイズ、キャセイ・パシフィック航空、アメリカン航空、カンタス航空など大手航空会社が多く、参加メンバーは少ないが、安全性とサービス品質を重視したメンバー選定としている。

図 4-3 ワンワールドのメンバー（2022 年 7 月時点）

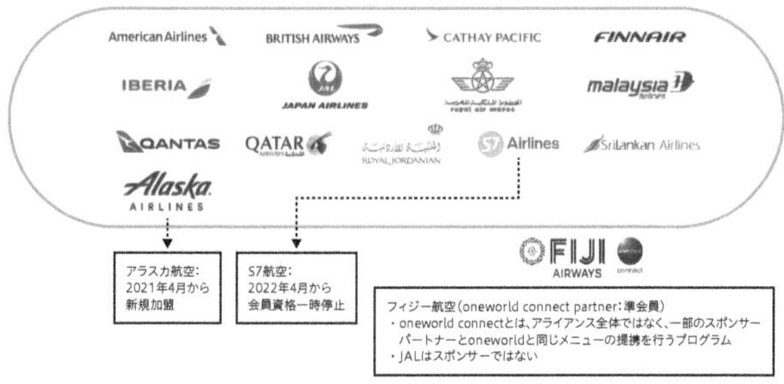

②スターアライアンス

アライアンス内ではルフトハンザ航空とユナイテッド航空が大きな権限を有しており、アライアンス外の航空会社との提携を認めていなかったが、最近はスターアライアンス外の航空会社との提携について緩和する傾向にある。競争力のある強力なネットワークを持っている。

図 4-4 スターアライアンスのメンバー（2022 年 7 月時点）

AEGEAN / AIR CANADA / AIR CHINA / AIR INDIA / AIR NEW ZEALAND / ANA / ASIANA AIRLINES
Austrian / Avianca / brussels AIRLINES / CopaAirlines / CROATIA AIRLINES / EGYPTAIR / Ethiopian
EVA AIR / LOT POLISH AIRLINES / Lufthansa / SAS / 深圳航空 Shenzhen Airlines / SINGAPORE AIRLINES / SOUTH AFRICAN AIRWAYS
SWISS / TAP AIR PORTUGAL / THAI / TURKISH AIRLINES / UNITED

出典：About Star Alliance - Star Alliance

③スカイチーム

デルタ航空やエールフランス航空が中心となって結成され、アライアンスとしての取り決めは緩やかである。例えば日本航空はワンワールド加盟社だが、スカイチーム加盟社との２社間提携も多く実施している。

図 4-5 スカイチームのメンバー（2022 年 7 月時点）

出典：SkyTeam Airline Alliance | Official Website

3 グローバルアライアンスのメリットと非加盟航空会社の動向

航空会社の提携の変遷を時代背景とともに見てきたが、現在、提携の主流となっているグローバルアライアンスに加盟するメリットについて、顧客側・事業者側それぞれの観点から考察する。

(1) 顧客側のメリット

航空会社がアライアンスに加盟することにより、顧客にとっては、加盟社による統一された利便性が提供され、顧客満足度が重視されるといったメリットがある。加盟必須要件(DRD：Delivery Requirement Document）の順守徹底や改善により、単独または2社間提携では実現できない顧客満足を「地球規模」で実現できたり、特に搭乗機会の多い「プレミアム旅客」が多くのメリットを享受することができる。以下、ワンワールド顧客が享受可能なメリットを例示する。

図 4-6 アライアンスによる顧客のメリット

乗客が利用する先々の空港・機内でoneworld加盟社のスタッフがサポート
世界一周運賃など、加盟者の便を着見合わせられる、使いやすくお得なoneworld運賃商品を提供
Global coverage
Greater support
Alliance fares
Superior quality
oneworld
More miles and points
Smoother transfers
More lounges
More rewards and recognition
加盟エアラインのどの便でもマイルの積算が可能。マイルをどの加盟エアラインでも利用可能
メンバー間の乗り継ぎにおいては、最初の出発地空港で最終目的地までのスルーチェックインが可能
エリートステイタスの利用者へ統一したサービス(優先チェックイン・搭乗、ラウンジアクセスなど)を提供
プレミアム顧客の囲い込みに有効

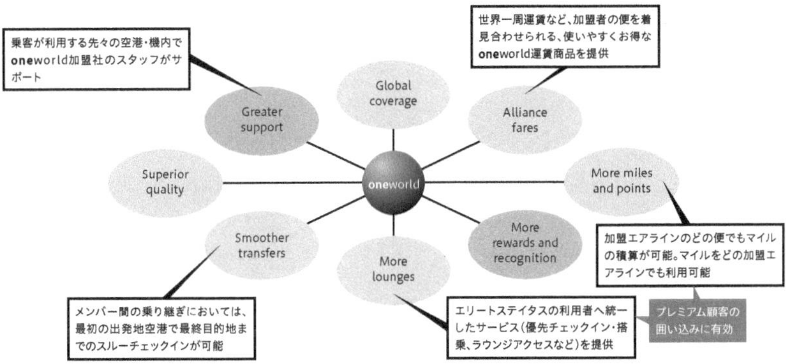

(2) 事業者側のメリット

一方、事業者側にとっては、アライアンスに加盟することにより、加盟会社とのコードシェアを通じたネットワークの拡充や共通プラットフォームの活用など、効率的な運営が可能となるメリットがある。

表 4-7　アライアンスによる事業者のメリット

共通プラットフォームの活用	共通プラットフォーム、ツール、サービス基準・規定を活用し、自社単独や 2 社間連携では達成できない規模とスピードでグローバルに顧客の獲得・囲い込みが実現可能
ネットワーク拡充	加盟エアライン運航便とのコードシェアにより、自社では路線展開が難しい都市や地域へのネットワーク拡充が可能
業務効率化	オペレーション分野でのベストプラクティスの共有を通じた業務効率化
コスト削減	チェックイン業務の共通化 空港ラウンジの相互利用 空港施設の共同利用 設備面での協力 燃料・部品の共同調達
グローバルな知名度向上	アライアンス単位での販売、マーケティング活動を通じたグローバルマーケットにおけるブランドイメージや知名度の向上
緊急時対応	事故発生時には、発生時点に最も近い加盟会社が初動救助に当たることで、即時対応が可能
人財育成	アライアンスの活動を通じたグルーバルな人財の育成

(3) グローバルアライアンスに加盟していない中東の航空会社

世界中の多くの航空会社が顧客利便性、競争力向上の観点からグローバルアライアンスに加盟しているが、比較的規模の大きい中東の航空会社の中ではカタール航空がワンワールドに加盟しているものの、エミレーツ航空、エティハド航空はグローバルアライアンスに加盟していない。

両社は事業戦略上「加盟するメリットがなく、ルールに縛られず必要な相手と自由に提携する方針を採っている」とされている。中東の航空会社が有している地理的優位性（中東はアジアとヨーロッパやアフリカを結ぶハブとして機能）や、産油国資本との関係など会社を成立させている経営環境も影響しているものと思われる。

表 4-8 中東の航空会社の状況

	エミレーツ航空	カタール航空	エティハド航空
拠点都市	ドバイ	ドーハ	アブダビ
アライアンス	なし	ワンワールド	なし
個社提携	JAL、カンタス航空、マレーシア航空、大韓航空、アラスカ航空など、計 21 社	JAL、ブリティッシュ・エアウェイズ、フィンランド航空、イベリア航空、マレーシア航空、ジェットブルー航空など、計 24 社	エールフランス航空、ANA、大韓航空、ルフトハンザドイツ航空、マレーシア航空など、計 52 社

出典：各社Webサイト

4 提携の形態と深度

(1) 共同事業

これまでグローバルアライアンスの内容について見てきたが、本項ではさらに一歩深化した提携形態である共同事業について説明する。

共同事業は、コードシェア（2 社間提携）、グローバルアライアンス（多社間提携）をさらに深化させた提携で、特定の路線を複数の航空会社があたかも 1 つの会社であるかのように一体運用を行う形態である。非常に強力な業務提携の形態である共同事業は、今日では世界のエアライン提携の主流となりつつある。

世界的な規制緩和によって市場への参入障壁が大幅に緩和された結果、仮に共同事業が行われたとしても企業間競争が存続し、利用者の利益が損なわれない環境が生まれたことから、関係国（関係市場）から ATI[3] の認可を取得し、共同事業が広く行われるようになった。

コードシェアやアライアンスによる提携でも一定の相互補完は可能であるが、独占禁止法の制約を受け、協力の範囲に制限が加えられる。共同事業では、ATI を取得することにより、提携会社間で価格政策や運航スケジュール、供給規模といった事業計画について協議をすることが可能になり、よりダイナミックで効率的な路線運営を行うことができる。相手方が運航する便の座席を販売しても、自社の利益として還元される成果配分のスキームを作ることで当該会社間での競合関係が解消し、win-win の関係が構築される。

自社単独運航から経営統合に至る提携の形態と深度は以下のように整理される。

3　Anti-Trust Immunity。独占禁止法適用除外。

図 4-9　業務提携や資本提携の形態・内容

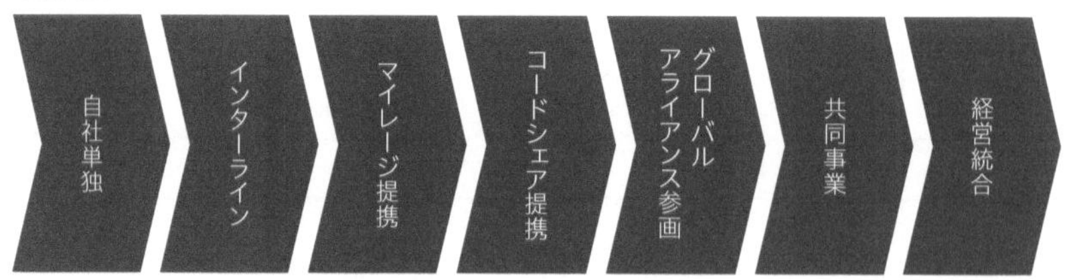

	形態	内容
業務提携	インターライン	航空会社をまたいだ旅客、手荷物輸送を行う基本的な契約
	マイレージ提携	相互の便でのマイル積算や特典利用を可能とし、旅客の囲い込みと利便性の向上を目指す提携
	コードシェア提携	同一便を複数の航空会社がそれぞれの自社便名で販売するときの形態（他社資源を活用した路線網の拡充）
	グローバルアライアンス参画	統一感のある商品やサービスを提供し、顧客の利便性向上を通じて囲い込みを図るための航空会社連合体
	共同事業	特定の路線で、一体的な事業運営を行う「疑似経営統合」ともいえる提携形態。独占禁止法適用除外の認可を経て、運賃やスケジュールの調整など、通常の提携の範囲を越えた活動を行うことが可能となる
資本提携	経営統合	究極の提携形態。持ち株会社の下に複数ブランドを残して運営する場合と、完全に一体化する場合とに分かれる

共同事業ではATIのもとで路線計画や運賃設定を含むさまざまな施策を共同で立案・実施することが可能となり、さらにその結果得た収入は双方で配分すること（Revenue Share Agreement）から、提携会社の運航便と自社運航便を差別することなく販売する無差別販売（Metal Neutrality）が実現される。

顧客サービスにおいても「Your Customer is OUR Customer」、すなわち「共同事業による提携を行っている航空会社の顧客は自社の顧客と同じである」という理念の下での運用が求められる。

図4-10　共同事業とアライアンス

事業スキーム	共同事業	コードシェアアライアンス提携	自社単独運航
路便計画	独占禁止法適用除外を受けていることから、パートナー社と共同で路線、便数、運賃、販売施策を計画し、実施することが可能	各社が即時に路線や便数を決定・展開	独自に決定・展開
運賃設定		各社が独自に運賃を決定・展開	
営業施策		各社が独自に施策を立案・展開	
サービス		アライアンスとして共通のサービスの提供	
収入配分	実施する	仕組みなし	

注1　共同事業の実施は、ATIの許可取得が前提

図4-11　共同事業を支える重要なコンセプト

(2) ATI

ATIは、一定の条件の下、企業間提携や共同事業を独占禁止法の対象から除外する措置のことで、通常の状態であれば各国において競争法違反と見なされる企業活動を合法化するものである。

したがって、関係当局は認可に当たり、一般的に「消費者の利便性が向上すること」「競争を阻害しないこと」を必要条件としている。日本の国土交通省の通達では、以下の２点を評価して判断している。

①運賃・ネットワーク・サービスなどに利用者利便の増進が見込まれること

②競争が実質的に制限されることにより、利用者の利益を不当に害さないこと

(3) 共同事業のATI認可事例

各共同事業では、事業計画の策定や運賃の決定、販売施策など経営を左右するさまざまな戦略・戦術について、事前に合意する必要がある。

日本航空とアメリカン航空（以下、AA）との間で実施している太平洋線共同事業（Pacific Joint Business、以下PJB）を例に挙げる。

AAでは路線ネットワーク見直しに伴い、成田＝シカゴ線からの撤退が計画されていた。しかし、PJBとすると太平洋路線の競争力ならびにシカゴでのPJBのプレゼンスについて、競合他社から遅れをとり得策ではないとの判断から、AAに代わりJALが成田＝シカゴ線を増便することで、JALとAAが一体となってネットワークと供給を維持する検討が行われた。

また、運賃の決定に関しては、両社の便は同等に扱うとの観点（Metal Neutrality）から、PJBのすべての運賃を両社で合意する必要があるが、特に海外地区において運賃は頻繁に変動することから、両社での合意がタイムリーに行えるよう、JALとAAの運賃決定者が同じオフィスに勤務し、瞬時にさまざまな運賃の決定を行っている。

共同事業実施に当たっては、事業検討組織（Working Group）が設けられ、さまざまな分野における施策を担当している。

図4-12 ワーキンググループや施策の例

ワーキンググループ	取り組み施策例
マイレージプログラム（FFP）	共同FFP施策の検討
空港	旅客ハンドリングに関する制度の統一
予約コールセンター	相互の電話転送機能開発、現場への訓練実施
VIP対応	各社VIPの情報共有を通じ、会社をまたいだ対応の実施
商品・機内サービス	機内食（和食など）の改善、共同メニューの開発
顧客サービス	お客さまの声を共有し、サービス向上に活用
イレギュラー時の対応	遅延・運休の場合の代替便手配の方針統一
販売	企業・代理店契約の統一、共同収入計画
レベニューマネジメント	運賃の共同立案
ネットワーク計画	供給量・路線・ダイヤなどの共同立案
財務	共同事業での収入配分の調整

その結果、次のようなさまざまな施策が共同で実施されている。

図 4-13　施策の目的と実施例

目的	施策
販売力の向上	相互ネットワークを活用した共同販売
	共同運賃の設定
	販売データの共有
収益力向上	空席管理の共同イールドマネジメント
共同 マーケティング強化	販売ツールの共通化、データ管理の一元化
	旅行雑誌媒体への共同宣伝
	社外向け共同イベント開催
顧客利便性向上	スケジュール調整による乗り継ぎの利便性向上
	予約センター間の電話転送機能導入（ワンストップショッピングが可能に）
商品競争力向上	機内食の改善（非日系航空会社における和食）
	空港ラウンジでのサービス改善
	マイレージプログラムの充実化
	パートナー社員に向けた日本文化や接客を学ぶ研修の実施（日本人旅客への空港及び機内サービス）

(4) 共同事業の ATI 不認可事例

日本航空とハワイアン航空（以下、HA）は、2017 年に包括的業務提携契約を締結し、翌 2018 年より日本＝ハワイ路線においてコードシェアとラウンジの相互利用を開始していたが、両社は日本＝ハワイ路線の共同事業の実現を目指し、同年 6 月に ATI を米国運輸省（以下、DOT）と国土交通省に申請した。

DOT は、合衆国法典を根拠に航空会社の提携協定について ATI を認める権限を有しており、A. 競争分析（競争を不当にゆがめないか）、B. 公衆の便益（ATI が必要か）の 2 つの観点から分析を行って審査する。

このケースでは、A. の競争分析について競争を不当にゆがめるものではないことを認めたが、B. の公衆便益については ATI がなくとも十分に提供できる内容であると判断した。すなわち、ATI がなくても両社はコードシェアの枠組みによる相互販売や、ラウンジの相互利用、FFP 提携による顧客メリット向上などをすでに進めており、ATI を認可にすることによるメリットは限定的との見解を示し、判定は不認可となった。

このように、2 国間の交渉では多くの航空会社や各国の政策や国益についての判断が影響し、ATI の認可取得に高いハードルがあることは事実である。

5 今後の提携の流れ

近年のエアライン提携の大きな流れとしては、「グローバルアライアンスの成熟化」「アライアンスの枠組みを超えた提携」をもとに「共同事業」へと発展、さらに「資本提携の発展」と徐々に深化していく傾向にある。

グローバルアライアンスの成熟化に伴い、現在では主要エアラインの約 90%はアライアンスに加盟している。アライアンスへの加盟はもはや現在では当たり前になっており、それだけでは競争優位の源泉とはなり得なくなっている。また多くの航空会社がすでに 3 大アライアンスに加盟しているため、ここ数年で各アライアンスの新規加盟社は減少しており、3 大アライアンスの勢力図は固定化されてきている。

そのため、既存のアライアンスの枠組みを超えた提携も珍しくない。昨今アライアンスの排他的制約は緩和されてきており、今後も以下のようなアライアンスをまたいだ提携は増えていくと考えられる。

図 4-14 アライアンスの枠組みを超えた提携例

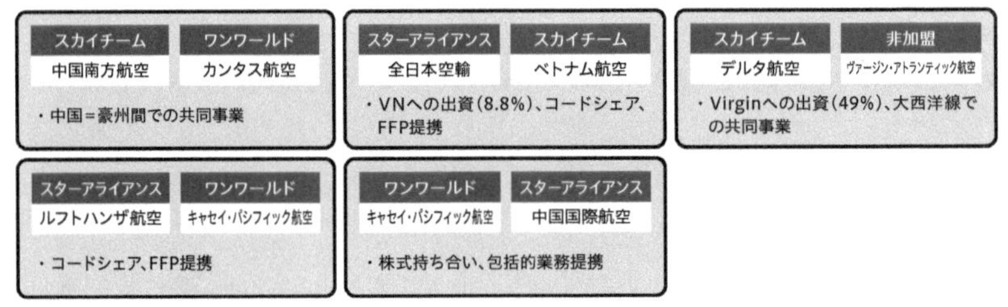

日本航空でもワンワールドメンバーとの提携を堅持しつつ、アライアンスだけではカバーできない空白地域はアライアンス外の航空会社との 2 社間提携も推進している。中南米地域のアエロメヒコ航空やアジア圏の中国東方航空・ガルーダインドネシア航空などもその一例である。

図4-15 JALの共同事業／コードシェアパートナー（35社・外航のみ）

欧州・中東		アジア・オセアニア	
・ブリティッシュ・エアウェイズ ・イベリア航空 ・フィンエアー ・カタール航空	・S7航空 ・エールフランス航空 ・エミレーツ航空 ・アエロフロート・ロシア航空	・カンタス航空 ・キャセイ・パシフィック航空（キャセイ・ドラゴン航空） ・マレーシア航空 ・スリランカ航空 ・中国東方航空 ・中国南方航空 ・厦門航空 ・大韓航空 ・チャイナ・エアライン ・エアタヒチ・ヌイ	・ジェットスター航空 ・バンコクエアウェイズ ・ベトジェットエア ・ビスタラ ・ガルーダ・インドネシア航空 ・フィジー航空 ・上海航空 ・エアカラン ・ロイヤルブルネイ航空 ・MIATモンゴル航空
日本国内			
・ジェットスター・ジャパン ・フジドリームエアラインズ ・天草エアライン			
北米・中南米			
・アメリカン航空 ・ラタム航空 ・ハワイアン航空 ・アラスカ航空	・ジェットブルー ・ウエストジェット航空 ・アエロメヒコ航空		

図4-16 ANAの共同事業／コードシェアパートナー（32社・外航のみ）

欧州・中東・アフリカ		アジア・オセアニア	
・ルフトハンザ ドイツ航空 ・スイス航空 ・オーストリア航空 ・LOTポーランド航空 ・TAPポルトガル航空 ・ターキッシュエアラインズ ・ブリュッセル航空	・アリタリア - イタリア航空 ・ユーロウィングス ・エア ドロミティ ・エティハド航空 ・エチオピア航空 ・南アフリカ航空 ・ジャーマンウイングス	・中国国際航空 ・アシアナ航空 ・エバー航空 ・タイ国際航空 ・シンガポール航空 ・ニュージーランド航空 ・深セン航空 ・吉祥航空 ・フィリピン航空	・ベトナム航空 ・ジェットエアウェイズ ・マカオ航空 ・山東航空 ・ガルーダ・インドネシア航空 ・ヴァージン・オーストラリア
日本国内		**北米・中南米**	
・AIR DO ・スターフライヤー ・ソラシドエア	・IBEXエアラインズ ・オリエンタルエアブリッジ	・ユナイテッド航空 ・エア・カナダ ・アビアンカ航空	

世界中でクロスボーダーの戦略的資本提携が広がりを見せている。その目的（市場アクセス、排他性の確保、資金ニーズ）や出資比率（マイノリティー出資、M&A）はさまざまであるが、今後のエアライン提携の潮流となっていくと考えられる。

資本提携（経営統合）はほかのいかなる業務提携より強固な関係を構築でき、財務も含め企業価値の向上が期待できる。

しかしながら、航空会社に対し安全保障を理由として外国人の出資比率に制限を課している国も多く、例えば日本は外国資本が保有できる議決権は3分の1以下に制限している。そのため、出資側が経営権を掌握できない場合が多い。

図4-17 資本提携の例

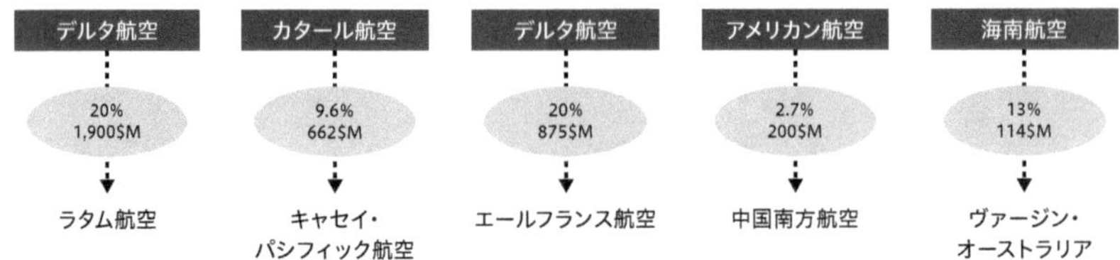

課題

①日本の航空業界の将来像
日本の国内線、国際線それぞれの運営体制の将来像について、再編や経営統合を視野に入れて考察し、体制変換の理由と変換による利用者(国民)のメリット・デメリットを考えよ。

②国際提携の将来像
最も強固な提携形態である資本提携には外資規制があるが、将来的に規制を撤廃し、航空会社が多国籍化することの是非、メリット・デメリットについて考えよ。

<参考文献>

・特別レポート「オープンスカイ〜その流れと日本における課題」(JTB 総合研究所)
・研究論文「日本の国際観光と国際航空について」西松 遙
・土木学会論説（2012 年 6 月版）「空の自由化への期待」
・国際航空自由化の政治経済過程 - 米英間市場におけるアメリカ企業の対立（日本国際経済学会）

第5章

レベニューマネジメントと航空運賃の仕組み

1 レベニューマネジメント

レベニューマネジメントとは、収入最大化を目的として、販売席数と販売価格をコントロールすることを意味する。航空業界におけるレベニューマネジメントは、運航便ごとの販売席数（量）と販売価格（質）のベストミックスによる収入の最大化が目的である。

多くの業界では、需要に合わせた供給量の調整による収益の確保が一般的であるが、航空業界やホテル業界など在庫が繰り越せず供給量の調整に制約がある業界においては、需要予測に合わせた価格設定および販売数管理が極めて重要となる。

(1) レベニューマネジメントのプロセス

レベニューマネジメントのプロセスは、「価格設定」「需要予測」「最適化」「そのほかの調整」の大きく4つに分けられる。

まず、販売する運賃（金額・適用ルール）をあらかじめ決定し（価格設定）、各運賃に応じた需要が、いつ、どの程度見込まれるのかを予測する（需要予測）。その上で、収入を最大化するための運賃別販売数を決定する（最適化）。そして、市場環境の変化や実際の運航便の予約状況の変化などを日々観察し、適宜調整を実施する（そのほかの調整）。

価格設定

一般的に需要の曲線は、価格が安い方が需要は多く、価格が高い方が需要は少なくなる。仮に、単一価格で販売をする場合（図5-1）には、限定的な需要しか取り込めないが、複数の価格で販売する場合（図5-2）は、需要曲線に合わせてより多くの需要を取り込むことが可能となり、収入[1]を最大化させることができる。

図5-1 単一価格と需要曲線（例）

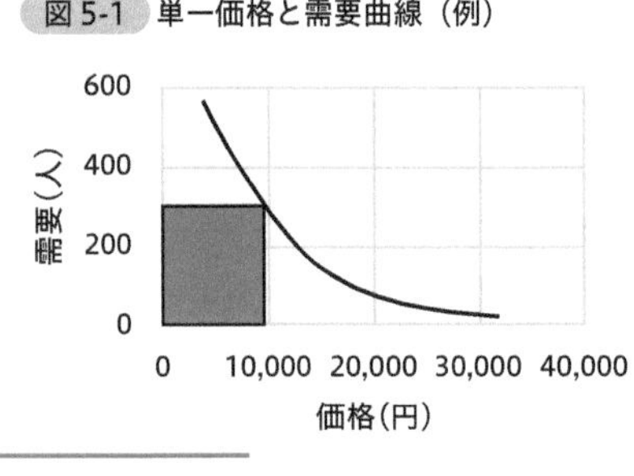

図5-2 複数価格と需要曲線（例）

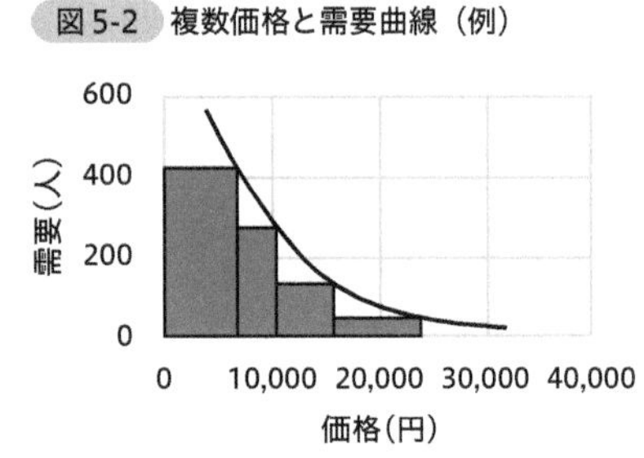

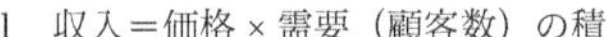

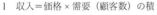

1 収入＝価格×需要（顧客数）の積

収入を最大化させるためには、図 5-2 のように需要をセグメンテーションして段階的に複数の価格を設定する必要があるが、その際は顧客の購買目的や価値観に応じてその水準を決めることとなる。

また、価格設定は需要の価格弾力性によって大きく影響を受ける。価格弾力性は一般的に観光目的の場合は比較的大きく、一方、会議や商談などビジネス目的の場合は比較的小さいと考えられる。よって、観光目的の顧客とビジネス目的の顧客に対して、それぞれ異なる価格設定を行っている。

なお、安価すぎる運賃を設定すると、すべての顧客に安価すぎる運賃を提供してしまう可能性があるが（これを「バイダウン」という）、バイダウンを防ぐためにも、それぞれのセグメントに対して、航空券の購入・利用ルールに制限（フェンス）を設定する。一般的には、購入期限、取り消し手数料、予約変更や払い戻しの可否などがこれに当たる。

また、顧客の購買目的や価値観に応じたセグメンテーションは以下の通り多種多様である。したがって、設定される段階的な運賃は非常に複雑なものとなる傾向がある。

①顧客の特性

ビジネス顧客、レジャー顧客、学生、子ども、高齢者など、顧客の特性に応じた運賃設定を行っている。

②シーズナリティー

航空需要は各国のイベントなど、季節による変動が大きいことが特徴であるが、季節ごとの需要変動を考慮した複数の運賃設定を行っている。

③販売チャネル

販売チャネル（流通経路）によって、差別化した専用運賃を設定する場合がある。例えば、契約企業専用チャネルに出張用の専用運賃を設定したり、自社の Web サイト上に期間限定で割引運賃を設定することがある。

④商品・サービス

航空会社においては、ファーストクラス、ビジネスクラス、プレミアムエコノミークラス、エコノミークラスといった、提供価値に差を付けたコンパートメント設定を行っている。座席の広さや機能、食事などの機内サービスに限らず、搭乗前の空港でのラウンジ利用や機内への優先搭乗、手荷物の優先返却といったさまざまな付帯サービスを提供することにより、それぞれのコンパートメントを差別化しているが、このような商品サービスの内容に応じて運賃を複数設定することで、多様な価値の提供を行っている。

⑤運航便の出発時間帯

多頻度で運航している路線に関しては、出発時間帯による利便性や需給を考慮した上で運賃設定を行っている。
⑥マーケット（国・地域）
国、地域の経済力や地理的な特性に応じて、それぞれの国、地域で異なる運賃設定を行っている。

トピックス RBD (Reservation Booking Designator)

運賃設定における複数の段階的な「価格設定」は、「RBD」によって表現される。一般的に、RBD は A から Z までのアルファベット 1 文字で表記される。

表 5-3 RBD の設定イメージ

RBD	対象顧客	価格帯	ルール
A	ビジネス	15 ～ 12 万円	ルール A
B	ビジネス	12 ～ 10 万円	ルール B
C	ビジネス	10 ～ 8 万円	ルール C
X	観光	4 万円	ルール X
Y	観光	4 ～ 3 万円	ルール Y
Z	観光	3 ～ 2 万円	ルール Z

(2) 需要予測

需要予測は、過去の予約を各予測単位ごとに分類し統計処理することにより、将来の予約数を予測するプロセスである。その結果は予約タイミングと予約数からなるブッキングカーブによって示される。

予測単位

実際の顧客の購買行動を参考に、予測単位を設定する。一般的には表 5-4 のような単位項目を用いる。

表 5-4　予測単位

項目	例
O&D = Origin（出発地）&Destination（到着地）	東京－ニューヨーク 福岡－ニューヨーク（東京経由）
コンパートメント	ファーストクラス、ビジネスクラス、プレミアムエコノミークラス、エコノミークラス
運賃額	高額運賃、低額運賃
出発曜日	平日、休日
出発時間帯	早朝、日中帯、深夜
シーズナリティ	夏季、冬季
予約タイミング	早期、出発直前
予約国	日本、その他各国

ブッキングカーブ

需要が出発日に対し、どのタイミングで、どの程度発生するかの予測は、ブッキングカーブ（予約数の増加曲線）で示される。ブッキングカーブは、横軸に出発から何日前の時点で予約されるかのタイミングを示す Days Prior（以下 DP）を取り、縦軸にそのタイミングでの需要量（累積予約数）を示す（図 5-5）。

例えば、図 5-5 においては、観光需要は、DP60（出発日の 60 日前）まで予約数が増加し、それ以降は横ばいであるのに対して、ビジネス需要は DP100（出発日 100 日前）以降から伸び始め、出発の間際まで予約数が増加していることが分かる。

図 5-5　ブッキングカーブの例

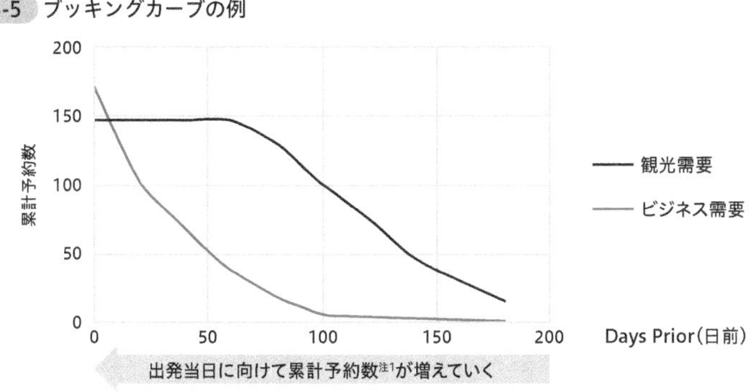

注1　累計予約数＝新規予約数ーキャンセル数

(3) 最適化

最適化とは、運賃額、需要、供給に基づき、収入最大化を目的に運賃ごとの販売数を決定することである。最適化手法には大別して、区間最適化とネットワーク最適化がある。

①区間最適化

区間最適化とは、乗り継ぎを含めたネットワーク全体の収入は考慮せずに、区間ごとの収入が最大化されるように最適化する手法である。

②ネットワーク最適化

ネットワーク最適化とは、乗り継ぎを含めたネットワーク全体の収入が最大化されるように最適化する手法である。

区間最適化とネットワーク最適化の違いは、2区間以上の乗り継ぎがある旅程の場合、最適化の結果が異なってくることである。

例えば、図5-6の通り、ニューヨークを出発し成田を経由してデリーまで行く旅程において、ニューヨーク=成田間、成田=デリー間にそれぞれ座席数3席の便が存在するとする。さらに、ニューヨーク=成田間で600の価値を持つ需要が3つ、成田=デリー間で400の価値を持った需要が2つ、2区間を乗り継ぐニューヨーク=デリー間で700の価値を持つ需要が4つ発生するとする。

図5-6 需要と座席数の例

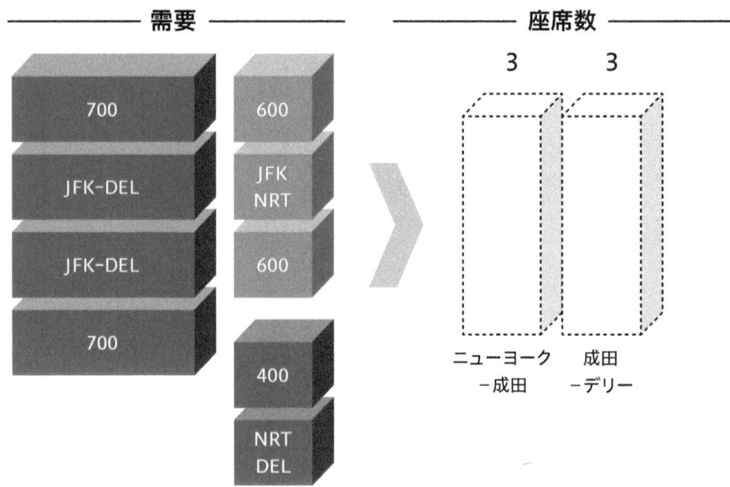

このような例において、区間最適化では、2区間以上の乗り継ぎ需要を想定していないため、図5-7の通り、ニューヨーク＝成田間で600の価値の需要を3つ、成田＝デリー間で400の価値を持つ需要を2つ取り込むこととなり、総収入は2,600（600×3＋400×2＝2,600）となる。

なお、この場合、成田＝デリー間で販売可能な座席が1席余ることとなる。予測上、成田＝デリー間には席数を上回る需要は存在しないが、実際に満席となるまでは運賃の販売は継続される。

図5-7 区間最適化の例

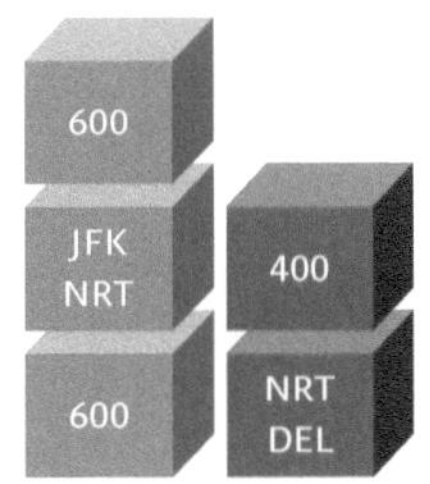

一方、ネットワーク最適化では、2区間以上の乗り継ぎ需要も考慮して収入最大化を図るため、図5-7の通り、ニューヨーク＝成田間で600の価値の需要を2つ、成田→デリー間で400の価値を持つ需要を2つ、2区間を乗り継ぐニューヨーク→デリー間で700の価値を取り込むこととなり、総収入は2,700（600×2＋400×2＋700=2,700）となる。

なお、各区間・旅程における販売数については、ニューヨーク＝成田間は600の価値の運賃を2席、成田＝デリー間は400の価値の運賃を2席、ニューヨーク＝デリー間は700の価値の運賃を1席となる。

図5-8 ネットワーク最適化の例

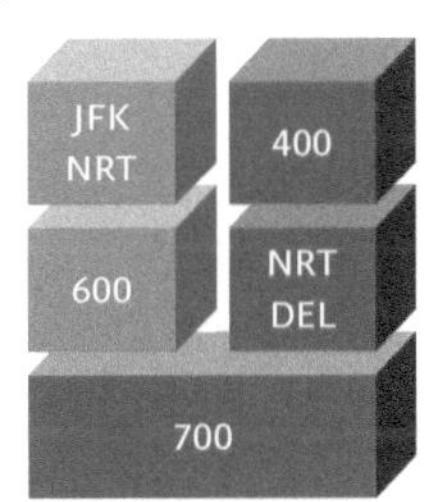

トピックス　オーバーブッキング調整の仕組み

直前のキャンセルや当日のノーショウ[2]を考慮して、物理的に装着している座席数以上に予約を受け付けるオーバーブッキングを行う場合がある。

供給席数までしか予約を受け付けない場合、直前や当日のキャンセル、ノーショウによって最終的に空席が発生してしまうが、最終的なキャンセル数、ノーショウ数をあらかじめ想定して、実際の供給席数よりも多く販売をしておく（オーバーブッキングしておく）ことで、より多くの旅客に座席を提供し、収入を最大化することが可能となる。

図5-9　オーバーブッキングをしない場合

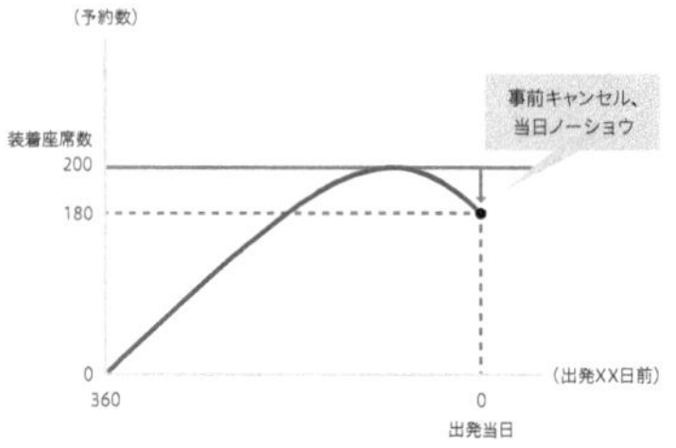

(予約数)
装着座席数
200
180
0
事前キャンセル、
当日ノーショウ
360
0
(出発XX日前)
出発当日

図5-10　オーバーブッキングをする場合

(予約数)
装着座席数＋
オーバーブッキング
220
装着座席数
200
0
事前キャンセル、
当日ノーショウ
360
0
(出発XX日前)
出発当日

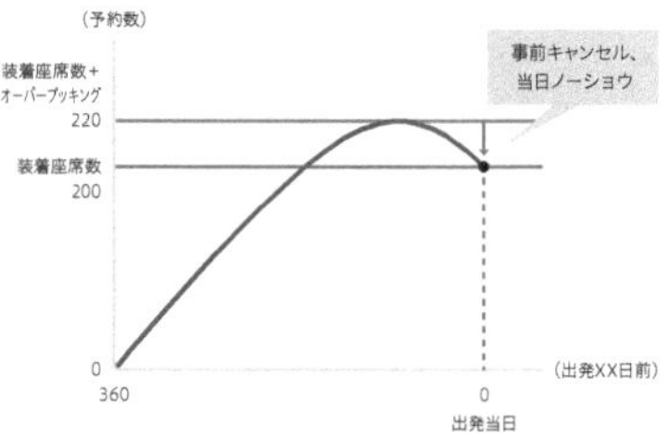

例えば、オーバーブッキングを実施しない場合には出発当日に20席の空席が発生する（図5-9）。しかし、あらかじめ20席のオーバーブッキングを実施する場合には、出発当日に最終的な空席は発生せずに満席となる（図5-10）。

オーバーブッキングの状態で出発日当日を迎え、予約している顧客全員が空港に現れた場合、航空会社は協力金・食事代・宿泊代などを顧客に支払い、代替便への振り替えを行うことでオーバーブッキングを解消する。この仕組みは、国内線では国土交通省に認可されたフレックストラベラー制度に基づき実施されており、国内定期運送航空会社7社が利用している。一方、国際線では、フレックストラベラー制度のように国が定めた制度がないため、航空会社ごとに独自の制度を適用している。

オーバーブッキングには前述のようなメリットがある一方で、デナイド・ボーディング[3]といっ

2　あらかじめ予約をしていたものの、出発日当日、さまざまな理由によりチェックインをせず、実際に搭乗しないことをノーショウと呼ぶ。ノーショウの発生確率も統計処理により予測する。その予測をもって便ごとのオーバーブッキング数の想定値を算出する。

3　オーバーブッキングの結果、一部顧客への搭乗拒否が発生すること。（出典:「エアライン / エアポート・ビジネス入門」高橋 望・横見宗樹著）

たリスクがあるため、その両方をバランスさせて適切なオーバーブッキングを行う必要がある。

(4) そのほかの調整

レベニューマネジメントでは、需要予測の精度が結果（どのくらい収入を増加できるか）を大きく左右するため、精度を高めるための対応を日々実施する必要がある。

例えば、他社の運賃や供給の変更などによって自社の需要の傾向に変化が見られた場合や、オリンピック、各国の大型連休など、過去の実績に基づく統計モデルが必ずしも有効とはいえない状況が発生した場合などが該当する。そのような状況においては、市場環境の変化を把握または想定し、将来の航空需要に与える影響を評価した上で、需要予測を調整する。

また、最適化を行った結果に基づいた適正な販売状況となっているかどうかを日々確認し、最適な状態にするための調整も実施する。

例えば、予測通りに予約が入らない場合、運賃が高過ぎる、あるいは高価格帯の運賃の需要予測が過剰になっているなどの理由が考えられる。マーケットの変化などに応じ、需要予測の調整や運賃の見直しを行い、運賃ごとの空席数（販売可能数）がより適正な状態になるよう常に管理をしていく必要がある。

(5) 将来のレベニューマネジメント

テクノロジーの進化によって、企業は顧客の購買データのようなビックデータを取得・蓄積、分析することが可能となり、顧客の購買行動に基づいた商品・サービスの提案・販売を行うことが可能となりつつある。

航空業界においても、画一的に航空券を販売するこれまでの形式から、個人の選好性を反映したオファー型の価格・サービスの提示へシフトしようとしている。

より一層の顧客サービス向上を目指して、購買データの解析に基づき、おのおのの顧客が希望する商品・サービス（座席指定・座席アップグレード・空港ラウンジ利用など）の組み合わせを、顧客が希望するタイミングに、希望する形式（販売チャネル・媒体など）、希望する価格で提供するような進化を模索している。

2 航空運賃の仕組み

(1) 国内線

国内線の旅客運賃および料金は、国土交通省への事前届け出をすることで、各航空会社が独自に設定できる（届出制）。したがって、同じ路線でも航空会社・搭乗日・搭乗便により、異なる運賃・料金が設定されることがある。

国内線運賃の基本構造

国内線の運賃は「普通運賃」と「割引運賃」に大別される。

①普通運賃

大人普通運賃および小児普通運賃をいい、顧客の年齢により分けられる。予約の変更が可能であり、当日まで予約をすることができる。

②割引運賃

航空会社が割引率または割引額、そのほかの適用条件をあらかじめ設定して国土交通省に届け出た運賃をいう。

JAL では「特便割引」「先得割引」などの運賃、ANA では「SUPER VALUE」運賃などがある。

加えて、満 65 歳以上の顧客限定、離島在住者限定といったように、特定の年齢や顧客を対象とした運賃など、さまざまな顧客ニーズに対応する運賃が存在する。

また、包括旅行の条件を満たす旅行（パッケージツアー）専用の運賃など、旅行会社が企画・募集・販売する旅行商品にのみ適用可能な運賃も存在している。

表 5-11 国内線運賃の一例（JAL 国内線）

運賃名称	主な条件
大人普通運賃	条件なし
小児普通運賃	満 3 歳以上 12 歳未満の小児。大人普通運賃の半額
往復割引	同一区間の往復利用
特別割引・先得割引	前日までに事前購入 ※購入期限が異なる複数の運賃があり、購入期限が早い運賃ほど安価となる
スカイメイト	満 26 歳未満かつ搭乗日当日に空港で空席がある場合
当日シニア割引	満 65 歳以上かつ搭乗日当日に空港で空席がある場合

運賃名称	主な条件
離島割引	離島在住者限定
個人包括旅行運賃	旅行会社が企画・募集・販売する包括旅行向け運賃 ※顧客が直接航空会社から購入することはできない

国内線においては、これまで、ニーズの多様化や競争の激化によって多種多様なルールを持つ割引運賃が徐々に増加してきた。しかし近年、パソコンやスマートフォンの普及によって販売チャネルや顧客ニーズが大きく変化していく中で、各航空会社がより簡単で分かりやすい運賃体系に移行していく傾向にある。

海外における国内線は「予約変更可能」「予約変更不可」の２種類をベースにしたシンプルな運賃体系に多くの航空会社がすでに移行しており、日本でも類似した体系になりつつある。

「予約変更可能運賃」と「予約変更不可運賃」

運賃を「予約変更可能運賃」と「予約変更不可運賃」に大別化することによって、Web サイトでの視認性向上をはじめとした顧客利便性の向上が図られる。航空会社にとっては、「RBD」にひも付けられる運賃のルールや価格が統一されることで、より高い精度でレベニューマネジメントを行うことが可能となる。

JAL 国内線新運賃

なお、JAL では 2023 年４月以降の搭乗便から新しい運賃体系に移行する。新運賃では、現在９種類ある「大人普通運賃」「特便割引」「先得割引」を「フレックス」「セイバー」「スペシャルセイバー」の３種類に統合するとともに、本邦航空会社として初めて、小児など特定の旅客に対する割引を普通運賃以外にも拡大する。運賃体系のシンプル化や割引の拡充による顧客の利便性向上だけでなく、航空会社にとってもよりレベニューマネジメントシステムと相性の良い運賃体系となる。

表5-12　主なJAL国内線新運賃

運賃名称	主な条件
フレックス	条件なし
セイバー・ スペシャルセイバー	前日までに事前購入 ※購入期限が異なる複数の運賃があり、購入期限が早い運賃ほど安価となる
往復セイバー	同一区間の往復利用 ※フレックス、セイバー、スペシャルセイバーから5%割引。予約変更不可
小児割引	満3歳以上12歳未満の小児。フレックス、セイバー、スペシャルセイバー、往復セイバーから25%割引
スカイメイト	満26歳未満かつ搭乗日当日に空港で空席がある場合
当日シニア割引	満65歳以上かつ搭乗日当日に空港で空席がある場合
離島割引	離島在住者限定
個人包括旅行運賃	旅行会社が企画・募集・販売する包括旅行向け運賃 ※顧客が直接航空会社から購入することはできない

図5-13　現行運賃・新運賃のラインナップ

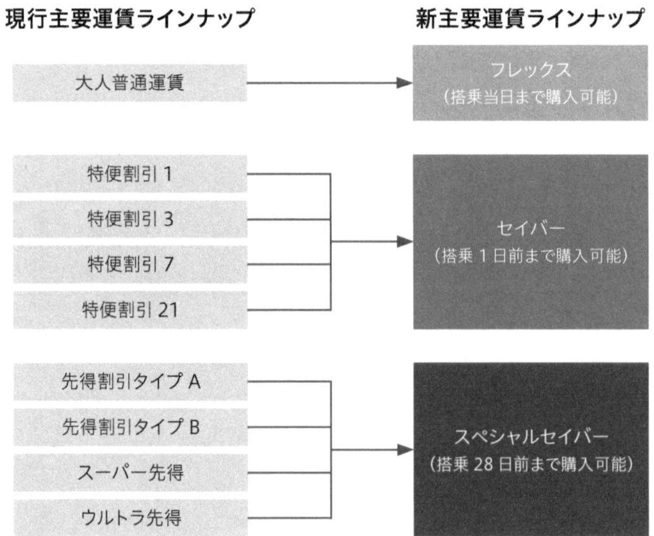

LCCの運賃体系

LCCの運賃体系は一般的に、運賃に各種サービス料金を加える形で構成されている。付加するサービスを別料金とするところに、LCC運賃の独自性が表れている。

LCCの運賃は、必要最低限の航空輸送サービスへの対価として支払うベース運賃と、おのおのの顧客が必要とする各種サービスに対して追加で支払う料金とで構成されている。具体的には、ベース運賃に座席指定・受託手荷物・機内食・エンターテインメントなどのサービスが含まれていないケースが多く、顧客は自身で必要なサービスを選択し、カスタマイズして購入する。

また、LCCの運賃はFSCに比べて種類が少なく、予約状況に応じて変動する幅が大きいのも特徴である（LCCのビジネスモデルについては、「第7章 LCCビジネス」を参照）。

図5-14 ジェットスタージャパン 成田＝福岡線運賃（2021年度冬期）

	Starter（基本）運賃	最高／最低
通常期	4,790円～24,440円（15段階）	5.1倍
繁忙期	4,790円～33,610円（15段階）	7.0倍

［参考］東京（羽田）＝福岡線 大人普通運賃
JAL：41,900円～44,400円　スカイマーク：23,700円～34,100円
ANA：39,900円～48,900円　スターフライヤー：38,900円～41,400円

（2）国際線

国際線では、かつてはすべての航空会社で適用可能なIATA運賃[4]が存在していたが、2018年11月発券分より廃止となった。そのため、現在は各航空会社が独自に設定するキャリア運賃のみが存在している。キャリア運賃とは、各航空会社が独自に価格や規則を定め、関係国政府の認可を得て販売するもので、乗り継ぎなどで利用できる航空会社が限定される。また、一般的に運賃は出発国の通貨建てで設定される。

日本においては、運賃の上限を認可する「上限認可制」が採られている。

国際線キャリア運賃は、「普通運賃」と「特別運賃」に大別される。

①普通運賃

普通運賃は、ルール（制約）が緩く設定されており、運賃額が変動することは比較的少ない。一般的に通年で設定される。

4　国際線公示運賃（IATA運賃）を設定し、複数航空会社にまたがる国際線区間の収入は一定の運賃精算ルールのもとに輸送航空会社間で収入配分されるなど、IATAにおいて運賃・予約・発券制度などが標準制度化されてきたが、航空機利用が大衆化されるにつれ、実勢に合わせて各社が自由に運賃を設定するようになり、IATA公示運賃は2018年10月をもって廃止された。

②特別運賃

特別運賃は、顧客のセグメンテーションに対応する価格設定を実現するため、さまざまな運賃ルール（制約）を設定し、普通運賃よりも割安な価格で販売され、JALでは、予約変更可能運賃「フレックス」、予約変更不可運賃「セイバー」の２つの運賃種別が主流になっている。特別運賃の中には、通年で設定するものだけでなく、プロモーションとして期間を限って設定するものも存在する。

表5-15　JAL日本発アメリカ線の運賃種別（2021年8月現在）

	予約変更	払い戻し	F	C	PY	Y
Flex	可	可	○	○	○	○
Semi-Flex	可	可（有料）	−	○	−	○
Standard	可（有料）	可（有料）	−	○	○	○
Saver	不可	可（有料）	−	○	○	○
Special Saver	不可	不可	−	−	−	○

注1　F:ファーストクラス　C:ビジネスクラス　PY:プレミアムクラスエコノミークラス　Y:エコノミークラス
○:設定あり　−:設定なし

なお、上述の航空運賃以外にも顧客が支払う運賃・料金は存在しており、主なものとして燃油特別付加運賃（燃油サーチャージ）、各国の税金、空港施設利用料がある。

トピックス　共同事業における運賃の仕組み

「第４章 アライアンス戦略」に記載のある通り、近年、共同事業が拡大している。従来は、アライアンスを結んだパートナー航空会社間で、コードシェア（パートナー航空会社の運航便に自社の運航便名を付し、自社運航便と同様に顧客に販売する仕組み）や、マイレージプログラムの連携などが行われてきたが、共同事業ではさらにその連携が深化している。パートナー航空会社間で共通の運賃を設定し、パートナー社とのネットワークやダイヤの相互利用を行う枠組みを形成し、あたかも１つの航空会社のように運航している。

第6章

マーケティングと商品・販売戦略

1 顧客満足と顧客体験

(1) 顧客の「満足」の重要性

企業は、世の中にあふれるさまざまな商品やサービスから自社を選んでもらう必要がある。そのための鍵となるのが、顧客満足（Customer Satisfaction、以下 CS）や顧客体験（Customer Experience、以下 CX）の向上である。

CX とは、顧客が目的とする商品やサービスへの満足だけではなく、顧客の商品やサービスの利用に関するすべての体験による総合的な良しあしを指す。航空サービスに当てはめると、予約、出発空港での手続き、機内サービス、到着空港での手荷物の受け取り、マイレージの積算なども含めた、旅の一連の体験から顧客が感じるトータルの価値のことで、CX を向上させるにはより一人一人に合った体験を提供していかねばならない（図 6-1）。

図 6-1 航空利用における CS と CX のイメージ

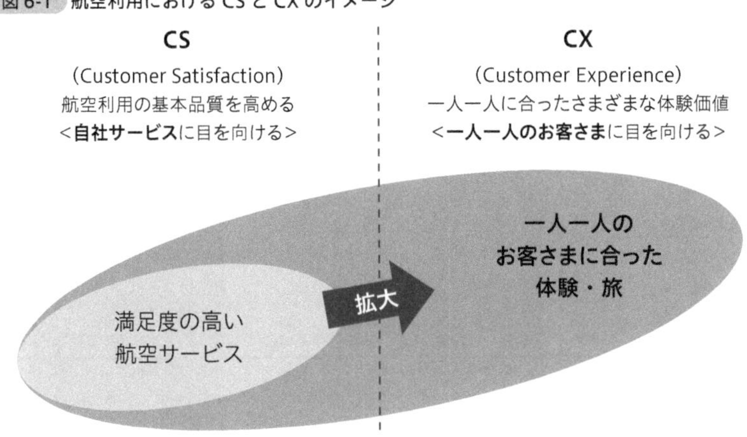

このように、CX は CS よりもさらに広い意味で使われるが、いずれも価格や機能などから得られる合理的な価値と、接客や雰囲気などから得られる感情的な価値の両面を含んでいる。

これらを高めていくことは、利用者に豊かな時間や暮らしを提供できるだけでなく、同時に、企業の経済的観点においても非常に重要な意味を持っている。それは、顧客のロイヤルカスタマー化（囲い込み）と良い口コミによる新規顧客の獲得がもたらす、収益増と販促コスト減である。安価で身近な商品は、自身が再度利用するかどうかにかかわらず気軽に他者にも薦めやすい。一方、航空サービスは比較的高価な買い物であり、かつそれほど頻繁に購入するものではないため、顧客体験を通して高い満足を得ると、まず顧客自身が継続的に利用するようになり、その後で、ようやく周囲に薦める、SNSなどで拡散するという行動につながるとされる。

顧客の満足は、サービスの再利用や他者への推奨を介して企業の成長に結びついているからこそ、極めて重要なものなのである（図6-2）。

図6-2 顧客の満足が企業にもたらすもの

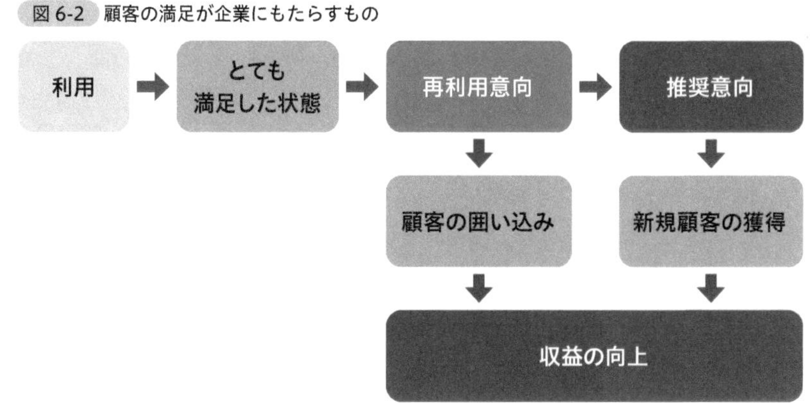

(2) 顧客満足の測定指標

顧客が「満足」や「価値」を感じているかどうかを把握するには定量化して測定することが重要である。そのうちの一般的な方法を紹介する。

企業ニーズに沿った定点調査がしやすいNPS

第3者機関による調査ではなく、企業自身で測定ができ、短いスパンでの定点調査が可能な指標として、NPS（Net Promoter Score）が挙げられる。

調査方法はとてもシンプルである。「あなたは○○（企業やブランド）を親しい友人や知人にどの程度薦めたいと思いますか」という質問に対して、回答者は「0：まったく薦めたくない」から「10：非常に強く薦めたい」までの11段階の選択肢から回答を選ぶ。そして、0～6を選んだ人を「批判者」、7か8を選んだ人を「中立者」、9か10を選んだ人を「推奨者」と呼び、推奨者の割合から批判者の割合を引いた値がNPSである。推奨者が批判者より多ければ正の値、少なければ負の値となり、-100～100の間の数値で表現される。

図 6-3 NPS の例

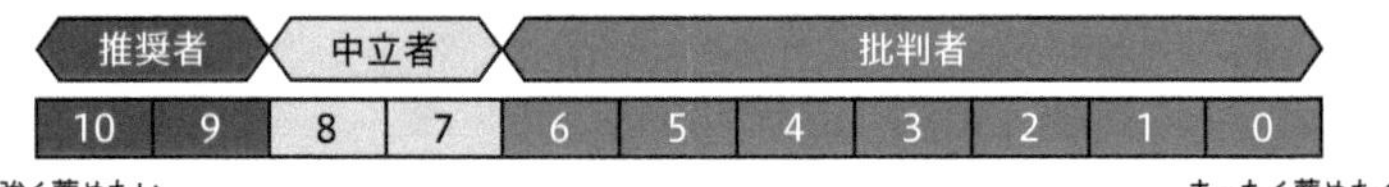

（例）推奨者：30%、中立者：50%、批判者：20%の場合、NPS=30%-20%=10ポイント

NPS 自体はあくまで顧客体験に対する満足の結果としてのロイヤリティ（再利用意向）を示すものである。しかしながら、顧客体験を構成する要素ごとの満足・評価も合わせて問うことで、数値変動の要因分析がしやすく、また、国内と海外のマーケットに分けて測定するなど、企業ニーズに合わせて自由な対象設定ができる利点もあり、世界でも広く用いられている。

(3) 顧客満足を高めるために

顧客満足を高めるに当たっては、先に述べたような指標を使いながら、Observe（観察）→ Orient（状況判断）→ Decide（意思決定）→ Act（実行）のプロセス（OODA ループ）をうまく循環させることが大変重要である。

特に、事業において多くの顧客接点を有し、企業内のたくさんの部署が顧客体験にかかわるという特徴を持った航空業界では、コールセンターや空港係員、客室乗務員はもちろんのこと、座席や機内食の開発部門、機内の清掃や整備部門、Web サイトの制作部門など、さまざまな関係者を巻き込み、協力を得ながら取り組まなければならない点を意識しながら見ていく。

顧客満足を定点的に測定できる仕組みの確立

最初の Observe（観察）、つまり顧客や市場などに関するデータの収集には、自社への評価やその分析を行うに足る情報を、企業の商品やサービスのサイクルを踏まえたスパンで得られる仕組みが求められる。

前述の NPS の自社調査においても、最終的なロイヤルティ評価を決めるのは、企業と顧客の接点における各体験の良しあし、そして企業に対するイメージや評判の良しあしである。こうした細分化された各体験の満足度やイメージ評価を問う質問のほか、全体評価の理由を問うフリーコメントの質問を設けるなど、その後のアクション検討に役立つアンケートを設計し、定期的にデータ収集することが不可欠である。

そして、全組織一丸となって顧客体験の向上に取り組むために、定量指標による目標を設定して部門間で共有し、達成に向けたビジョンを設定する。

アンケート調査のほかにも、多くのエアラインには顧客からの問い合わせや意見、要望を受け付ける窓口があり、ここに寄せられる声からも顧客体験を高めるための多くの手掛かりを得ることができる。このような窓口を含めた各接客場面において、どのような顧客からどのような内容の意見・要望があったか、後の改善のためにはこうした情報の蓄積も大切である。

状況判断と意思決定のための分析と体制づくり

次のステップとして、アンケートによる定量的・定性的な回答、接客場面や顧客窓口で受け取った声の情報から、何が満足や不満の原因で、どのように商品・サービスを企画・改善すべきなのかを分析する。

この分析と次のアクションの検討、決定、実行に当たっては、事業にかかわる多様な部門との迅速な情報連携と密接なコミュニケーションの体制づくりが欠かせない。各現場が共通した認識を持ち、ベクトルを合わせて動いていくことが重要である。

加えて、顧客評価の状況を経営層にも報告し、自社の現状の課題を把握するとともに、アクションが複数部門をまたがる場合や大幅なサービス変更が生じる場合など、大きな決定を行う上でのスピード感を高めることも大切である。

アクション（実行）とその訴求による認知・イメージ向上

顧客満足を高めるためのアクションによって商品・サービスの新規立ち上げや改善を行う場合、それらの情報を効果的に顧客や消費者に発信することは、単なる企業の商品・サービス紹介にとどまらず、顧客目線に立ちよりよい価値の提供に取り組む企業姿勢への評価やイメージの向上にもつながる。特に、アンケートや窓口への意見の労を惜しまない顧客にとって、指摘した点の改善や自身のニーズの反映を実感することはさらにロイヤルティが高まるきっかけにもなるため、長期的な関係の維持も期待できる。

こうしたアクションや発信の結果が反映されるであろう次のアンケートによる顧客満足の推移を観察（Observe）し、効果検証を行って、次なる状況判断（Orient)、意思決定(Decide)、実行（Act）というプロセス（OODA ループ）を、各部署において、社内関係部門や時には社外取引先をも巻き込みながら繰り返していくことが、満足度を高めより良い顧客体験を作っていくプロセスになる。

事例研究 A350型機機内Wi-Fiサービスの改善（JAL）

2019年9月、JALは最新鋭機材 エアバスA350型機を国内線に就航させた。機内の静音性やUSB端子、機内電源など新しい設備への高評価があった一方で、機内Wi-Fiのつながりにくさに課題が見つかった。これは、ご意見・ご要望の窓口に寄せられるお客さまの声と、搭乗後アンケートによるWi-Fi満足度データの双方から浮かび上がったものである。こうした情報を社内で共有し、担当部との連携を通じて、接続を阻害する要因の洗い出しと改善対応を迅速に行った。

その結果、対応後は改善を要望する意見が収束し、A350型機のWi-Fi満足度も向上、より良い顧客体験を実現することができた。

図6-4 A350型機の機内（普通席）

2 商品戦略

近年、外資系大手航空会社や新幹線などの地上交通機関に加え、LCCの台頭により、航空業界はますます熾烈（しれつ）な競争にさらされている。ダイヤや機材、運賃のみでは他社との差別化が困難な中、差別化の重要な要素となるのが運送サービスの付加価値を高める商品である。具体的には、座席、機内食、機内Wi-Fiや映画などの機内エンターテインメント、睡眠の質にこだわった寝具、最高のおもてなし空間を演出するラウンジ、スムーズな旅を支えるWebサイト・アプリなどが挙げられる（詳細は後述）。

しかしながら、顧客に選ばれ続けるためには、これらの商品だけでは十分とはいえない。なぜならば、これらのプロダクトは時間とコストをかければ他社が追随することが可能であり、長期的かつ絶対的な差別化要素とはなり得ないからである。

ならば、競合他社との最終的な差別化要素とは何だろうか。今後の差別化の重要なポイントは「いかにパーソナルなニーズに対応していくか」である。日本の航空会社であっても多様な価値観を持つグローバルな顧客を取り込む必要があり、また一人一人の顧客のニーズがより多様化する中、高品質なプロダクトだけでなく、より個々のニーズに合った対応によって、顧客との関係性を深めていくことが重要な時代になってきている。

そして、そのパーソナルなニーズに対応する鍵こそがヒューマンサービスとデジタルテクノロジーであろう。スタッフの一人一人が、「その人」「その時」の顧客ニーズ、顧客の思いに気付き、それらを把握・理解した上で、スタッフがおのおのの感性を活かしたサービスを提供し、それらをデータやテクノロジーなどのデジタル基盤が支えていく、この両輪こそが期待を超えるCX、CSを生み出すとともに、他社との差別化をより明確なものとし、永続的に顧客に選ばれ続けることにつながるのである。

(1) 客室仕様

航空機の仕様の中でも、客室仕様は航空会社の収益を左右する重要な要素の１つであり、航空会社の商品戦略やビジネスモデルが明確に反映されている。

客室仕様には大きく３つの要素があり、クラス構成、シート（座席モデル）、座席数がある。航空機の客室は利用可能な空間が限られており、座席やそれ以外のスペースなどを考慮しながら、最大限効率的に機内空間を利用することが求められる。そのため、これらの要素の最適なバランスとコストを見極めながら客室仕様を定めている。

①クラス構成

現在、国際線で用いられている一般的なクラス名称は、最上位から順に、ファースト、ビジネス、プレミアムエコノミー、エコノミーの４種類である。航空機を投入する路線の需要構成や事業戦略に基づき、各機材のクラス構成を決定する。２～４クラスが一般的であるが、LCCのように単一クラスのみを提供する航空会社もある。

②シート

クラス構成とともに、シートの開発は航空会社の商品戦略の重要な要素である。各クラスのシートについて、座席幅、座席間隔、リクライニングのみかベッドになるかなど、各社の戦略を織り込んで仕様を定める。シート製造会社の提案品をベースに開発することが一般的だが、昨今の上位クラスでは、個室型など差別化を図るために完全なゼロベースで開発する場合もある。

上位クラスのシートは大きなスペースを必要とするため、商品性に加え、スペース効率も追求した開発が重要となる。また、飛行時間によって顧客ニーズも変化するため、クラス名称が同じでも、短距離路線用と長距離路線用で異なるシートを設置する場合もある。

③座席数

座席数は航空会社の収入に直結することから、可能な限り最大化することが求められる。さらに、複数のクラスを持つ場合には、各クラスで見込まれる旅客収入などを考慮しながら、機体全体での収益を最大化する席数配分とする必要がある。

また、投入路線に応じ、化粧室やギャレーなど客席以外のスペースも確保する必要があり、これらの設定も座席数に影響を及ぼす。

LCC のビジネスモデルにおいては、単一クラスで座席間隔を詰めるなど座席数を最大限に確保することを優先しており、1 席当たりの運航経費を下げることで低価格運賃を実現し、多数の旅客を運送することで収益を確保している。一方、FSC は、複数のクラス構成で、高い商品力を持つシートを導入するなど、座席数を減らしても旅客当たりの収入単価を高めることで収益を上げるビジネスモデルとなっている。

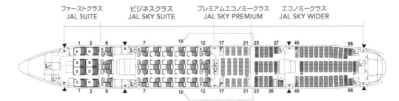

図 6-5 座席の例（JAL）

ビジネスクラスの例

エコノミークラスの例

図 6-6 JAL のボーイング 777 型機・国際線仕様機

ファーストクラス JAL SUITE
ビジネスクラス JAL SKY SUITE
プレミアムエコノミークラス JAL SKY PREMIUM
エコノミークラス JAL SKY WIDER

図 6-7　JALのボーイング777型機・国内線仕様機

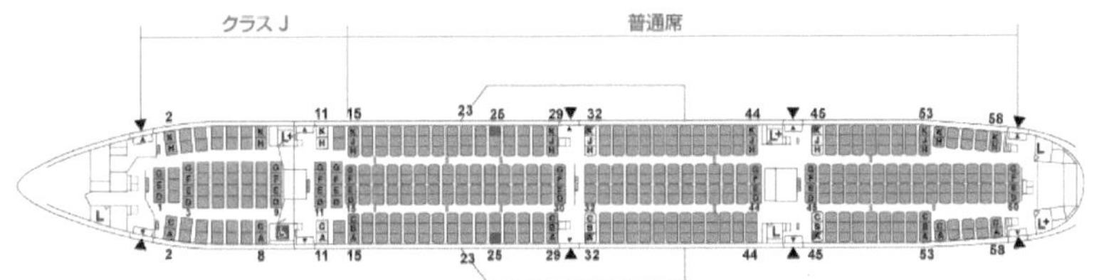

(2) 機内エンターテインメント・機内インターネットサービス

機内にて、乗客がより快適に過ごせるよう、モニターや乗客自身の端末（スマートフォンやタブレットなど）を用いてIFEサービスを提供している。代表的なIFEサービスコンテンツは、映画、ビデオプログラム、音楽、ゲームなどであるが、航空各社はその収録コンテンツやジャンルの数、多言語化により顧客満足度の向上や他社との差別化を図っている。

また、スマートフォンなどの普及に伴いニーズが増えている機内インターネットサービスを提供する航空会社が年々増加している。例えば、JALは国際線では2004年から（2006年に中断後、2012年から再開）、国内線では2014年から機内インターネットサービスの提供を行っている（国際線は有料、国内線は無料）。また、国際線LCCのZIPAIR Tokyoでは、モニターやIFEサービスの提供はないが、インターネットサービスを無料で提供している。

なお、航空機内のインターネットは通信衛星を経由して接続するのが一般的であり、基地局が網羅された地上のインターネットと比較するとデータ通信速度は遅く、結果的に利用可能なサービスが制限されることが多い。さらなる通信量増大への対応と通信速度の向上が継続的な課題となっている。

(3) 機内食サービス

機内で提供する食事と飲料サービスの内容は、国際線と国内線で異なり、さらにはクラス、飛行時間により内容が変わる。機内食サービスは顧客の満足度を左右する重要な要素であり、航空各社は食事内容、飲料、さらにはそのサービススタイルなどで独自性をアピールし、選好性および顧客満足度の向上を図っている。例えば、人気レストランのシェフや外食企業とのコラボレーションによるメニューの提供や、有名ソムリエのアドバイスを受けた飲料の選定を行い品質の向上に努めるとともに、他社との差別化を図っている。

事例研究　機内食サービススタイルと独自性のアピール例

①搭乗クラス別の機内食サービススタイル

・国際線ファーストクラス

　コーススタイルのメニューやアラカルトメニューをお好きなときにお好きなものを召し上がっていただくサービススタイル。

・国際線ビジネスクラス

　コーススタイルのメニューや路線によっては到着前までにお好きなアラカルトメニューを召し上がっていただくサービススタイル。

・国際線プレミアムエコノミークラス・エコノミークラス

　ファーストクラス・ビジネスクラスのようなコーススタイルではなく、食事をワントレーに集約したサービススタイル。

②機内食サービスの独自性アピール

・食事

　ファーストクラス・ビジネスクラスではミシュランガイドにおいて星を獲得するなど評価の高いレストランのシェフが監修・指導するなど、レストランと同等の品質を目指した食事を提供。

　プレミアムエコノミークラス・エコノミークラスでは外食チェーンやブランドとのコラボメニューを提供するなど、親しみやすく楽しめる食事を提供。

・飲料

　シャンパンやワインはアドバイザーとともに選定、監修をした銘柄を提供。コーヒーは機内環境でもおいしく感じられるように特別に焙煎（ばいせん）。そのほか、厳選された洋酒、日本酒、日本茶、ソフトドリンクを提供。

（4）機用品・機内アメニティー

機用品とは、航空会社が所有または提供し、航空機内で使用する物品を意味する。機内で快適に過ごすためのブランケット・寝具・ヘッドホン・歯ブラシ・アイマスク・保湿マスク・耳栓・スキンケア用のコスメ・衛生用品などのアメニティー類から、機内食を提供する際の食器やカトラリー・テーブルリネン、ギャレーで機内食の盛り付けに使用する調理器具、急病人が発生したときに使用する医療器具・医薬品、機内食や飲料などを搭載してギャレーに収納するために使用するカート類など多岐にわたる（JALでは計約1,000品目に及ぶ）。

アメニティーや食器など、乗客へ直接提供する機用品は、各搭乗クラスにふさわしい仕様とし、提供内容もクラスごとに基準を設け、各クラスの差別化を図っている。

また、これらの機用品は競合社との差別化を図るツールでもあり、それぞれの分野に強みを持つブランドやメーカー、デザイナーと組み、高品質で高機能、軽量、かつ洗練されたデザインの製品を開発して提供している。

(5) 空港（カウンター・ラウンジ）上位顧客サービス

上位顧客（上位ステータス会員・上位クラス搭乗者など）は航空会社にとって高い収入をもたらす大切な存在であり、さまざまな差別化したサービスを提供することで囲い込み、再利用を獲得しようとしている。

差別化したサービスを提供するに当たり重要なのは、「顧客の要望への対応」と「費用対効果」の分析であり、時代のニーズに合わせて変化させ、さらには「一歩先行くサービス」を提供していくことが求められる。

空港における上位顧客の要望と具体的なサービス

1. スムーズな手続きとアクセス

①優先チェックインカウンター

・搭乗クラス別や会員ステータス別など専用優先カウンターの設置

・手荷物受託時に優先タグを付加（到着空港での優先返却）

②専用保安検査場・検査レーン

・一般保安検査レーンとは別の、優先保安検査レーンの提供

③搭乗口での優先搭乗

2. 搭乗までの時間の満足度向上（ラウンジ）

①快適性

・出発前の時間をゆっくりと過ごせる「上質」「上品」で「洗練」された空間
会員ステータスや搭乗クラスにより、ファーストクラスラウンジやビジネスクラスラウンジなどを利用可能

・多様なニーズに合わせた機能・サービスを提供（Wi-Fi／電源、パウダールーム、シャワー、電話ブース、喫煙室、マッサージチェア、高級ブランドの靴磨きなど）

②飲食

・職人が目の前で握る「握り寿司」、有名店監修の「ラーメン」、「特製オリジナルカレー」など、色とりどりの多彩な食事メニューを提供

・シャンパンやワイン、洋酒、日本酒、コーヒー、日本茶など厳選された飲料を提供

③ヒューマン

・ウェルカムおしぼりの提供、コンシェルジュブースの配置など

(6) Webサイト・アプリ

航空機の利用において、顧客と航空会社との間には多くの接点が存在する。コールセンターや空港、客室といったリアルな接点から、Webサイトやアプリ、ソーシャルメディア(SNS)といったデジタルでの接点まで多岐にわたるが、年々デジタルのウェイトが高くなっている。これはスマートフォンの普及だけでなく、人工知能(AI)の飛躍的な進化や5Gでのデータ通信の高速化、IoT(モノのインターネット化)など技術の急速な発展が背景にある。

デジタルでの顧客接点で重要な役割を担うのがWebサイトやアプリである。例えば顧客は、口コミやブログで事前に情報収集し、Webサイトでフライトスケジュールと運賃を検索、チャットやメールで不明な点を問い合わせ、Webサイトで航空券を購入、空港ではスマホアプリで飛行機に搭乗、機内ではWi-Fiに接続して自身のスマートフォンで動画を楽しみ、旅行後はSNSで感想をシェア、といった具合に、Webサイトやアプリは単に予約を受け付けるだけでなく、サービスを提供する、コミュニケーションを図るといった役割も果たすようになってきている。

顧客が求めている情報・サービスを適切なタイミングで、最適なチャネルから提供する、このようなシームレスな顧客体験をデジタル活用により創出していくことが重要である。

3 マーケットセグメンテーション

航空旅客に対するマーケティングに際しては、一般的には顧客を利用目的別に分類し、ビジネス・観光・VFR(Visiting Friends and Relatives)の3つのセグメントに分けて考える。ここではまず、それぞれの顧客の特性を挙げて、マーケティング上のポイントについて述べることから始める。

(1) ビジネス

ビジネス客体の特徴としては、第一に、航空券代の負担者が出張者本人ではなく所属先

企業にあるという点が挙げられる。航空会社選択に当たっては価格よりもサービスが重視される傾向にあり、KBF（Key Buying Factor、購買決定要因）は、路線ネットワークの利便性や定時性、マイレージプログラムなどが上位に位置付けられ、価格感応度は比較的低いものと考えられる。また、急に出張が発生したり出発後に旅程変更が生じたりすることも多いため、出発間際でも購入可能で、かつ変更可能な、制約の少ない航空券が好まれる傾向にある。それゆえ、ビジネス客体の航空券単価は相対的に高くなる。

また、ビジネス需要は観光需要とは異なり、航空会社が需要そのものを喚起することは難しい。そのため、発生した出張需要をいかに自社利用に誘導するかがマーケティングの鍵となる。航空各社は、自社に誘導するため、企業との契約による囲い込み策や出張者本人に対するインセンティブ施策を打ち出し、高単価のビジネス客体の獲得に力を入れているのである。

（2）観光

次に、観光客体の特徴を挙げる。一般的に、航空機を使った旅行計画は前もって立てられることが多く、ビジネス客体のような出発間際での需要発生や出発後の旅程変更の可能性は低い。また、自腹での利用ゆえに、特に家族旅行などは旅行代金の総額を抑えようとする意向が働きやすいため、購入期限や変更・払い戻しなどの制約が付いた割引航空券が選択されやすい。

一方、ビジネス客体とは異なり需要を喚起することが可能であるという点は、マーケティングを行う上で重要な視点である。航空各社は割引率の高い運賃や旅行商品（ホテルなどを組み合わせたパッケージ商品）の設定、旅行意欲を駆り立てるようなプロモーション展開により、閑散期を中心とした観光需要喚起に取り組んでいる。

前述の通り、観光客体の航空券単価はほかの客体と比べて低くなりがちである。しかし、一口に観光客体といっても航空機利用に対するニーズはさまざまであり、ラグジュアリーな旅行を嗜好（しこう）する顧客層も一定数存在する。FSC 各社は収入貢献の大きいターゲットセグメントとして、上位クラスを利用するハイイールド[1]の観光客体の獲得を強化している。

（3）VFR

最後に、VFR 客体は、冠婚葬祭や帰省目的で航空機を利用する旅客を示す。経済・社会情勢によらず、比較的需要が安定していることが特徴として挙げられる。特に帰省需要はお盆や年末年始に需要が集中する傾向にあり、ピーク期間には大きな流動が発生する。

1　旅客一人に対する 1 キロ当たりの収入単価。旅客収入 ÷ 有償旅客キロ（RPK）によって算出される。

こういったピーク期に発生する需要を最大限獲得するべく、航空各社は臨時便設定や大型機材投入により収入最大化に取り組んでいる。

(4) 海外発需要

ここまでは、主に日本人顧客について、マーケティングセグメンテーションの考え方を述べてきた。従来、日本の航空会社では、日本人顧客を対象としたマーケティング活動が主であったが、中長期的な日本人の人口減少と、それと反比例するように増加する訪日旅行需要の増加や、アジアを中心とするグローバルレベルでの人口増に対応するべく、海外発需要の取り込みを強化している。

海外発の需要には、大別して端末需要（日本行き）と通過需要（目的地が、日本を経由した第三国）が存在する。

端末需要

端末需要は、一般的に「インバウンド需要」と呼ばれ、2003年に日本政府による訪日外国人旅行促進キャンペーン「ビジット・ジャパン」が開始されて以降、右肩上がりの成長を続けている。2003年に521万人であった訪日外国人は、2019年に3,188万人まで増加している（日本政府観光局JNTO資料より）。COVID-19の影響で、2020年の目標であった4,000万人こそ実現できなかったものの、政府は2030年の目標である6,000万人を維持しており、日本経済成長の柱の1つとしている。

インバウンド需要の盛り上がりで恩恵を受けるのは国際線だけではない。外国人に国内各地の魅力を発信し、訪日後の地方への誘客を促進することで、国内地方路線の収益性向上やネットワーク維持、ひいては地方経済の活性化にも寄与することができる。

また、インバウンド需要には観光客だけでなく、出張目的の訪日ビジネス客も存在するが、需要規模としては前者が大半を占める。日本の航空各社は、現状、後述する理由で訪日ビジネス客の取り込みは不十分である。

通過需要

もう1つの海外発需要が通過需要である。北米と東南アジア、欧州と豪州（カンガルールートと呼ばれる）などの長距離区間を結ぶ航路は、航空機の航続性能上直行便として運航することが難しい。そのため、旅客は途中の経由地で乗り継ぎを行うことが一般的で、中間地点に位置するアジアの空港が乗り継ぎ拠点に選ばれることが多い。香港空港やシンガポールのチャンギ空港、韓国の仁川空港などが代表的である。

通過需要の中でも、特に東南アジア各国の生産人口増加、経済成長に合わせて北米との流動が拡大しており、日本の航空会社は両地点の中間に位置する地理的優位性を活かし、主に成田空港を乗り継ぎのハブとすることで、通過需要の取り込みに力を入れている。具体的には、夕方の時間帯に成田発着の北米路線と東南アジア路線のダイヤを集中させ、双方向のスムーズな乗り継ぎを可能にすることで、他空港や他社との競争力を高めようとしている。

マーケティング戦略

国内マーケットに大幅な需要拡大が見込めない中、日本の航空各社は端末・通過ともに海外マーケットを成長の軸にとらえているが、海外ではそれぞれ自国の航空会社のプレゼンスが高く、日本のように高単価ビジネス需要の獲得が容易でない。そのため、結果的に観光客体などの低単価需要の取り込みが中心となっているのが現状であり、日本発需要と比較してイールドが低く、収益性に課題を抱えている。

海外発需要のイールド改善には、ビジネス需要を中心とした高単価客体の取り込みが求められるが、その課題を解決するための１つの手段が、2010年代に入って一般化してきた共同事業という考え方である（「第４章 アライアンス戦略」を参照）。各国の独占禁止法適用除外の認可を受けることで、航空会社間での運航ダイヤや運賃の調整が可能となり、お互いの運航便をあたかも自社便のように活用できるようになる。航空会社にとっては、自社リソースを投入せずに路線・ネットワークの拡大が図れるほか、パートナー社のホームマーケットにおける販売力を活用することで、例えばアメリカン航空が締結している大口企業との法人契約にJALを選択肢として加えてもらう、といったように、高単価ビジネス客体へのアプローチが可能になる。旅客にとってもダイヤの選択肢の増加や運賃ラインアップの拡充など利便性が拡大するほか、パートナー社との協力でサービスレベルの向上が期待でき、メリットは大きい。近年航空各社が共同事業を拡大しているのはこのような背景がある。

また、海外発、すなわち外国人旅客の選好性を高めるため、商品・サービス面においても、空港や機内における言語対応強化（多言語対応）、外国人旅客の嗜好（しこう）に応じたサービスの提供や選択肢の拡充（特別食の充実など）、海外Webサイトにおける支払い手段の多様化など、日本人旅客だけでなく、外国人旅客が快適、かつストレスフリーに利用できる環境整備を進めている。さらに、SKYTRAX社による「5スターエアライン」認定など、第三者機関による評価をもとに、サービス品質の高さや定時性といった強みを訴求することで、海外におけるブランディングにも力を入れている。

日本の航空会社は国内マーケットを引き続き重視しつつも、今後の人口減で需要が縮小する環境変化を踏まえ、高イールド客体を中心とした海外発需要の取り込み強化によって、収益性の維持・向上を図り、将来にわたる安定的な事業運営の実現を目指そうとしている。

図 6-8 訪日外国人数の推移

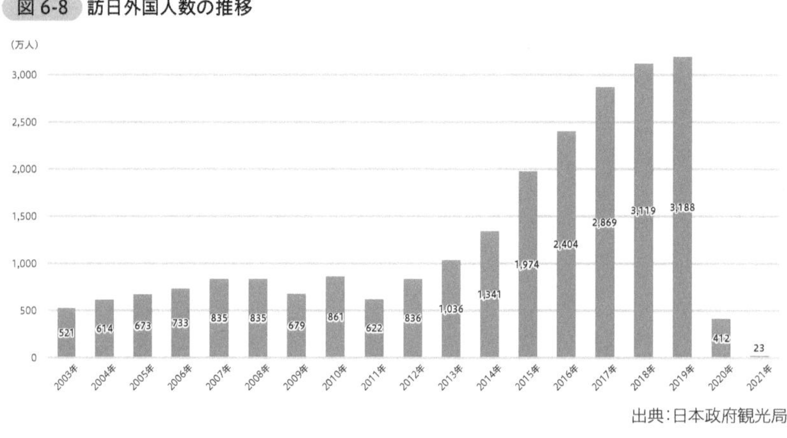

出典：日本政府観光局

4 ディストリビューション（航空券流通経路）の変化

航空券は、複数の国で販売されること、旅程が複数の航空会社にまたがる場合があることから、効率的な運営のため、大多数の航空会社が加盟するIATAが規定した統一フォーマットにて予約・発券データのやりとりが行われる。航空券は全世界的にｅチケットに移行済みであるが、これを統一規格によって推進したのもIATAであった。

各国にはIATA BSP（Billing & Settlement Plan）という組織がある。当該国で旅行会社が販売する航空券の決済を一括処理する機能があり、国際線航空券を発行する旅行会社が加盟している。なお、近年は、LCC各社など、IATAに加盟せず、直販のみを販売経路とし、他社との乗り継ぎ予約を受け付けない（他社との精算が発生しない）ケースも見られるようになった。

日本の国内線航空券の流通ルートには、直販と旅行会社販売がある。旅行会社販売について、これまで航空各社は自社端末を展開しており、いわゆるGDSの介在はなかった。近年、インターネットやモバイル端末による直販が主流となっている。

国際線航空券の流通ルートについても、直販と旅行会社販売がある。旅行会社販売については、IATAのルールに従った予約発券がなされる必要があること、乗り継ぎなどで複数の航空会社にまたがる旅程もあることから、主にGDSが提供する予約・発券システムが利用されている。

また、海外では、国内線、国際線を問わず、旅行会社販売については、大半がGDSを利用している。

以下、日本における国際線航空券ならびに諸外国における航空券の流通ルート（ディストリビューション）の変化について、時系列で解説する。

(1) CRSによる予約業務効率化

Computer Reservation System（以下、CRS）は、1950年代ごろまで手作業で行っていた座席の予約に関する作業をシステム化したところから始まる。

1964年にアメリカン航空が「Sabre」を開発し、予約・発券および座席管理が飛躍的に効率化された。その後、ユナイテッド航空は「Apollo」を開発した。当初は航空会社社内のシステムであったが、CRSは旅行会社に設置されるようになった。

インターネットが普及する以前は、ほとんどの旅行者は旅行会社の店舗に出向き航空券を購入していた。航空会社は自社CRS端末を旅行会社に展開することで、旅行者や旅行会社とのやりとりを効率化するとともに販売を強化していった。1970年代には、航空券販売の多くは旅行会社に展開したCRSを通じて行われるようになったことから、CRSは最重要の流通チャネル（ディストリビューション）と位置付けられ、その戦略は業績に大きな影響を与えた。

(2) CRSからGDSへ（航空会社所有から中立へ）

CRSはほかの航空会社の予約も取り扱うとともに機能を向上させ、旅行会社への浸透を図った。予約検索画面において自社便を優先的に表示させるなど、自社への誘導を図ることが行われたことに対し、1984年、米国では消費者保護の観点からCRSを規制し、中立性が求められた。欧州においても同様の規制が1989年に制定された。

このため、航空会社がCRSを所有する意義が薄れ、Sabreが2000年にアメリカン航空から分離独立し、ほかのCRSも航空会社から次第に売却され、航空会社所有から離れたものとなった。

航空会社から独立し、鉄道、レンタカーやホテルの予約機能も取り込み、企業買収により次第に統合され、巨大化したことから、CRSはGDSと呼ばれるようになった。1990年代以降、GDSは航空会社や旅行会社などから得た手数料収入をもとに莫大（ばくだい）な投資を行う巨大な事業へと成長し、何度かの統合を経て、現在では主要3社でしのぎを削っている。

なお、日本と中国の2カ国だけがやや特殊なマーケット状況にあり、この2カ国を除く世界各国のマーケットでは、主要3社による寡占となっている。

図 6-9 GDS 各社と端末展開マーケット

GDS 各社	システム提供マーケット		
	日本	中国	その他・世界各国
アマデウス（Amadeus 本社：スペイン） 取り扱い予約数：GDS 世界最大規模	○	△	○
セーバー（Sabre 本社：米国） 取り扱い予約数：かつては世界最大規模。現在は世界第2位	○	△	○
トラベルポート（Travelport 本社：米国・英国） 取り扱い予約数：世界第3位	○	△	○
インフィニトラベルインフォメーション （本社：日本・ANA 系）　日本でのみ展開	○	×	×
トラベルスカイ（TravelSky 本社：中国） 中国市場をほぼ独占。そのほかの地区での展開は現時点でほとんどなし	△	○	△
アクセス国際ネットワーク（本社：日本・JAL 系） 日本でのみ展開。2021 年に営業終了	○	×	×

○:展開マーケット　△:展開なしに近い、極めて限られた展開　×:展開なし

(3) IATA による NDC の誕生

GDS の主な収入源は、旅行会社が予約したフライトに対して各航空会社が支払うブッキングフィーである。ブッキングフィーは年々値上げされ、航空会社にとって大きな費用負担となっている。

仮に1つの GDS との契約を解消すれば、旅行会社販売の約3分の1を失うこととなるリスクがあることから、航空各社は GDS に有利なビジネス条件に合意してきた背景がある。

このような寡占的な状況を脱却するため、IATA は 2012 年に、新たに NDC（New Distribution Capability）と呼ばれる通信規格を誕生させた。汎用（はんよう）的な XML（Extensible Markup Language）に準拠した NDC 規格へ移行することにより、航空券販売や仲介などに新規参入を促す狙いがあった。また、NDC 規格を利用することで、航空会社は画像や動画など、多様なコンテンツを旅行会社などへ容易に提供できるようになった。足元の広い

座席、グレードアップした機内食など、プラスアルファのサービス（Ancillary、アンシラリー）を、追加料金を収受して提供し、航空会社の増収に貢献するツールとしても期待されている。

GDS各社は当初、NDCに対し懐疑的であったが、NDCにはIATAルールを満たすプログラム構築を保持している優位性があることが明らかになるとともに、NDC規格を肯定的に受け止め、推進するようになった。

なお、IATAは「2020年に世界の非直販の航空券販売の20%をNDC経由とする」との目標を掲げていたが、達成には至っていない。

（4）日本の状況

日本のGDSとしては、アクセス国際ネットワーク社（JAL所有）、インフィニトラベルインフォメーション社（ANA出資）があった。両社とも事業展開は日本地区内のみである。JAL便、ANA便を優先的に表示させることはないが、JAL、ANAとの予約発券の連携がしやすいこと、JALとANAが推奨していることから、日本で国際線航空券を扱う旅行会社はいずれか、もしくは両方の端末を利用してきた。日本の航空会社が世界の3大GDSによる高額なブッキングフィーを回避するための仕組みともいえる。

ところが、2019年、JALはアクセス国際ネットワーク社を解散することを決定し、同社の業務の多くは3大GDSの1つであるAmadeusに移行することとなった。日本のみを領域とした事業規模では、時代のニーズに応えるため必要な投資を、グローバルGDSに同等に行うことが難しくなってきたためであった。

図6-10 ディストリビューション（航空券流通経路）概略図

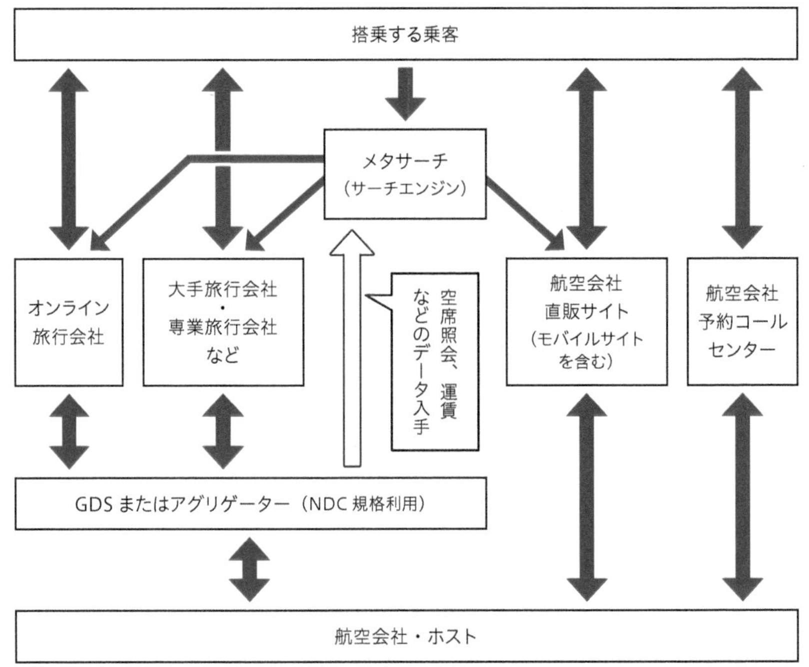

インターネットの普及とダイレクト販売

インターネットやモバイル端末の普及により、航空券の販売は旅行会社での販売から、航空会社直販サイトでの販売へ移行しつつある（現在、国際線は約2～3割、国内線は約8割が直販）。

これは、航空会社やホテル、レンタカーといったサプライヤー企業にとって、高額なGDSブッキングフィーの負担を減らすためにも有効な流れである。

旅行会社の変化

オンライン旅行会社（Online Travel Agent、OTA）も台頭しつつある。

欧米を中心に、旧来の旅行会社の中には、次第にTMC（Travel Management Company）へと姿を変え、航空会社などからの手数料に依存するのではなく、顧客企業の出張の手配から精算までを一括して請け負うとともに、出張費用削減に貢献し、その対価として顧客企業よりフィーを収受するビジネスモデルに変革しているところもある。

日本においても、COVID-19による影響もあって旅行会社の業態は大きく変化しつつあり、多店舗展開からOTA、付加価値を高めたTMCなど、新たなビジネスモデルで生き残りをかけている。

課題

団体旅行から個人旅行への移行、ゼロ・コミッション化、Webによる直販の台頭の中で、旅行会社が提供する付加価値は何かを考察せよ。

5 マイル戦略

マイレージプログラムはFrequent Flyer Program（以下、FFP）と呼ばれ、アメリカン航空が1981年に開始した「AAdvantage」が始まりである。マイレージプログラムは、航空旅客を囲い込むためのツールであるが、広範囲におよぶサービスの魅力により、航空業界以外のポイントプログラムに対しても高い競争力を保っている。

FFPは旅客にとって非常に関心が高いものであり、航空会社を選択する際の大きな要素となっていることから、プログラムの魅力向上に各社はしのぎを削っており、今日も進化し続けている。

(1) ロイヤリティ・プログラム

日本においては、JALグローバルクラブ（JGC）がFFPの始まりである。利用の多い顧客をJALグローバル会員へと招待し、航空機利用時にはラウンジの提供などを行う比較的シンプルなロイヤリティ・プログラムであった。

今日では、各社とも、搭乗の多いFFP会員に対して実績に応じたステータスを付与し、ステータスごとにきめ細かい特典サービスを提供する形に発展している。例えば、JALでは「JMBダイヤモンド」「JGCプレミア」「JMBサファイア」「JMBクリスタル」などのステータスがあり、専用ラウンジ、専用カウンター、優先搭乗、優先予約など、航空機利用時に快適なサービスを提供して差別化を図っている。

図 6-11　JAL の専用ラウンジ

JALサクララウンジ

(2) 特典航空券

1990 年代に入ると、日本においても本格的なマイレージプログラムがスタートした。現在の JAL マイレージバンク（JMB）、ANA マイレージクラブ（AMC）である。搭乗実績に応じてポイント（マイル）が積算され、特典として無料航空券が提供される魅力的なポイントプログラムとして社会から大きな注目を浴びた。

マイルをより多くためると遠距離の航空券に交換できることから、顧客は会員となっている航空会社の便を積極的に選択するようになった。

(3) ポイントプログラムとしての発展

航空会社との FFP 提携

搭乗によるマイル積算は、自社便だけでなく、アライアンス加入など FFP 提携により他社便へと拡大した。FFP 提携とは、提携先の他社便に搭乗した自社会員に自社マイルを付与するものである。これはマイルプログラムとしての魅力向上につながるものであるが、一方の狙いは他社 FFP 会員の自社搭乗促進である。一般的に、旅客は便数が多く利用しやすい自国の航空会社が提供するプログラムに加入することが多く、他国で会員を増やすことは難しい。提携先の他社会員に他社の FFP マイルを提供することで、乗り継ぎなどの際、他社が飛んでない路線で自社を利用してもらえるチャンスが増えるのである。

また、特典航空券においても、提携先の他社に交換先が拡大され、積算・特典交換の両面でプログラムの魅力が高まる。なお、提携先のマイルや航空券に交換する際は対価の支払いが生じる。送客力の違いによっては、収入と支払いのバランス差が大きく生じる場合がある。

日常生活でのマイル

航空機を利用する頻度があまり高くない顧客は、プログラムに入会し搭乗しても、なかなか特典交換するまでのマイルがたまらず、有効に利用できる人は限られていた。そこで、搭乗以外の場面でもマイルがためられるようにプログラムを改善し、より多くの人が特典交換を楽しめるように魅力を大幅に向上させた。

①クレジットカード

クレジットカードの利用額に応じてマイルが自動的にたまるものであり、1994年にJALカードがJALショッピングマイルプランをスタートさせたのが始まりである。その後、ANAカードや提携カード会社に同様のサービスが広がった。

マイルの費用はクレジットカード会社が負担するが、カード会員はマイルを効率的にためようと、日常の支払いなどにおいてカードを積極的に利用するため取扱額が大きく増える。同時に新規入会者も増えることから、クレジットカード会社は航空会社と提携を積極的に進めた。

②提携店

FFP会員は旅行する機会が多いことから、レンタカー、ホテル、飲食店などとの提携を拡大した。サービス利用時にマイレージカードを提示することで、後日マイルが積算される仕組みである。

提携先はマイレージ会員の利用を期待し、販促費としてマイルの費用を負担している。

図6-12 マイレージが利用できるカード（JAL）

JAL Global WALLET

JAL MILAGE BANK

JAL CARD

(4) 付帯事業として発展

マイレージプログラムが航空会社選択の大きな要素となることから、各社はプログラムの魅力向上のため多彩なサービスを拡充させた。

ポイントプログラムはためやすく、使いやすいことが重要である。せっかくためても使い道が限られていれば満足度が低下する。マイレージプログラムの魅力は何といっても特典航空券であるが、そのほかの交換先として提携社で利用可能なポイント、電子マネーなど汎用性が高いものも充実させ、多くのニーズを取り込んでいる。

搭乗によりためたマイルを航空券に交換して利用することから始まったプログラムは、さまざまな場面でためることができ、さまざまなサービスで使用できるようになり、「マイル経済圏」を形成するようになった。それに伴い、航空会社は他社へマイルを提供することで収入を得る一方、他社のサービスを特典として利用するコストも発生する付帯事業に発展している。海外のマイレージプログラムの中には、航空会社から独立して事業を展開している例もある。

今後は、マイレージ会員のライフスタイルやライフサイクルに合わせて、より多様な日常サービスを展開していくことが求められる。少子高齢化やCOVID-19の影響による社会変容などの外部環境もとらえて、時代に遅れることなく豊かな生活に寄与する新規サービスを提供していくことが課題となる。

図 6-13　JAL グループの会員基盤

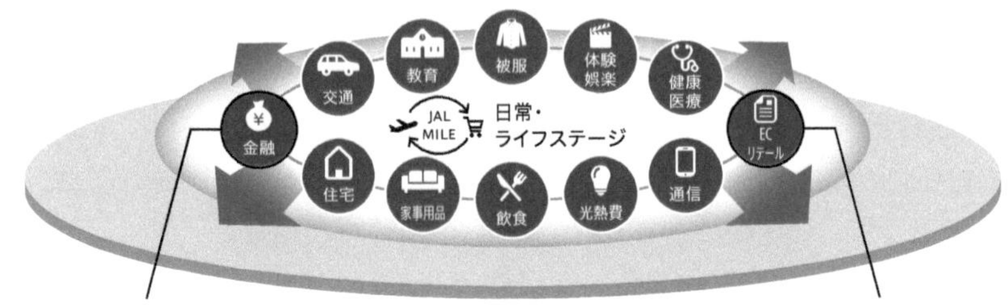

出典:「2021-2025年度 JALグループ中期経営計画」より

課題

自社の「マイル経済圏」を拡大していくための施策として、どういったものが考えられるか。根拠とともに具体的な案を提案せよ。

事例研究　どこかにマイル(JAL)

2016年12月にJALがスタートさせた「どこかにマイル」は他社にはないサービスである。サービス申し込み時に表示された4つの行き先候補地の中から、3日以内に決定した行き先が知らされる。特典交換に必要なマイル数は通常の半分以下で、羽田・伊丹・関西・福岡空港からJALグループの直行便が運航する日本全国の「どこか」の空港に行けるサービスである。

申込者にとっては、偶然が生み出す思いがけない地域へのサプライズな旅行体験により、日本各地の魅力の再発見につながる効果がある。また、これまで特典航空券の必要マイル数に満たなかった会員の旅行機会を拡大し、旅行先の地域活性化に貢献することも期待される。

図6-14 「どこかにマイル」のイメージ

＜参考文献＞
『現代の航空輸送事業』127ページ 三田 譲編著・塩谷さやか・中谷秀樹著（同友館）
『現代の航空輸送事業』132ページ 三田 譲編著・塩谷さやか・中谷秀樹著（同友館）
『Airline Operations and Management: A Management Textbook』265ページ Gerald N.Cook and Bruce G. Billig（Routledge）
『観光と情報システム』186ページ 中谷秀樹編著・清水久仁子共著（流通経済大学出版会）
『Airline Operations and Management: A Management Textbook』283ページ／314ページ Gerald N.Cook and Bruce G. Billig（Routledge）
▼ Airline Economics November, 2012 Lufthansa sells stake in Amadeus
https://www.aviationnews-online.com/airline/lufthansa-sells-stake-in-amadeus/

▼ TRAVEVL WEEKLY 1st March 2012 Air France-KLM sells half of Amadeus stake
http://www.travelweekly.co.uk/articles/39759/air-france-klm-sells-half-of-amadeus-stake

▼ REUTERS BUSINESS TRAVEL Nov.14, 2012 Lufthansa, Air France to sell part of Amadeus stakes https://jp.reuters.com/article/uk-amadeus-shares/lufthansa-air-france-to-sell-part-of-amadeus-stakes-idINLNE8AC02G20121113

▼ IAG Press Release Jul 31, 2014 Iberia to settle hedging transaction Amadeus stake

https://www.iairgroup.com/en/newsroom/press-releases/newsroom-listing/2014/31-07-2014-154310088

▼ AIRFRANCE KLM Group Press release 23 December 2016 Lufthansa, Air France to sell part of Amadeus Stakes

https://www.airfranceklm.com/en/press-releases/sale-air-france-klm-amadeus-shares-representing-around-113-share-capital

第7章

LCCビジネス

1 LCC ビジネスの特徴

近年、世界各国でLCCが存在感を増している。LCCは、従来から存在する航空会社(FSC・Legacy Carrier)と比べ、機材稼働の極大化をはじめとしたあらゆる面においてコスト削減を徹底している。この低コストを反映して低価格運賃を設定し、それを武器に集客、高ロードファクター（座席利用率）を実現しているのが最大の特徴である。

LCCのビジネスモデル

LCCのビジネスモデルの代表的な特徴を以下に列挙する。なお、ここに掲げたものは、すべてのLCCが採用しているとは限らないことに留意されたい。

①2地点間運航

国際線も含め数時間程度の中短距離路線を中心に多頻度運航を行っている。加えて、FSCがHub and Spokeと呼ばれるネットワークを有するのに対して、(地域特性などにもよるが) Point to Pointの2地点間運航を基本とし、航空機、乗務員の効率的な稼働を極限まで追求している。

②地上滞在時間短縮

航空機の稼働向上のため、空港における航空機の地上滞在時間の短縮を追求している。このため、貨物輸送を取り扱わないLCCが多い。

③二次的空港使用

多くの航空会社が乗り入れている大都市の主要空港をできるだけ使用しない。主要空港で起こりがちな空港混雑を回避することにより定時性の向上を図るとともに、相対的に使用料の低廉な空港を使用することによるコスト低減を目的としている。

④単一機種使用

使用機種を統一し（エアバスA320型機、ボーイング737型機など)、機材調達コストや部品・整備費、乗務員訓練費などの低減を図っている。

⑤運送サービスの簡素化

座席クラスは、原則エコノミークラスのみに統一している。座席間隔を狭め、限られた機内空間に最大限の座席を配置している。また、他社への（からの）乗り継ぎがある場合でも連帯運送サービスは行わないなど、運送サービスを簡素化し、コスト削減につなげている。

⑥運送サービスの有償化

機内食や飲料、手荷物受託、事前座席指定などを有償化することで、航空運賃以外の収入を得ている。

⑦地上サービスの簡素化

空港ラウンジ、マイレージプログラムなどはなく(一部の LCC にはポイントサービスはある)、コスト削減を実現している。また、自動チェックイン機や自動手荷物預かり機の導入を積極的に行い、空港人員の省力化を志向している。また、客室乗務員、整備士、地上職員のマルチタスク化などを通じ、社員数の最小化と人件費の極小化を図っている。

⑧ IT 活用

航空券は、基本的に旅客が自らインターネットを通じて直接購入する。旅行会社を経由しないことにより販売手数料を削減している。

⑨間接部門の最小化

オフィスを簡素な作りとし、かつ組織をフラット化、間接部門も極力スリム化することなどを通じて間接コストを低減すると同時に、一人当たりの生産性向上を図っている。

表 7-1 FSC と LCC の特徴比較

	FSC	LCC
ネットワーク	Hub and Spoke 短距離～長距離	Point to Point 短距離・中距離中心
拠点空港	中心的空港	二次的空港
運航ダイヤ	利便性重視	機材稼働重視
機種	大型機～小型機	単通路の 1 機種
クラス構成	ファーストクラス～エコノミークラス	エコノミークラスのみ
座席配置	居住性と密度をバランス	座席数最大化を最優先
機材調達	主に自社所有	リース
運賃構成	付帯サービス（機内食・飲料、手荷物、事前座席指定など）込み	付帯サービスは有料
販売チャネル	直販と旅行会社	直販のみ
貨物	重要な収入源	取り扱いなし
乗り継ぎ	他航空会社との連帯運送あり。グローバルアライアンス活用	連帯運送なし
マイレージ	充実	なし
ラウンジ	豪華	なし
働き方	専門化	マルチ化（CA +グランドスタッフ、CA +機内清掃、パイロット+搭載など）
制服	フォーマル	カジュアル。ポロシャツ、スニーカーなど

2 LCCの台頭

(1) LCCの誕生と発展

LCCの誕生

1970年代後半、格安運賃を実現し大西洋路線に参入したレイカー航空（Laker Airways、英国）がLCCの原型といわれる。「スカイトレイン（Skytrain）」のブランドを持ったレイカー航空は、格安運賃での海外旅行を求める顧客の支持を得たが、第2次オイルショックによる原油価格の高騰や航空会社間の競争の激化により、1980年代前半に運航を停止した。

その後も、格安運賃をセールスポイントとした多くの航空会社が誕生したが、安定的に収益を上げるには至らず、その多くは程なくして消滅している。

1990年代、サウスウエスト航空（Southwest Airlines、米国）が急激に勢力を伸ばした。さかのぼること1967年に同社は設立され、長くテキサス州内路線を運航するローカル航空会社として事業を営んでいたが、後述する航空の規制緩和により、路線網を拡大していった。

このサウスウエスト航空や、同時期に欧州において規模を拡大したライアンエアー（Ryanair、アイルランド）が、事業を拡大する過程で採り入れた施策（「単一機材・単一クラス」「機材稼働時間の極大化」「航空券直販体制」「自由席制」など）は、後の多くのLCCが採用することとなり、LCCビジネスモデルの確立に大きな役割を果たした。

規制緩和とLCCの発展

LCC発展の背景として、航空の規制緩和が挙げられる。

従来、航空運送事業は公共事業として、運賃や運航路線などを国が統制し、自国の航空会社を保護していたが、1978年、米国において航空規制緩和法が制定され、運賃や路線、新規航空会社の市場参入などに関する規制を撤廃した。これにより、航空業界において自由市場が形成され、運賃の引き下げ、新規参入を含む航空会社の再編が活発化することとなった。

図 7-2　提供座席数に占める LCC の割合の推移

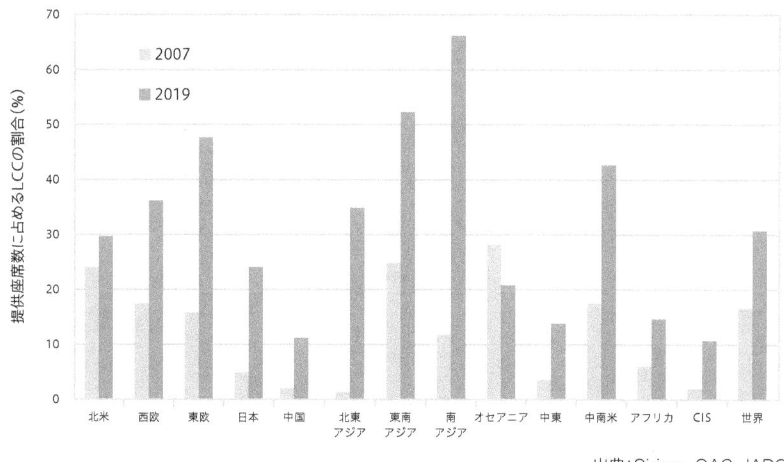

出典：Cirium, OAG, JADC

欧州においては、1992 年に航空市場統合（航空自由化）が EU で合意され、ASEAN 諸国においても同様の政策が展開された。

これら環境の変化を受け、1990 年代後半から 2000 年代初頭にかけて、各国で LCC の起業が相次ぎ、2019 年現在、世界各国で 130 社以上の LCC が運航している。

表 7-3 有償旅客キロ・トップ 20（2018 年）

	航空会社	有償旅客キロ（百万人キロ）	旅客数（百万人）	売上高（百万 USD）	純利益（百万 USD）	備考
1	American Airlines Group	372,015	203.7	44,541	1,412	
2	United Continental	370,319	158.3	41,303	2,129	①
3	Delta Air Lines Group	362,489	192.5	44,438	3,935	②
4	Emirates Airline	299,967	58.6	29,746	631	③
5	Lufthansa Group	284,410	142.3	42,182	2,545	
6	IAG	270,657	112.9	28,721	3,409	
7	China Southern Air	259,194	139.9	21,636	507	
8	Air France-KLM	255,406	85.6	31,204	484	③
9	Air China Group	220,728	109.7	20,604	1,503	②
10	Southwest Airlines	214,508	163.6	21,965	2,465	
11	China Eastern Airlines	201,486	121.1	18,312	406	
12	Ryanair	178,000	142.1	8,880	1,021	
13	Qatar Airways	154,080	29.5	13,217	非公表	③
14	Turkish Airlines	149,169	75.2	13,074	831	
15	Air Canada Group	148,607	50.9	13,892	128	②
16	Aeroflot Group	143,151	55.7	9,713	91	
17	Singapore Airlines	140,838	36.1	12,016	531	③
18	Hainan Airlines Group	138,731	79.9	10,208	-550	②
19	Cathay Pacific Group	130,626	35.5	14,169	299	
20	Qantas Group	126,814	55.3	13,187	758	
23	ANA Holdings（全日本空輸）	91,481	54.4	18,540	998	
29	Japan Airlines Group（日本航空）	70,855	44	13,396	1,358	

注1　①:ホールディングス、②:単独、③:グループ

出典:Flight Airline Business July-August 2019(World Airline Rankings Traffic/Financials)

（2）日本における LCC

LCC 元年

日本においても、航空の規制緩和を受け、1998 年にスカイマークエアラインズ（現 スカ

イマーク）、北海道国際航空（現AIRDO）などの低運賃の新規航空会社が参入した。これらの航空会社はLCCを名乗ってはいないが、特にスカイマークはLCCのビジネスモデルに倣って、サービスの簡素化などを実施している。

日本へ最初に乗り入れたLCCは、2007年に関西空港に就航したジェットスター（Jetstar Airways、オーストラリア）であり、以降、海外LCCの日本乗り入れが相次いだ。

他国でもLCC発展の背景には航空の自由化政策があったが、日本においても、政府が2007年に「アジア・ゲートウェイ構想」を発表し、最重要項目として航空自由化（アジア・オープンスカイ）に向けた航空政策の転換を掲げた。これは、アジアの成長と活力を日本に取り込み、新たな「創造と成長」を実現することを主眼としたものである。

航空自由化を受け、2012年に国内LCC3社（ピーチ・アビエーション、エアアジア・ジャパン（当時）、ジェットスター・ジャパン）が相次いで運航を開始し、同年は「日本のLCC元年」といわれている。

図7-4 日本国内のLCC旅客数の推移（2020年6月時点）

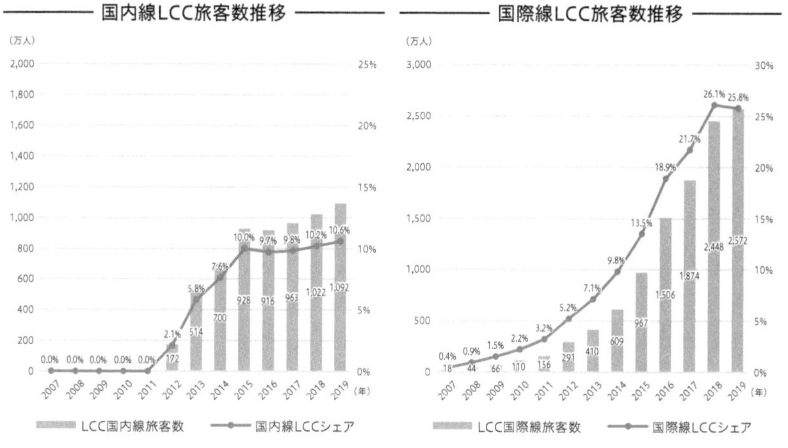

国内線LCC旅客数推移

年	2007	2008	2009	2010	2011	2012	2013	2014	2015	2016	2017	2018	2019
LCC国内線旅客数（万人）						172	514	700	928	916	963	1,022	1,092
国内線LCCシェア	0.0%	0.0%	0.0%	0.0%	0.0%	2.1%	5.8%	7.6%	10.0%	9.7%	9.8%	10.2%	10.6%

国際線LCC旅客数推移

年	2007	2008	2009	2010	2011	2012	2013	2014	2015	2016	2017	2018	2019
LCC国際線旅客数（万人）	18	44	66	110	156	291	410	609	967	1,506	1,874	2,448	2,572
国際線LCCシェア	0.4%	0.9%	1.5%	2.2%	3.2%	5.2%	7.1%	9.8%	13.5%	18.9%	21.7%	26.1%	25.8%

出典：国土交通省航空局による各年（暦年）の統計

需要創出効果

国内外のLCCの乗り入れ増加は、2012年に開始された「クールジャパン戦略」とも相まってインバウンド（訪日外国人）需要の増大や国内観光の拡大など、新たな需要の創出に大きな役割を果たした。

国内外LCC各社の乗り入れに際しては、FSCマーケットとのカニバリゼーションが一定程度予想されていたが、実際にはマーケットの食い合いはほとんど発生していない。国内LCCは週末の台湾や香港への旅行、韓国への日帰り旅行など、従来なかったマーケットを掘り起こし、海外LCCも、地方空港への乗り入れを通じ、インバウンドの増加、地方経済の活性化に大きな役割を果たしている。

総じて、LCCの乗り入れは内外の新たな需要を創出したといえる。

図7-5　航空旅客数（国内線・国際線）の推移（2020年6月時点）

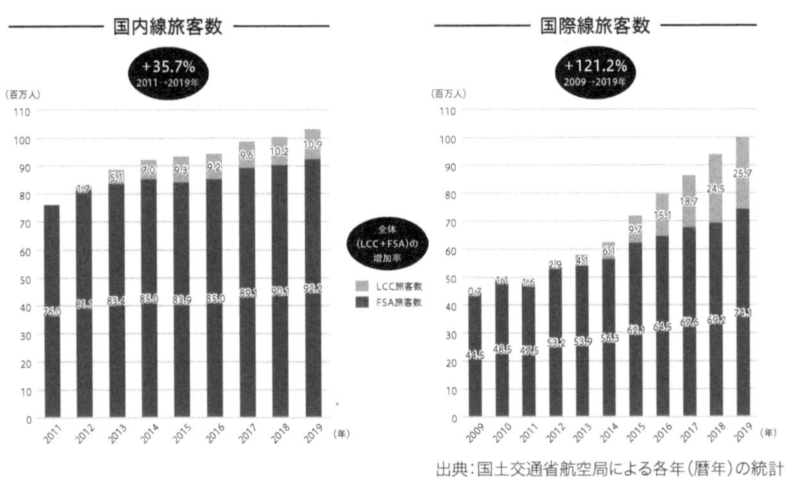

出典：国土交通省航空局による各年（暦年）の統計

国内LCCの資本構成

経営面における国内LCCの特徴として、そのいずれにも日本の大手航空会社が出資していることが挙げられる。2021年9月現在、国内LCCとしては、ピーチ・アビエーション、ジェットスター・ジャパン、スプリング・ジャパン、ZIPAIR Tokyoの4社が国内線・国際線を運航しているが、4社とも国内航空大手のJALあるいはANAが100%出資するか、または主要株主となっている。

例えば、国内LCCの先駆けであるピーチ・アビエーションはANAなどの、ジェットスター・ジャパンはJALなどの出資により設立された。この両社は運航開始当初、主要株主であるANAやJALとは一定の距離を置き、ANAもJALも独自色の強い事業運営を促していたが、その後は出資比率を高めるなど、経営への影響力を強めている。

特に、コロナ禍以降、この傾向は一層顕著となっている。ANAは、2020年10月に新たなブランドのLCC設立を発表し、2021年10月には一部の便をANAからピーチ・アビエーションへ移管した。JAL は、2021 年 6 月に春秋航空日本（現スプリング・ジャパン株式会社）を連結子会社化した。このように、ビジネス需要の回復が遅れ、観光需要の立ち上がりが期待される中において、両グループの経営戦略における LCC の重要性が高まっている。

欧米の多くの LCC とは異なり、大手航空会社の傘下にある国内 LCC が今後どのような展開をしていくのか、FSC との差別化や独自性の観点からも注目すべきといえる。

図 7-6 旅客事業ポートフォリオ（JAL）

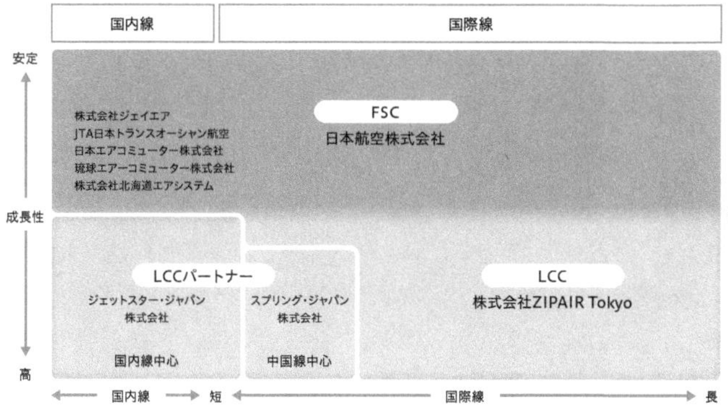

国内線
国際線
安定
成長性
高
株式会社ジェイエア
JTA日本トランスオーシャン航空
日本エアコミューター株式会社
琉球エアーコミューター株式会社
株式会社北海道エアシステム
FSC
日本航空株式会社
LCCパートナー
ジェットスター・ジャパン
株式会社
国内線中心
スプリング・ジャパン
株式会社
中国線中心
LCC
株式会社ZIPAIR Tokyo
高
価格帯
低
国内線
短
国際線
長

出典：JAL 2020年度第2四半期決算説明会資料（2020年10月）

図 7-7 旅客事業ポートフォリオ（ANA）

国際線
短距離
中距離
長距離
ビジネス
プレジャー
全日本空輸株式会社
FSC（プレミアムエアライン）
Peach Aviation 株式会社
LCC
（シンプル・単通路・モノクラス）
第3ブランド
LCC
（シンプル・ボーイング787　2クラス）
成長アジアマーケット

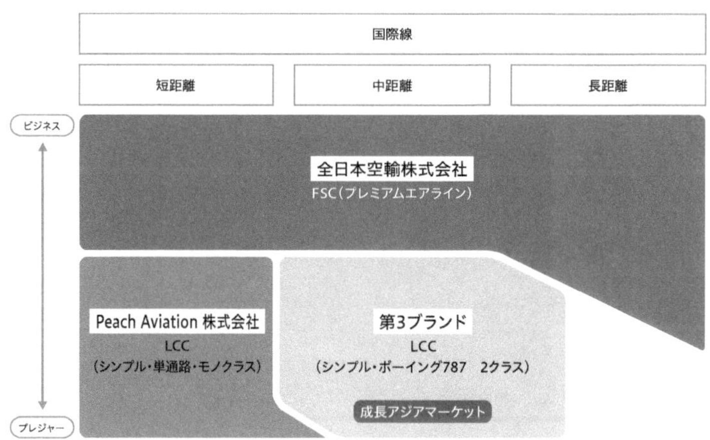

出典：ANA HOLDINGS NEWS（2020年10月）

3 LCCの変化

ビジネスモデルの変化

前述の通り、中短距離路線を多頻度運航することにより、機材や乗務員の効率を高め利益を追求するのがLCCの典型的なビジネスモデルであるが、中長距離路線を開設するLCCが徐々に登場している（エアアジアX、ジェットスター、ZIPAIR Tokyoなど）。これらは、機材効率の観点からは不利に働き、多頻度運航というLCCのビジネスモデルの定石からは外れるものの、ボーイング787型機など燃費効率の良い機材を採用するなどしてコストの圧縮を図りつつ、FSCが独占していた路線に就航することで新たな需要を掘り起こし、売り上げの増大を図る企業戦略の表れといえる。

また、2016年、アジア太平洋地域のLCC8社（2020年現在は6社）による航空連合である「バリューアライアンス」が設立された。FSCが実施している連帯運送サービスやコードシェアなどは実施していないものの、乗り継ぎ便の予約を一括で可能とするなど、旅客の利便性を高める施策に取り組んでいる。

他方で、LCCとFSCとの関係性にも変化が見られる。

従来はいわば「すみ分け」がなされていたLCCとFSCであるが、ジェットスター・ジャパンとJALとのコードシェア、ジェットブルー航空とアメリカン航空との提携を始め、相互補完的な関係性に移行する動きが見られる。ピーチ・アビエーションとANAとのコードシェアも始まった。

さらに、コロナ禍において、従来のLCCのビジネスモデルでは考えられなかった事業領域への進出の動きが見られる。COVID-19の世界的流行に伴って蒸発した国際旅客収入を補うべく、いくつかのLCCでは国際貨物便を運航し、貨物事業に新た収入源を求めている。例えば、ZIPAIR Tokyoは2020年6月に初便を就航させたが、貨物専用便としての運航であった（旅客便は同年10月に運航を開始）。

LCCマーケットの今後

利便性の高い空港と運航スケジュール、一定量の手荷物受託、機内食など、一通りのサービスをそろえたFSCのマーケットが消滅することはないものの、低価格でフリルを省いたLCCのマーケットの成長は、今後も継続するものと考えられる。

これは、従前考えられていた経済成長とマーケット拡大の考え方において、より低価格での航空機利用を可能とすることで、最初の航空機利用時期が早められる（若年層の航空機利用を促進する）ことからも説明できるが、その根幹は、国境をまたぐ働き方・生活スタイルの広がりのみならず、多くの国で LCC を使った移動が消費者の選択肢として市民権を得ていることにある。

一般的な LCC モデルの使用機材であるエアバス A320 型機やボーイング 737 型機は、世界中どこの空港でも整備やハンドリングを引き受けるオペレーターが存在しており、今後も低価格での移動を望む需要が増加する限り、LCC のネットワークは拡大することが見込まれる。

さらに、LCC にも航続距離の長いワイドボディー機（ボーイング 787 型機など）を使用して、FSC が独占していた中長距離路線に参入する動きもある。

一方、FSC の中には、LCC の運賃モデルを模して、受託手荷物のサービスなどを省いたベーシックエコノミー、ベーシックビジネスといった運賃を設定したり、事前座席指定を別料金とする動きも見られるなど、LCC に対抗する動きも見られる。

このように、FSC・LCC 双方で新たな移動サービスを模索しながら、その境目でさまざまな選択肢を提示する時代が近づきつつある。

FSC の場合、これまで高単価のビジネス需要、法人需要が路線収支を支えている側面が強かったが、リモート会議や電子契約書の一層の普及などによってビジネス需要が減少すれば、路線維持が難しくなる可能性がある。この場合、FSC の路線減とともにエコノミークラスの座席供給も減り、需要と供給のバランスがよりタイトになることが予想される。

その際、伸びゆく低価格帯の需要の担い手が FSC から LCC となる、供給側の変化の可能性にも注目する必要がある。

その一方で、航空業界は景気変動やイベントリスクの影響を受けやすい事業であることはいうまでもないが、中でも LCC はコストを徹底的に削減して効率性を極限まで追求し、低価格運賃と高ロードファクター（座席利用率）を前提とするビジネスモデルであるがゆえに、その影響度はさらに大きい。

日本国内外を問わず、これまで多くの LCC が誕生している一方で撤退する LCC も多いことが、このビジネスモデルの厳しさを象徴的に示しているともいえよう。

課題

今後のLCCビジネスの展開について、マーケットや利用者のニーズの変化、FSCとの関係を踏まえ、考察せよ。

＜参考資料＞世界と日本のLCC

①サウスウエスト航空（米国）

・1971年に運航を開始し、1978年の航空自由化後、米国内の短中距離路線を中心に、規模を拡大してきた。

・2019年の輸送旅客数は1.6億人で世界3位。753機を保有し（4位）、754路線に就航し（6位）、米国内線では最大手である。

図7-8 サウスウエスト航空の路線図

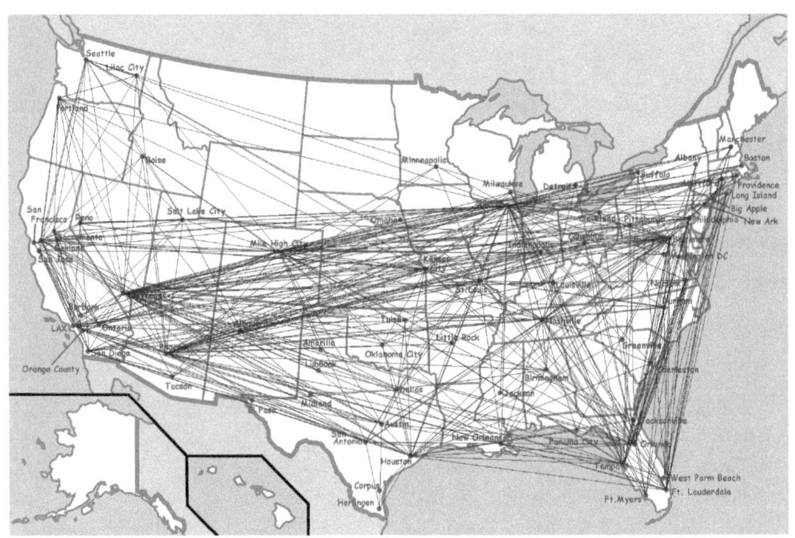

出典：同社Webページより

②ライアンエアー（アイルランド）

・1985年に運航を開始し、1992年のEUによる規制緩和後、EU域内の路線を中心に、規模を拡大してきた。

・2019年の輸送旅客数は1.5億人で世界5位。456機を保有し（8位）、1,835路線に就航し（1位）、欧州最大の航空会社である。

図7-9　ライアンエアーの乗り入れ地点

出典：同社Webページより

③エアアジア（マレーシア）

・1993年に設立された後、2001年よりLCCとして、クアラルンプールを拠点に国内のほかアジアを中心に規模を拡大してきた。

・タイ、インドネシア、フィリピン、インドにグループ航空会社があり、中長距離のLCC（エアアジアX）も傘下に持つ。2019年の輸送旅客数はグループ計で8千万人、アジアで6位（中国を除くと2位）。

図7-10　エアアジアの路線図

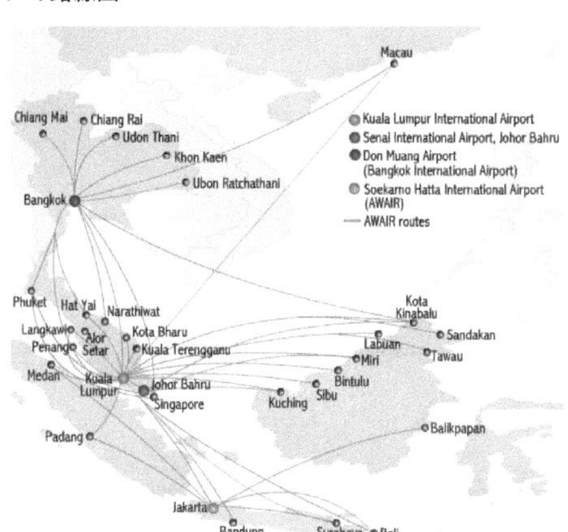

出典：同社Webページより

④ピーチ・アビエーション（日本）

・2011年にANAと香港の投資会社の合弁で設立された後、2017年に資本構成が変更され、ANAホールディングス（ANAHD）の連結子会社となった。

・2019年にバニラ・エアと経営統合した。バニラ・エアの前身、エアアジア・ジャパンはANAとエアアジアの合弁で2011年に設立されたが、2013年に合弁を解消、ANAHDの完全子会社となって、商号をバニラ・エアに変更した。

図7-11 ピーチ・アビエーションの路線図

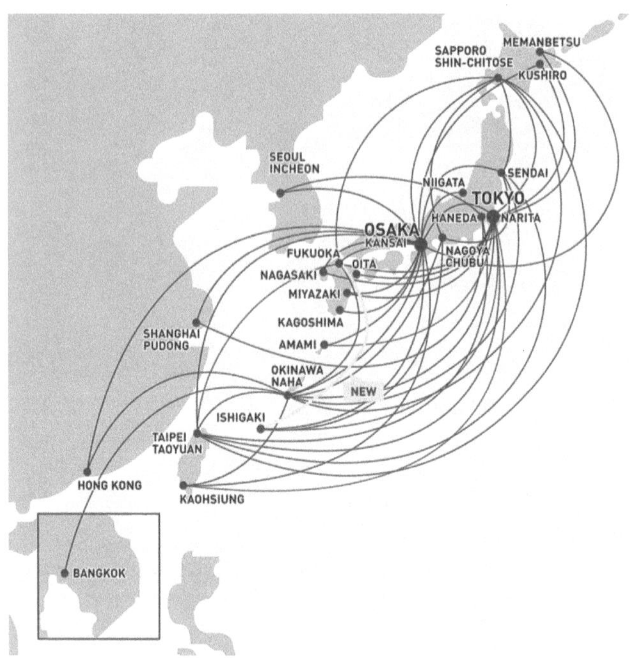

出典：同社Webページより

⑤ジェットスター・ジャパン（日本）

・2011年に、JALと、オーストラリアのLCC・ジェットスター航空の親会社であるカンタス航空グループなどとの合弁で設立された。

・現在、JALの議決権比率は50%で、JALグループの一員である（持分法適用関連会社）。

⑥ ZIPAIR Tokyo（日本）

・2018年に、JALの完全子会社として設立された日本初の中長距離LCC。就航は2020年で、COVID-19の影響を受け、6月に貨物専用便として運航を開始し、10月より旅客便を運航している。

・ボーイング787-8型機を使用し、成田を拠点に、ソウル、バンコク、ホノルル、シンガポール、ロサンゼルスの5地点を結んでいる（2021年9月現在）。客室はZIP Full-Flat（18席）とStandard Seats（272席）の2クラスで構成される。

図7-12 機内レイアウト

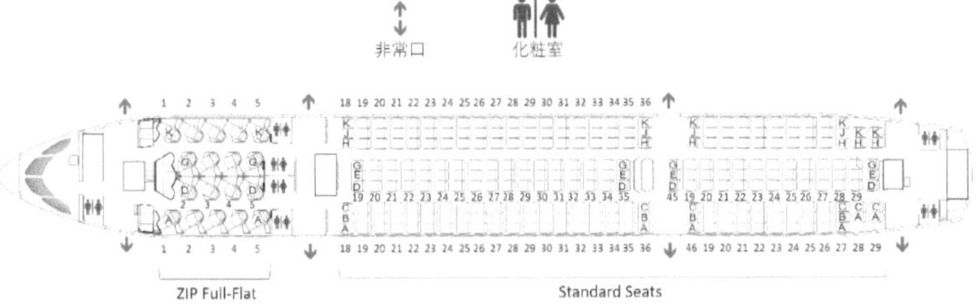

図7-13 ZIP Full-Flatのシート

⑦スプリング・ジャパン（SPRING JAPAN、日本）

・中国の春秋航空などが出資し、2014年に就航。成田をベースに、国内3地点、中国7地点を結んでいる（2021年9月現在）。

・JALが2021年6月に連結子会社した。

図 7-14 スプリング・ジャパンの路線図

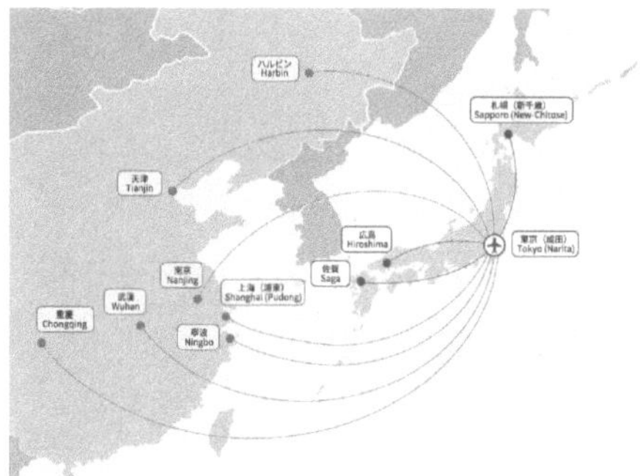

出典：同社Webページより

⑧エアアジア・ジャパン（日本）

- マレーシアのLCC・エアアジアなどが出資し、2017年に就航（2011年にANAとの合弁で設立した④のエアアジア・ジャパンとは別会社）。中部空港をベースに、国内3地点と台北を結んだ。
- COVID-19による需要の大幅減が引き金となり、2020年10月、就航から3年弱で事業から撤退し、2021年2月に破産手続きを開始した。

<参考文献>

『日本の航空産業 国産ジェット機開発の意味と進化するエアライン・空港・管制』渋武容著（中央公論新社）

第8章

貨 物 事 業

1 概要

航空貨物とは

航空会社といえば旅客サービスのイメージが強いが、航空機を利用した物流サービスも提供している。航空機に搭載される貨物および郵便を総じて航空貨物と呼ぶ。

輸送されている品目

航空貨物として輸送されている品目は、生活必需品から医薬品・医療用品、工業製品に至るまで多岐にわたり、私たちの生活になくてはならない存在である。近年は特にｅコマースや宅配も増えており、航空貨物のニーズも一層高まっている。

表 8-1 航空貨物で輸送されている物品（重量が多い順）

輸出	輸入
自動車部品	衣類
半導体など電子部品	魚介類
金属製品	自動車部品
映像機器・テレビ・VTR	果実・野菜
科学光学機器・カメラ・時計	事務用機器・コンピューター
電気計測機器	半導体など電子部品
医療用機械	金属製品
事務用機器・コンピューター	医薬品
魚介類	医療用器械
果実・野菜	音響機器・ラジオ・テープレコーダー

出典：2018年度国際航空貨物動態調査報告書

2 特色

航空貨物の特徴

航空貨物の特徴は、迅速性（時間価値）、安全性（低事故率）、定時性（安定的計画）といわれている。中でも迅速性は長距離輸送においてほかの輸送モードと一線を画す優位性があり、航空貨物が選ばれる最も大きな理由といえよう。

海上貨物との比較

以下は、日本発着の貿易貨物輸送量全体における、海上輸送と航空輸送の対比である。

航空は物量ベースでわずか0.1%であるのに対し、金額ベースでは28%を占めており、高付加価値の貨物が航空貨物として輸送されていることが分かる。

図 8-2 日本の輸出入量と金額比較（2019 年）

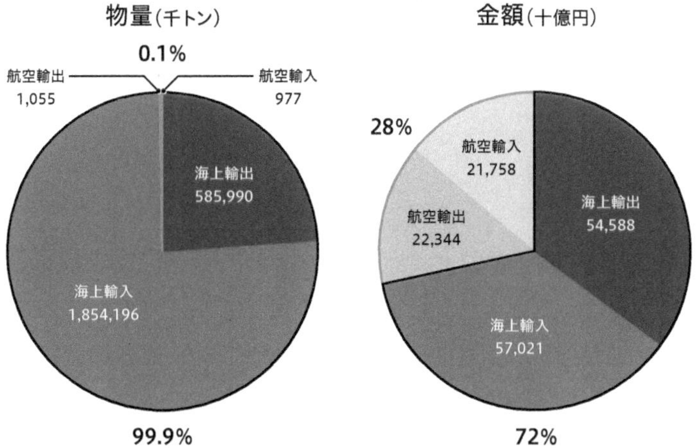

物量(千トン)
0.1%
航空輸出 1,055
航空輸入 977
海上輸出 585,990
海上輸入 1,854,196
99.9%

金額(十億円)
28%
航空輸入 21,758
航空輸出 22,344
海上輸出 54,588
海上輸入 57,021
72%

出典：左：航空貨物取り扱い実績（航空貨物運送協会）湾港統計（国土交通省）　右：貿易統計（財務省）

航空貨物が選ばれる理由

上述の通り、航空貨物は一般的に単価が高い。それでも、生鮮品の鮮度を保ち売り場での価値を高めたい、期日に間に合うように輸送したい、といったニーズに応える手段として積極的に利用されている。

また、海上輸送では湿度などの理由により海上輸送に適さない品目も航空貨物として輸送されている。このほか、クレームや納期遅れのカバー、ほかの輸送手段を利用できない場合の代替といった理由もある。

フォワーダー・インテグレーターとの協業

航空会社は主に空港間の輸送を担うが、特に国際貨物では輸出入通関や検疫なども必要となり、地上配送も含めフォワーダー[1]（利用航空運送事業者：日本通運、ヤマト運輸など）との連携が必須である。

フォワーダーが複数の荷主から貨物を集め、混載貨物としてまとめて航空会社へ預ける形態が一般的であり、航空会社にとっての荷送人・荷受人は企業や個人ではなくフォワーダーであることが多い。

また、インテグレーター[2]（FedEx、DHLなど）と呼ばれる企業は自社で貨物専用機を保有しており、フォワーダー業務と航空運送業務の両方を担う。ただし自社で運航していない区間についてはほかの航空会社スペースを利用する。

多くの航空会社にとって、フォワーダーやインテグレーターとの取引規模は大きく、最も重要なパートナーといえる。

トピックス ファストファッション業界での活用事例

航空貨物では高付加価値の品目が目立つ中、意外にも衣類、特にファストファッション業界の商品も多く輸送されている。数週間ごとに新商品をリリースし世界中で同時に発売するのが業界の特徴であるが、海上輸送では間に合わないため、航空貨物が積極的に利用されているのである。

3 輸送

貨物輸送の流れ

航空貨物はほかの輸送形態と同様に、荷送人による発送に始まり荷受人による引き取りをもって完結する。航空会社は全体の中で主に空港間輸送の部分を担い、陸送部分はフォワーダーや配送業者などが行う（航空会社がトラックを手配・運行する場合もある）。国際貨物では輸出入通関や検疫が必要となり、フォワーダーや荷送人・荷受人自身が申告を行っ

1 荷主と直接契約し、さまざまな輸送手段を利用して貨物を輸送する。航空機を保有していないため、空輸を行う場合は航空会社を利用する。日本通運、ヤマトホールディングスなど。

2 フレーター（貨物専用機）、地上輸送網の両方を有し、ドアツードアの一貫輸送サービスを行う。FedEx（米国）、UPS（米国）、DHL（ドイツ）など。

ている。

航空貨物の特徴はスピードだが、一連の流れの中で遅延・滞留が発生した場合、荷受人に届くまでに時間を要してしまいメリットを享受できなくなる。双方での確実な情報確認・共有が極めて重要であり、予約、運送、通関などにはITシステムが活用されている。

航空会社は空港間輸送を担うが、事前の予約・スペース調整や発着地空港でのハンドリングにはさまざまなセクションのスタッフがかかわっており、安全かつ迅速な輸送を実現するためにバトンをつないでいる。

図 8-3 航空貨物の流れ（JAL国際貨物の例）

予約・スペース調整

座席単位でのセールスを行う旅客販売と違い、貨物では1つ1つの貨物は重さや形状がさまざまであることから、キログラム、立方メートル単位、またはULD[3]単位でスペースを調整し販売している。

旅客機の場合、貨物を搭載するのは航空機の下部貨物室であるが、旅客の手荷物も搭載されているため、手荷物の量により、毎便、貨物搭載スペースが変動する（旅客の受託手荷物が少ない場合は搭載できる貨物量が多くなる）。

3 ULD（ユニット・ロード・デバイス）は貨物を航空機に搭載するための器材。主に、パレットとコンテナがあり、搭載する貨物の形状、重さ、また航空機の搭載スペースなどによって使い分けられている。

図 8-4 ULDのパレットとコンテナ

ULDには主に、パレット（左）とコンテナ（右）の2種類があり、搭載する貨物の形状や重さ、航空機の搭載スペースなどによって使い分けられている。

図 8-5 日本地区貨物販売支店での業務イメージ

正確な情報が迅速・確実な輸送につながる。

空港貨物上屋での取り扱い

①受託

空港貨物上屋（荷役作業場・荷さばき作業場）において貨物を受託する。個数や品目が申告データと一致しているか、航空輸送に適した梱包（こんぽう）であるか、航空輸送の基準を満たさない危険物の混入がないかなどを確認する。また、国際貨物の場合は、荷主・フォワーダーにて輸出通関・検疫など必要な申告が完了していることも確認する。

②ULDへの積み付け・計量

図 8-6 出発貨物の積み付けイメージ

出発貨物をULDに積み付ける。貨物の品目・重量・形状などによって積み分けを行う。積み付けが完了した後、ULDを計量する。計量された重量をもとに、航空機への搭載指示書が作成される。

③搬送・搭載

ULDを搬送用の牽引車に載せ、貨物地区から駐機場まで運んだ後、搭載指示書に基づきULDを航空機内の指定された貨物スペースへ搭載する。ULDが搭載できない小型機材（ボーイング737型機など）の貨物室や、大型機材に設けられている「バラ積み貨物室」には貨物を1つ1つ手作業で積み込む。

④到着・搬送

便の到着後、航空機からULDやバラ積み貨物を取りおろし、貨物上屋へ搬送する。

⑤到着貨物の確認・引き渡し

ULDから貨物を取りおろし、貨物の状態を確認すると同時に、スムーズな引き渡しのための分別（仕分け）や保管を行う。国際貨物の場合はフォワーダーや荷受人による輸入通関・検疫後に貨物を引き渡す。

引き取りまでに日数がかかる場合、その間の保管や品質保持も航空会社が提供するサービスである。

図8-7 航空機からのコンテナ、貨物取りおろし（イメージ）

撮影：安彦幸枝

旅客機と貨物専用機

航空機には大きく分けて旅客機と貨物専用機があり、前者は機体下部貨物室に貨物を搭載する。後者は機内スペースの大半を使用できるため、同型の旅客機に比して多くの貨物を搭載することができる。ただし、1便で得られる収入が旅客機の場合は旅客収入と貨物収入の合算であるのに対し、貨物収入のみとなる面があり、貨物需要の変動に大きく影響される。

旅客機のみを保有する航空会社、旅客機と貨物専用機の両方を保有する航空会社、貨物専用機のみを保有する航空会社があり、各航空会社が機材数や機材タイプに応じて異なる戦略を持つ。

図 8-8 貨物専用機のイメージ

4 航空貨物マーケット

世界の貨物輸送量

世界の航空貨物輸送量は、各国の経済成長に伴い右肩上がりで推移しており、ICAOによると2018年の全世界の定期航空貨物輸送量は約5,800万トンであった。2009年のリーマンショックや2019年以降のCOVID-19による影響下では一時的な貨物輸送量の減少が見られたが、今後さらなる成長が見込まれている。

COVID-19による航空貨物輸送量の減少には、各国・地域で人の移動が制限されたことが大きく影響した。航空各社は渡航規制や急激な需要減から旅客便の運航数を削減せざるを得ず、航空貨物の需要に対し、輸送スペースが不足する事態に陥った。この間、貨物専用機の供給が逼迫(ひっぱく)したことはいうまでもないが、航空各社は旅客機を貨物専用便として運航するなど、新たな動きも見られた。

表 8-9 2018 年国際貨物輸送・取扱実績 エアライン・空港ランキング

順位	航空会社	百万トンキロ
1	エミレーツ	12,713
2	カタール	12,695
3	キャセイパシフィック	11,284
4	フェデックスエクスプレス	8,455
5	大韓航空	7,815
6	ルフトハンザ	7,391
7	カーゴルックス	7,322
8	シンガポール	6,491
9	UPS	6,252

順位	空港
1	香港
2	メンフィス
3	上海・浦東
4	ソウル・仁川
5	アンカレッジ
6	ドバイ・DXB
7	ルイビル
8	台北・桃園
9	東京・成田

順位	航空会社	百万トンキロ
10	中国国際	5,912
…		
16	全日本空輸	4,113
33	日本航空	2,410

順位	空港
10	ロサンゼルス

出典:IATA "World Air Transport Statistics"AIRPORT COUNCIL INTERNATIONA"Annual Traffic Data Cargo Summary"

日本発着の貨物輸送量

日本発着の国際航空貨物輸送量は、中長期的には成長が見込まれている一方で、国内航空貨物の輸送量は近年減少傾向にある。図 8-11 国土交通省航空局の統計が示す通り、国内線旅客数が右肩上がりで伸びているのと対照的に、国内線貨物輸送量は減少傾向にある。

これには、路線ごとの旅客需要に合わせて機材が小型化・多頻度化傾向にあることが関係している。特にボーイング777型機やエアバスA350型機といったワイド・ボディ機材から、ボーイング737型機などナロー・ボディ機材への小型化は、旅客座席数の減少率に比して貨物搭載スペースの減少率が大きく、合計座席数や便数が増えても貨物輸送量は下がる傾向にあることが見て取れる。

図 8-10　国内線・国際線の旅客数と貨物数の推移

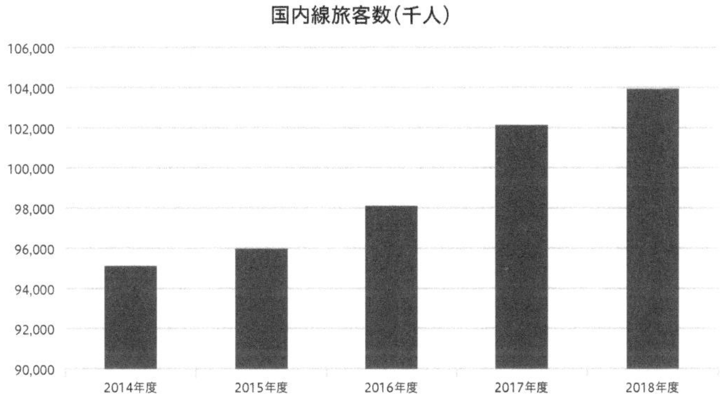

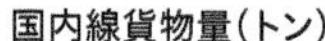

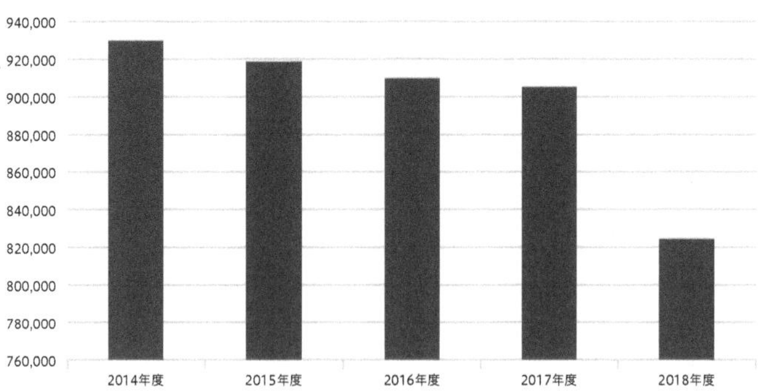

国際線旅客数(千人)

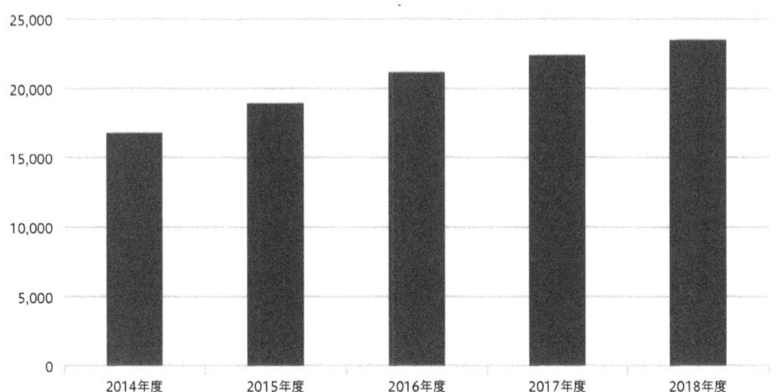

国際線貨物量(トン)

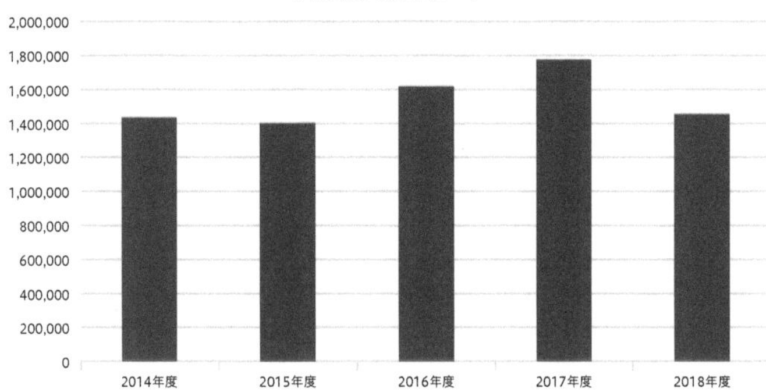

出典:国土交通省航空局「航空輸送統計 旅客数、貨物量の推移」
https://www.mlit.go.jp/common/001283407.pdf

貨物セールス・マーケティング

航空会社の貨物販売部門はフォワーダー、インテグレーター、企業、一般顧客に対してセールス活動を行う。上述の通りほかの輸送モードに比して高価格であるが、空輸することで商品に付加価値を与えることが可能であり、顧客要望に応じた輸送ルート、ハンドリング方法、価格の提示を行っている。往復を基本とする人の移動と異なり、貨物はほとんどが片道売りであるため、上り・下り両方の地点でそれぞれの顧客に対し販売活動を行っている。

事例研究 博多万能ねぎ(JAL)

JALは1978年から、当時では珍しい生鮮野菜の空輸を行っている。

代表的なものがJAあさくらの「博多万能ねぎ」。かつては生産地の近郊でしか販売できなかったが、航空貨物を利用することで鮮度を保った輸送を実現でき、全国区の商品になるきっかけとなった。パッケージの「鶴丸」ロゴも消費者への鮮度アピールに一役買っている。

図8-11 博多万能ねぎと「鶴丸」ロゴ

トランジット輸送

航空会社は空港間輸送を担っているが、出発空港と到着空港という2区間輸送だけではなく、経由により3区間、4区間での輸送も可能である。

国内貨物では羽田や福岡、那覇といった幹線空港を経由した輸送が多く見られ、国際貨物ではタイやベトナム、中国といった海外空港を出発し、日本を経由して米州やその他の地域へ輸送するケースが多い（中継地の日本では輸入通関は受けず、外国貨物の状態のまま第三国に発送する）。

また、自社が就航していない地域で航空貨物の販売を行い、トラックや他航空会社便で、自社便が就航する空港（オンライン空港）までつなぐサービス（オフライン・セールスと呼ぶ）

を提供する航空会社も少なくない。例えばJALは2020年現在、アムステルダム空港へ就航していないが、現地で貨物セールスを行い、定期便のある近隣のフランクフルト空港やパリ（シャルル・ド・ゴール）空港へトラックで転送し日本への空輸を行っている。

航空路線ネットワークが「Point to Point」と「Hub&Spoke」により構成されていることは、「第３章　ネットワーク戦略」で述べた通りである。

貨物も同様に各社がハブ空港を利用したネットワークを構築しているが、コスト、顧客利便性、発着枠などから旅客とは異なる空港がハブとして活用される場合もある。海外においてはFedExのメンフィス空港（米国南部のテネシー州）などが代表的である。日本国内における例としては、ANAが2009年に運用を開始した「沖縄ハブ」が挙げられる。飛行時間が４時間以内の圏内にアジアの主要空港をほぼカバーできる地理的優位性があり、これを活かした国際物流ハブである点が注目を集めた。

インターライン契約（Interline Traffic Agreement）

単一の航空会社では目的地までの輸送が完結できない場合、複数の航空会社によるインターライン輸送（乗り継ぎ輸送）が可能である。航空会社間での輸送・精算の方式などについては、「IATA Standard Interline Traffic Agreement – Cargo」マニュアル、もしくは航空会社２社間で締結される「Traffic Agreements」により決められている。

インターライン契約により、自社で就航していない路線についても自社貨物として販売することができ、貨物を輸送する他航空会社にとっても、自社ですべてのスペースを販売する必要がなく、両社にメリットがある。定期的に一定量の貨物輸送が見込まれている場合は、航空会社間で予めスペースを買い取る契約（BSA、Block Space Agreement）を締結する場合もある。

トピックス「J SURF」

JALの「J SURF」は、インターライン契約を活用したサービスの１つ。

従来、ハワイ線には航空貨物が非常に少なく空きスペースがあった。一方、日本からアメリカ本土向けは自動車部品など荷動きがいつも活発であり、空きスペースがほとんどない状況であった。「米国本土向けをハワイ（ホノルル）経由で運べないか」という検証を行ったところ、ハワイには毎日米国本土から生活物資が運ばれており、一方、ハワイから米国本土向けは、パイナップル・パパイヤといった農産物はあるもののスペースがかなり空いているということが分かった。そこで、ハワイと米国本土を結ぶ路線に就航している米国の航空会社に話を持ちかけ、ホノルルを経由する米国本土向け輸送サービスを開始し、現在も重要な役割を担っている。

エアラインチャーター

エアラインチャーターとは、航空会社（チャータラー）がほかの航空会社（オペレーティングキャリア）の航空機をチャーター（貸切契約）し、貨物や郵便を輸送する形態のことである。

自社所有の貨物専用機と比較し、その利点は以下の通りである。

・高い柔軟性。自社資源に縛られず、いつ、どの区間、どんな機材で、何便という顧客の要望に合わせた輸送サービスを提供できる。
・高い経済効率性。貨物専用機を保有せずとも輸送ニーズがある時だけチャーター運航ができる。
・自社便では応需できない輸送ニーズ（大口・超重量貨物、生体動物、救援物資、オフライン、フォーミュラ1や舞台装置などのイベント関連、そのほか）に対応できる。

日本の制度では、従来から貨物専用機のウェット・リース運航（他社の機材、乗員をリースし運航を委託する形態（航空法 113 条の 2「業務の管理の受委託」）が認められているが、制約が多く、運航前の審査に半年以上を要するため、チャーター便で活用することが困難であった。そこで自社貨物専用機所有の有無にかかわらず、顧客の多様なニーズに対して柔軟にサービスを提供できるよう、JAL が国交省へ規制緩和を要望した結果、2011 年にエアラインチャーター制度が解禁された。

空港貨物上屋でのサービス

空輸だけでなく、貨物上屋での保管・取り扱いも航空会社のサービスに含まれる。

例えば、温度管理が必要な品物を輸送する場合、空輸でいかに迅速に運んでも、到着後に、引き渡しまで時間を要した場合、商品が傷んだり、品質が低下してしまう可能性がある。特に医薬品については各国規制強化により、厳格な品質管理が求められるケースが増えている。

顧客が航空会社を選定する際は、地上ハンドリングも重要な要素となっている。

図 8-12 成田空港の冷凍室で行われる貨物チェックの様子

医薬品など、厳格な温度管理が必要な貨物のハンドリングを行う

課題

旅客運送におけるLCCのように、航空貨物でも低価格を売りにするサービス・事業は成り立つか。また、それを可能にするにはどういった条件や課題が想定されるか。さまざまな観点から考察せよ。

5 航空貨物のこれから

物流インフラとしての役割

近年、自然災害が増加傾向にあるといわれているが、災害時には救援物資の輸送やほかの輸送モードの代替として航空貨物が利用されている。2019 年に発生した COVID-19 の影響によって旅客需要は激減したが、航空貨物需要は旺盛であった。人々の生活を支えるとともに経済活動になくてはならない存在として航空貨物に注目が集まっている。

事例研究 災害時の輸送

・平成 29 年（2017 年）九州豪雨、平成 30 年（2018 年）西日本豪雨の際に鉄道が不通、航空貨物が代替輸送を担った。
・平成 30 年（2018 年）北海道胆振東部地震では、救援物資輸送のため各社が貨物チャーター便を運航した。
・JAL 取り組み事例：旭川空港・函館空港・新千歳空港へ合計 112 トン輸送
https://www.jal.com/ja/sustainability/community/disaster/

輸送品質の向上

各国で医薬品輸送に関する法整備が進む中、航空輸送における品質管理も厳格化されている。特に温度管理は大きな課題であり、空輸中のみならず空港上屋での保管時、トラックへの積み込み・積み降ろし時も含めたシームレスな管理が求められる。こうしたニーズを受け、各航空会社は特殊コンテナの導入や空港上屋でのハンドリングを含めた全体の品質向上に取り組んでいる。

図 8-13
蓄熱剤タイプの JAL オリジナル定温コンテナ

電子化の推進

日本では、輸出入通関は NACCS（Nippon Automated Cargo and Port Consolidated System）と呼ばれるシステムによってほぼ電子化されている一方、貨物航空会社とフォワーダー（または荷送人・荷受人など）との間では依然として電話や紙でのやりとりが残っており、双方の業務効率化の妨げになっている。

IATA が航空貨物運送状[4]の電子化（e-AWB 化）を推進するなど、各国で取り組みが進められている。

4　Air Way Bill、略して AWB。授受証を兼ねた貨物情報などが記載された書類。

地域社会へのさらなる貢献

海外での日本食への注目度の高まりや、国内における地域活性化の動きを背景に、航空貨物を利用した、地方発の農産物・水産物といった一次産品の海外向け、首都圏向けの輸送が活発化している。航空会社、フォワーダー、商社、市場、関連企業が互いの得意分野を活かした連携を進めており、従来2～3日を要していた輸送が翌日中、ものによっては当日中に完結するといった事例も数多く生まれている。

JALグループの商社であるJALUX社が手掛けるバンコク(タイ)の日本生鮮卸売市場「トンロー日本市場[5]」はその一例であり、新鮮かつ安全な日本産食材（鮮魚、野菜、果物、牛肉など）を、現地のレストラン、ホテル、卸・小売事業者へ安定的に提供するスキームを確立している。

図8-14　日本から空輸された鮮魚（トンロー日本市場）

航空機の速度が劇的に速くなっているわけではないにもかかわらず、航空貨物のスピード(産地から消費者の手に渡るまでの所要日数・時間）が進化していることは興味深い。

今後パートナー会社間、または業界全体でのシステム連携などを通じて、さらなるスピード輸送が実現される可能性は十分にある。

課題

「迅速性・安全性・定時性が高い一方、高コスト」という空運の特徴を踏まえ、今後どのようなものを航空貨物で取り扱うことがビジネス上有効か。あるいは、航空貨物を利用した新たなビジネスにはどのようなものがあるか。
自由な発想で考え、提案せよ。

5　2018年6月にオープンした、タイで初となる日本生鮮卸売市場。J VALUE CO., LTD.（株式会社JALUX出資）が運営。

第9章

グループ経営

1 グループ経営とは

皆さんはテレビなどで「日立グループ」「三菱 UFJ フィナンシャルグループ」など、企業名ではなく「○○グループ」という表現を目や耳にする機会が多いだろう。

事業の大規模化や多角化、グローバル化の中で、親会社を核に多数の子会社・関連会社で構成する企業集団（以下、「グループ」）として経営が行われることが、大企業を中心に一般的である。企業会計もこれに対応し、2000 年 3 月期決算より、親会社の単体決算中心からグループの連結決算を主とする制度へと移行した。連結決算には、親会社のほか、連結子会社および持分法適用関連会社の決算が反映される。

ちなみに、日立グループは 865 の連結子会社と 290 の持分法適用関連会社、三菱 UFJ フィナンシャルグループは 251 の連結子会社と 53 の持分法適用関連会社で構成されている（いずれも 2021 年 12 月 31 日現在）。

また、「○○ホールディングス」や「○○グループ本社」という会社名が増えてきたことにもお気付きのことと思う。これらの会社は自ら事業を行うのではなく、議決権（株式）保有を通じてグループ会社の事業を支配することを目的に設立された持株会社である。

例えば、ANA グループは 2013 年 4 月に持株会社制へ移行し、ANA ホールディングス株式会社が持株会社としてグループ全体の経営戦略立案やグループ各社の経営管理にあたっており、従業員数は 175 名にすぎない（2021 年 3 月 31 日現在）。ANA（全日本空輸）は ANA ホールディングスの連結子会社である。

また、JAL は 2002 年 10 月、株式会社日本エアシステムとの経営統合に際し、持株会社として株式会社日本航空システムを設立した（2004 年 6 月に株式会社日本航空へ商号変更）。一般的に、制度や文化の異なる 2 社を経営統合するに当たっては、持株会社の下で両社を存続させたまま統合する方が合併よりもハードルが低いことから、持株会社制が採用されることが多くある。なお、株式会社日本航空は 2010 年 12 月、経営破たん（2010 年 1 月）後の更生計画の一環として、組織構造をスリム化し経営の機動性・柔軟性を向上させることを目的に、事業会社である株式会社日本航空インターナショナル（現在の JAL＝日本航空株式会社）に吸収合併され、JAL グループにおける持株会社制は終了した。

トピックス 子会社・関連会社とは

A 株式会社が B 株式会社の議決権（株式）の過半を保有する場合、原則として A 社は B 社の親会社、B 社は A 社の子会社となる。A 社の議決権比率が 50％以下であっても、A 社が事業・営業・財務などの面で B 社を実効的に支配している場合は、B 社は A 社の子会社となる。子会社の決算は親会社に連結されることが基本だが（連結子会社）、グループにおける当該子会社の重要性が低いと判断される場合には連結されない（非連結子会社）。

A 株式会社が C 株式会社の議決権（株式）の 20％以上 50％以下を保有する場合（子会社である場合を除く）、原則として C 社は A 社の関連会社となる。A 社の議決権比率が 20％未満であっても、A 社が C 社の経営方針決定に対して大きな影響を持っている場合は、C 社は A 社の関連会社となる。関連会社の決算は、A 社持分（出資比率）相当額を連結決算に算入することが基本だが（持分法適用関連会社）、連結決算に重要な影響を与えないと判断される場合には算入されない（持分法非適用関連会社）。

親会社、子会社と関連会社を総称しグループ会社という。

2 グループ会社設立の目的

グループ会社の態様は、事業や製品別に切り出されたもの、地域ごとに分割されたもの、他社との合弁に伴って設立されたものなど多様である。ここでは、専門性・地域性・効率性の 3 つの視点からグループ会社設立の目的を考察する。

(1) 専門性

専門的な知識や技術を要する職種について、必要な人財を計画的に採用・育成するケースで、業務領域を特定した社員のキャリアパスが描きやすい点、社員のプロフェッショナルとしての能力・実績や業界標準に見合う労働条件の設定や処遇がしやすい点がメリットである。IT 子会社などがこのケースに当たる。

また、他社と合弁で事業を行う場合、その事業に特化した会社を設立し、専門性や経営の自立性を高めて、合弁による相乗効果を最大限に引き出そうとすることも、一般的に行われている。

(2) 地域性

地域別に子会社を設立するケースで、各地域において社員を採用し、転居を伴う異動を実施しないことによって、地域に密着し顧客との接点を深めることができる点、働きやすい条件を整えることで安定的な事業運営に資する点がメリットである。自動車をはじめとする販売会社やメーカーの工場などがこのケースに当たる。また、その地域の物価、居住環境に合わせた賃金制度や水準を柔軟に設定できる利点もある。

特に海外拠点については、労働法制や慣習が日本とは大きく異なること、現地企業との合弁によって事業を展開することが多いこと（外資規制により独資での運営ができない場合もある）から、国別に子会社を設立するケースが多い。

(3) 効率性

子会社は親会社と比較して規模がかなり小さいことが一般的で、意思決定に要するプロセスや時間が大幅に短縮されるメリットがある。

子会社の経営の自立性を高めることによってこのメリットは大きくなる一方、グループとしてのガバナンスの観点から親会社による管理も一定度必要であり、自立性と管理のバランスをどのように取るかはグループ経営において大きな課題である（この点については後述する）。

3 航空会社におけるグループ経営

航空会社の業務はさまざまな職種のプロフェッショナル集団から構成されていること、国内外に乗り入れ拠点が多数存在することから、多くの子会社・関連会社を擁するグループ経営が行われている。

日本の航空業界の歴史を振り返ると、JAL が設立された翌年の 1952 年に、最初の子会社として日本航空整備が設立された。同社は 1963 年に JAL に吸収合併されたが、航空機整備部門は 1983 年より再び段階的に子会社化が進められ、2009 年に整備系の子会社を統合し JAL エンジニアリングが設立されて、JAL から航空機整備に関する業務の大半を受託することとなった。

図 9-1　JAL エンジニアリングの航空機整備工場

至近の JAL の連結子会社は 55 社、ANA ホールディングスの連結子会社は 56 社である（いずれも 2021 年 3 月 31 日現在）。

以下、領域ごとに、JAL と ANA のグループ会社の特徴的な点を解説する。

グループ航空会社

航空事業では、両社とも国内の地方路線を主に担う会社や LCC を子会社としている。ジェイエアと ANA ウイングスは小型航空機に特化することで効率的な路線運営を図っている。日本エアコミューターと日本トランスオーシャン航空はそれぞれ奄美群島と南西諸島を中心に運航しており、地元の自治体（前者は奄美群島の 12 市町村、後者は沖縄県）が出資していることが特徴で、地元に密着した経営を行っている。

図 9-2
日本トランスオーシャン航空（ボーイング737-800型機）

また、ピーチ・アビエーションと ZIPAIR Tokyo は LCC で、FSC とはビジネスモデルが異なることから、ブランドを含めて一線を画す意味で子会社としている。なお、アジアのリゾート路線を担うエアージャパンについては、ZIPAIR Tokyo に対抗する中距離 LCC の母体となることが、2020 年 10 月、コロナ禍後の ANA グループの新しいビジネスモデルの 1 つとして発表された。

表 9-3 JAL グループと ANA グループの主な連結子会社

親会社	JAL	ANA ホールディングス
航空事業	(株)ジェイエア 日本エアコミューター(株) 日本トランスオーシャン航空(株) (株)ZIPAIR Tokyo ほか	全日本空輸(株) (株)エアージャパン ANA ウイングス(株) Peach Aviation(株) ほか
空港地上業務	(株)JAL スカイ (株)JAL スカイ札幌 (株)JAL スカイ大阪 (株)JAL スカイ九州 JAL スカイエアポート沖縄(株) (株)JAL グランドサービス (株)JAL グランドサービス札幌 (株)JAL グランドサービス大阪 (株)JAL グランドサービス九州 ほか	ANA エアポートサービス(株) ANA 成田エアポートサービス(株) ANA 新千歳空港(株) ANA 中部空港(株) ANA 大阪空港(株) ANA 関西空港(株) ANA 福岡空港(株) ANA 沖縄空港(株) ほか
航空機整備	(株)JAL エンジニアリング (株)JAL メンテナンスサービス ほか	ANA ベースメンテナンステクニクス(株) ANA ラインメンテナンステクニクス(株) ANA コンポーネントテクニクス(株) ANA エンジンテクニクス(株) ANA エアロサプライシステム(株) ほか
空港車両整備	(株)JAL エアテック	全日空モーターサービス(株)
貨物事業	(株)JAL カーゴサービス 日航関西エアカーゴ・システム(株) (株)JAL カーゴサービス九州 JUPITER GLOBAL LIMITED ほか	(株)ANA Cargo (株)OCS ほか
機内食	ジャルロイヤルケータリング(株)	(株)ANA ケータリングサービス
旅客販売・旅行事業・マイレージ	(株)ジャルセールス (株)JALJTA セールス (株)ジャルパック (株)JAL マイレージバンク ほか	ANA あきんど(株) ANA X(株) ほか
予約	(株)JAL ナビア	ANA テレマート(株)
情報	(株)JAL インフォテック ほか	ANA システムズ(株) (株)インフィニ トラベル インフォメーション ほか
その他	JAL ビジネスアビエーション(株) (株)JAL ブランドコミュニケーション (株)ジャルカード JAL ペイメント・ポート(株) JAL デジタルエクスペリエンス(株) JAL Agriport(株) ほか	ANA ビジネスジェット(株) 全日空商事(株) Avatarin(株) ANA ビジネスソリューション(株) (株)ANA 総合研究所 ほか

第9章 グループ経営

「分業型」グループ会社

①空港

図 9-4 航空機の誘導

空港地上業務では、主要空港やエリアごとに子会社が設立され、地域性を重視した経営が行われている。JAL は専門性を重視して旅客サービスとグランドハンドリングを別会社としている（沖縄を除く）一方、ANA は別会社であった両業務を、国内主要空港の機能強化を目的に、2010 年以降、順次一体化した。

②整備

航空機整備では、ANA は現業部門を機能別に子会社化しているが、JAL は JAL エンジニアリングが現業部門のみならず JAL の整備本部機能も担っている。

一方、貨物では、JAL の子会社は空港での貨物ハンドリングやロジスティクス事業など現業部門の業務が中心だが（Jupiter Global Limited を除く）、ANA Cargo は貨物事業の中核会社と位置付けられており、オペレーションだけでなく戦略立案、商品開発、セールスといった貨物本部機能をも担っている。

③ IT・システム

情報に関しては、JAL インフォテック、ANA システムズともにグループ内の ICT 中核企業であるが、ANA システムズが業務範囲をグループ内に特化しているのに対し、JAL インフォテックはグループ外の企業などからも受注している。また、インフィニ トラベル インフォメーションは、旅行会社が航空会社・ホテル・レンタカーなどの予約・発券を行う GDS の提供を主な事業としているが、JAL の子会社で同様の事業を営んでいたアクセス国際ネットワークは、グローバルな競争が激化する中で 事業継続が困難な状況となったことから、2021 年 3 月末をもって営業を終了した（「第 6 章 マーケティングと商品・販売戦略」を参照）。

以上は、航空事業を営む上で不可欠な業務を専門性・地域性・効率性の観点から切り分けた「分業型」のグループ会社である。

「戦略型」グループ会社

一方、航空事業以外の領域に進出するために設立された以下に述べるグループ会社は「戦略型」ともいえるものであり、航空会社が航空事業の「一本足打法」から脱却し、イベントリスクへの耐性を高めて経営を安定化していくため、収益の1つの柱として大きく成長させていくことが喫緊の課題となっている。

①既存事業領域

既存事業においてJALは、クレジットカードを発行するJALカード（三菱UFJ銀行との合弁）、プリペイドカードを発行するJALペイメント・ポート（SBIグループとの合弁）を通じてカード・金融事業を営んでいる。これは、JALマイレージバンクが営むマイレージ事業とともに、顧客の日常生活のさまざまな場面においてサービスや付加価値を提供することによって、航空機利用の有無にかかわらず収益を確保する有効な手段である。

図9-5
JALペイメント・ポートの国際プリペイドカード「JAL Global WALLET」

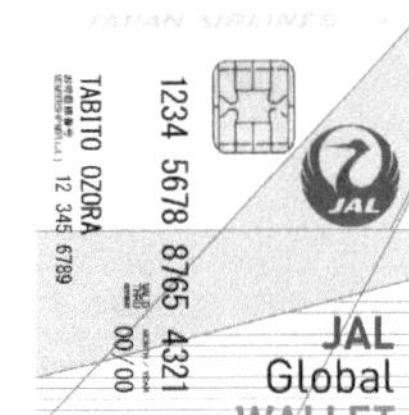

ANAグループは2020年10月に発表した「新しいビジネス・モデル」の中で、蓄積してきた顧客データとANAアプリやホームページなどのデジタルタッチポイントを活用したプラットフォーム・ビジネスを具現化し、ANAグループ全体で顧客のライフタイム・バリューの最大化を図って、航空にとどまらない価値の創出を目指すとしており、ANA Xをその中心に据えている。[1]

②新規事業領域

新規事業では、ビジネスジェットのチャーター事業がある。ANAは2018年に総合商社の双日と、JALは2019年に同じく総合商社の丸紅と合弁で、相次いで子会社を設立した。4～19席程度のビジネスジェットは、COVID-19の全世界的な流行を受け、感染リスクを抑えられることからも注目され、今後の需要の伸びが期待される。

ANAは2018年にアバター（遠隔操作ロボット）の開発に着手し、2020年にANAグループ初のスタートアップ企業としてavatarin（アバターイン）を設立した。同社はアバターや、そのプラットフォームであるavatarinを利用したサービスの開発や提供を事業として展開している。

目先の変わったところでは、JALは2018年に農業に進出した。千葉県を中心に多角的に農業を営む株式会社和郷と合弁で、いちご狩りや芋掘りなど収穫体験のできる観光農園や、地元の農産品をふんだんに使った古民家風レストランを成田空港の近傍で営業し、人気を集めている。農業を通じて地域や人とのつながりを深めることも、同社の大きなミッションの1つである。

1　ANA HOLDINGS NEWS 第20-029号、2020年10月27日より。

トピックス JAL が農業に進出したのはなぜ？

JAL が JAL Agriport（JAL アグリポート）を設立し、成田空港の近傍(きんぼう)で農業に進出した理由は、主に次の 3 点である。

・成田空港を利用する訪日外国人を誘致し、収穫体験の機会を提供するとともに、新鮮でおいしい日本の食材を味わっていただく。
・収穫した農産物や農産物を加工したオリジナル商品に関して、機内食やラウンジでの提供はもとより、国内・海外（成田空港からの空輸も）での販売を目指す。
・後継者のいない休耕農地を活用するとともに、農業を通して成田空港の周辺を中心に千葉県内の各地域や人とのつながりを深め、地域活性化に貢献する。

図 9-6
いちご狩り施設と
オリジナル商品

図 9-7
古民家をリノベーションした
レストランとオリジナル焼酎

さて、ここで海外に目を転じてみよう。主要航空会社の中で最も活発にグループ経営を展開しているのは、ルフトハンザドイツ航空である。ルフトハンザグループは世界中の約 550 社の子会社・関連会社で構成され、航空会社のほか、航空事業に関係する分野の会社を多くカバーしている。航空会社では、スイス インターナショナル エアラインズ、オーストリア航空、ブリュッセル航空（ベルギー）、LCC であるユーロウイングス（ドイツ）、貨物航空会社であるルフトハンザ カーゴ（同）を傘下に収めている。そのほか、世界各地に拠点を持つ大手機内食会社（LSG スカイシェフ）や大手航空機 MRO（Maintenance, Repair & Overhaul）会社のルフトハンザテクニーク、航空系 IT 会社を代表するルフトハ

ンザシステムズなどの有力企業もルフトハンザグループの一員である。

また、ブリティッシュ・エアウェイズ（英国）、イベリア航空（スペイン）、エアリンガス（アイルランド）、スペインのLCCであるブエリング航空とレベルは持株会社 インターナショナル・エアラインズ・グループ（IAG）の、エールフランスとKLMオランダ航空は持株会社エールフランス-KLMのそれぞれ傘下にあり、ヨーロッパでは大手航空会社のグループ化が進んでいる。

4 グループ経営の考え方

以下、親会社がどのような考え方や仕組みの下でグループ経営に当たるかについて述べる。

グループ経営の考え方について、『企業あるいは企業グループの経営組織としては、集権化と分権化の二つが認められる。しかし現実には、完全な集権化も分権化も存在しない。現実の企業はその中間的形態を取っている。』とされている（『わが国経済の成熟化と「グループ経営」の戦略的重要性』159ページ 牧戸孝郎（日本情報経営学会誌 2010 Vol.30, No.4））。また、『集権化は主として「最適資源配分」のために必要とされ、分権化は主として「管理者の効果的動機づけ」（ならびに「意思決定の迅速化」）のために必要とされる』とも論じられている（同、160ページ）。

集権化に最も近いのは、親会社が子会社のヒト・モノ・カネのすべてを握り、あたかも自社の一部門のごとく箸の上げ下ろしまで指示するケースで、「分業型」の子会社に対して行われがちである。逆に、分権化に最も近いのは、親会社が子会社の経営者の判断にすべて委ね、放任するケースで、「戦略型」の子会社に対して行われる傾向がある。

グループ経営の目的はグループ全体としての企業価値を高めることにあり、グループ各社にパフォーマンスを最大限に発揮させ（個別最適）、その総和としてのグループ業績を極大化する（全体最適）ことを目指している。しかしながら、個別最適（部分最適）と全体最適を両立させることは決して容易ではない。

この点について、『一企業の内部組織で生じるときよりも、企業グループ全体で生じる全体最適と部分最適の調整の方がより難しい。第1に、企業グループの構成要素はそれぞれが独立した企業であるために、必ずしも親会社の意向に従うわけではない。第2に、個々の企業の評価が利益に関連した指標で行われる限り、企業グループを構成する企業が自社の利益の最大化を図ることを止めることは難しい』との見解が示されている（『企業グループの全体最適と部分最適』125 ページ 園田智昭（三田商学研究 第 56 巻第 6 号、2014 年 2 月））。

集権化と分権化をいかにバランスさせて個別最適と全体最適を両立させるか、同時にグループとしてのガバナンスをいかにして確保するかが、どの企業グループにも当てはまる経営上の大きな課題である。

5 JAL グループの事例

この項目では、JAL における事例をケーススタディーとして採り上げ、グループ経営の考え方ならびに諸制度の設計と運用について具体的に解説する。

グループ運営の変遷

まず､JAL グループ運営の歴史を大まかに振り返る。JAL のグループ運営は 3 つのフェーズに大別することができる。

①放任経営期（1980 年代～ 1990 年代半ば）

ホテル・リゾート開発など、急ピッチで航空以外の事業を拡大したが業績は振るわず、大きな損失を計上して事業から撤退した。1998 年、資本準備金など約 1,500 億円を取り崩すこととなり、企業価値と投資家からの信用を失う結果となった。当該事業を経営するノウハウの不足に加え、親会社によるガバナンスが欠如し、リスクをコントロールできなかったことが主因と考えられる。

②中央集権期（1990 年代～ 2000 年代）

空港地上業務など「分業型」子会社が増加した時期で、放任経営期（上記①）への反省もあり、親会社によるヒト・モノ・カネの集中管理が行われた。「分業型」子会社はコストセンターと位置付けられ、相次ぐコスト削減施策で収支や生産性の改善に一定の効果はあった。しかし、親会社の強いコントロールの下で子会社の経営の自立性が乏しくなり、結果的に子会社社員のモチベーションが上がらず、親会社との一体感や信頼関係が損なわれることとなった。

③自立経営期（2010 年代以降）

2010 年 1 月の経営破たん後、子会社の位置付けをプロフィットセンターに変え、子会社は親会社との市場価格に基づく契約の下で公明正大に利益と品質を追求することとなった。新設した「グループ会社管理規程」などのルールに基づいて、子会社には自立的かつ健全な経営が求められることとなり、親会社は子会社への経営支援とガバナンス確保を実施する体制に移行した。

グループ経営を支える仕組み

子会社の自立的かつ健全な経営の下でグループの企業価値を最大化するため、親会社、子会社の関係を規定する以下の制度を導入した。

①基本協定書

親会社・子会社間の基本的関係を明示した協定書で、すべての子会社と締結している。

子会社が順守すべきグループ共通の規程類、親会社の事前承認を要する経営上重要な案件、親会社に報告すべき事項などを規定しており、親会社・子会社双方の役割と権限を明確に定めることによって、子会社の自立的経営を担保するとともに、ガバナンス確保の根拠としても重要な役割を果たしている。

②グループ間取引ルール

子会社がコストセンターであった時期の親会社と子会社との業務受委託契約は、基本的に経費をベースにしていた。すなわち、予算上の経費に若干の利益を上乗せした金額で年度ごとに契約を行っていたので、子会社からすれば赤字にはならないという安心感はあった。一方、生産性を向上させ経費を圧縮したとしても、翌年度の契約は圧縮された経費をもとに締結されるので、生産性向上や経費削減のインセンティブが働かず、むしろ収入が減少し自分で自分の首を絞めることになりかねないのが実態であった。

このことは、『企業グループ内に非対称的なパワー関係が存在し、それによってリターンが平準化される、もしくは親会社の業績のために犠牲となるといった日本的なグループ経営が行われれば、それを通じて（中略）、コストを削減し収益性を高めても、そのような利益の平準化や親会社の犠牲の対象となることによって、企業努力を行う意欲は低下してしまうであろう。』と指摘されているところでもある（『グループ内企業の取引構造とパフォーマンス』9ページ 稲村雄大（産業経営 34、2003年））。

そこで、コストではなく市場価格をベースとした契約を締結することをルール化した。同様の業務をグループ外の企業に発注した場合の金額で契約することが基本なので、子会社の要する経費が他企業より低ければ利益が増加し、逆に高ければ利益が減少することになる。子会社が創意工夫を重ね、生産性を上昇させればその分利益が増えることから、改善のインセンティブが働く。一方、経費が他企業より高く、赤字が続けば事業を継続できなくなる（親会社には子会社と契約することを義務付けていない）。子会社にとってはやりがいのある制度である一方、市場価格を実現できなければ退出を迫られる厳しい面もある。企業努力の結果、子会社の市場競争力が高まり、グループ外の顧客からの受注を増やし、業績をさらに伸ばした事例も少なくない。こうして各社の業績向上がグループ全体の価値向上につながり、個別最適と全体最適を両立させている。

なお、契約に当たっては、親会社と子会社が対等の立場で交渉することも求めている。親会社が、資本関係上優位な立場にあることを利用し、もしルールを逸脱した契約を子会社に強いるようなことがあれば、子会社の自立的経営を阻害することになり、結果、全体最適を実現できなくなるからである。『企業グループにおいて「部分最適 を追及した結果としての全体最適」を達成するためには、協調もしくは貢献を、依存や犠牲と明確に区別することが重要となるであろう』と指摘されている通りである（『グループ内企業の取引構造とパフォーマンス』17 ～ 18 ページ 稲村雄大（産業経営 34、2003 年）。

③配当ルール

子会社も株式会社である以上、最終的な利益から株主へ配当を行う。配当性向（最終利益に占める配当金総額の比率）をルールで定めることにより、親会社と子会社の間で適切に利益を配分することが目的である。

子会社が経営努力を重ねて利益を上げても、親会社がそのすべてを配当として吸い上げてしまえば、子会社経営のインセンティブは働かなくなってしまう。一方、子会社が、投資などの使途がないのに内部留保を積み上げてしまうと資金効率が悪化し、全体最適に反することになる。

したがって、子会社の成長投資の原資を確保した上で、最大限の株主還元を行うことをルール化し、個別最適と全体最適を両立させようとしている。

業績報告会

JAL のグループ経営の主な制度的枠組みは上述の通りだが、子会社が自立的かつ健全な経営を実現していく上で欠かせないのは、親会社・子会社間の経営レベルでの密なコミュニケーションである。経営ミッションや年度計画の策定の際の協議はもちろんのこと、JAL で特筆されるのは、業績報告会を毎月開催していることである。

業績報告会では、子会社各社の社長が、JAL の経営陣の前で前月の実績とともに今後の見通しや課題、それに対する打ち手を発表する。それに対し、出席者から質疑が行われるとともに、打ち手に関する提案や、部門間・会社間での協力の申し出がなされることもある。子会社社長にとっては「道場」のように厳しい修練の場であると同時に、経営者同士が切磋琢磨し、互いを高め合って各社やグループの企業価値向上を目指していくための大事な場として定着している。

また、業績報告会の前後に、子会社各社の中で同様の報告会の場が設けられている。経営者と社員が経営数字や課題を共有するとともに、課題解決に向けて社員が自ら考え、行動することを促す。全社員の自発的、創造的な行動が、自立的な経営を実現していく上で、大変重要な要素である。

6 グループ経営の課題

経営環境の変化が速度を増している中において、タイムリーに戦略を立案し、スピーディーに実行していくことが、どの企業にもますます求められている。

制度上の課題

事業領域が専門化され、意思決定プロセスが効率化された子会社は、親会社に比べ、機動的に施策を展開できるメリットがある。このメリットを活かすためには、子会社各社の経営の自立性を高めていくことが必要である。グループ経営の制度を、業態に合わせて柔軟に適用していくべきと考える。

例えば、同じ子会社でも、生産ラインを安定的に担う企業と、スタートアップ企業とでは、スピード感もリスクも大きく異なる。制度を一律に適用するのではなく、特に後者に対してはリスクを限定しつつ投資のハードルを下げるような仕組みにすべきではないか。

同時にガバナンスを確保していくことが求められるが、そのためには、企業グループとしての経営理念、世界観、共通の価値観といったものを、グループに集うすべての会社の経営者、社員が強く意識することが一層重要になる。

新規事業への課題

どの企業も新規事業への進出を企図しているが、特に航空事業においては、前述の通り「一本足打法」からの脱却が喫緊（きっきん）の課題となっている。

事業領域を拡大することにより、ボラティリティリスクを軽減させることができるが、進出する領域が航空事業から遠ければ遠いほどその効果は大きくなる。一方、ノウハウの乏しい領域への進出は経営リスクが高いことは、JALの「放任経営期」が証明している。

新規事業に進出する際の要点は、既存事業で培ったノウハウやアセットを強みとして最大限活用し、かつ、自社の弱みは他社とのパートナーシップを強化して補うこと、および、事業開始前に十分な準備を行うとともに事業開始後の撤退基準を設けリスクを限定することの2点であると考える。特に前者については、新たに子会社を立ち上げるにあたり、グループ経営の制度設計と運用をどう考えるかが重要である。

また、異なる分野の事業を結合することによって新たな価値を創造することができる。その種を見つけるためには、関係の深いグループ内の会社同士はもとより、他企業とのコミュニケーションの機会を増やし、情報交換を密にすることが求められる。

グループとして企業価値を高め、持続的に成長していくためには、こうした観点からグループ経営のあり方を絶えず見直し、それぞれのグループに最適な形を模索し具現化していくことが不可欠である。

トピックス　アフターコロナに向けた「航空一本足打法」からの脱却

JALはコロナ禍下の2021年5月7日に「2021～2025年度JALグループ中期経営計画」を発表した。

コロナ禍によるマーケットの変化、すなわち、ビジネス需要の回復が遅延する一方で、観光・訪問（VFR、Visiting Friends and Relatives）需要が先に回復するであろう航空需要の構造変化と、eコマース市場の成長やパーソナルサービスへのニーズ増大といった消費者行動の変化を踏まえ、①FSCの収益性向上、②LCCマーケットの開拓、③貨物郵便事業の安定的な収益拡大、④マイレージ・ライフスタイル事業への展開の4点を骨子に掲げた。

特に④については、マイレージ事業、金融サービス、コマース（物販）、地域事業、次世代エアモビリティ（ドローンや空飛ぶクルマ）を中心に、航空以外の収益の柱とすることがうたわれている。

ANAも同様に、「マイルで生活できる世界の実現を目指す」とし、物販事業や地域事業の展開に力を入れることを発表している。

図 9-8 JAL グループの強みと事業領域

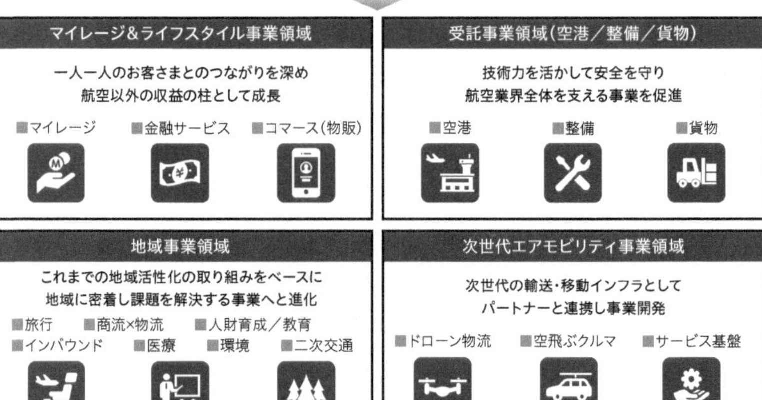

出典:2021-2025年度JALグループ中期経営計画

課題

あなたが子会社の社長であるとしよう(業種は自分で決めて構わない)。
グループの業績が悪化し、連結営業利益率が計画の15%を大幅に下回って5%程度まで落ち込む見通しとなったことから、親会社があなたの会社に対し、提供する商品(サービス)の品質を維持しつつ、親会社との契約単価を5%切り下げるよう求めてきた。
さて、あなたは社長として、どのように対応するか。取るべき方策、親会社との交渉、社員に対するコミュニケーションについて、考察せよ。
なお、あなたの会社の現在の営業利益率は10%とする。

第10章

安全とリスクマネジメント

1 航空会社にとっての「安全」

安全とは「命を守ること」

ボーイング777-300ER型機などの大型機では、飛行重量が300トンを超える。これだけの重量物が、地上を離れて音速近くで飛行するのであるから、その運航中に不測の事態が発生すれば、それは時に多くの人命にかかわる。

このため航空輸送を担う航空会社にとって、安全運航は人命を守ることにほかならず、この安全の確保こそが航空会社の責務であり、経営の大前提である。安全運航の実現には、航空機の信頼性を高めるとともに、パイロットや保安要員である客室乗務員の知識・技量に加えて、飛行計画や運航管理といった運航支援、機体整備の管理システムの構築、さらにはこれらを担う人財育成や組織管理に至るまで、総合的な安全管理の仕組みとその実践が求められる。

なお、ICAOは「安全」を「航空機の運航に関連するリスクが軽減され、許容レベルに制御されている状態」と定義している。これはリスクの存在を認めた上で、リスクのレベルを合理的に許容範囲に抑制する、リスク管理の考え方の前提となるものである。

航空輸送の発展と事故との闘い

航空の安全を考える上で、これまでの航空事故の歴史を簡単に振り返っておきたい。人類の動力飛行の歴史は、ライト兄弟がライトフライヤー号で初飛行を成し遂げた1903年にさかのぼる。その歴史はまだ約120年にすぎないが、初動力飛行の成功からわずか44年後には、チャック・イェーガー氏がベルX-1に乗り、人類史上初めて音速を超え、さらにその28年後の1975年にはコンコルドが就航し、音速の旅が現実のものとなる。この目覚ましい技術の進歩を背景として航空輸送はまさに飛躍的な発展を遂げる。だが、それは同時に事故との闘いの歴史でもあった。

図10-1は、1960年代から現代までの航空事故（死者・重傷者の発生事象）の推移を示している。折れ線で示される事故の発生率は低下傾向をたどり、1960年代と比較すると近年では格段に低下している（1960年代は100万便当たり、約10回であったところ、現在は0.2回、約50分の1に低下）。しかし、事故件数は年間10件程度で、その傾向に大きな変化はないように見える。

図 10-1　世界の航空事故の推移（1959 ～ 2019 年）と安全施策の進化

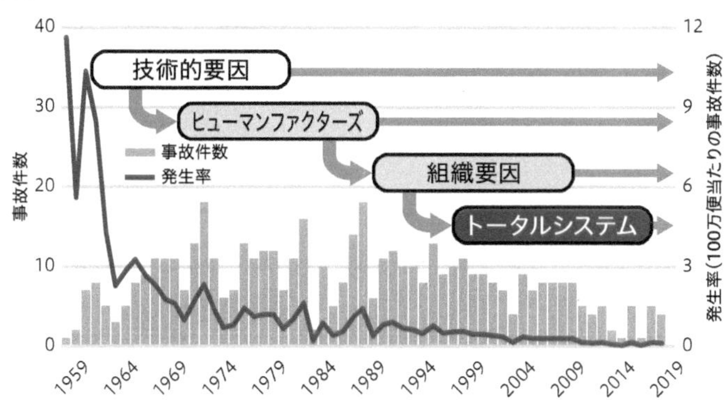

出典：Airbus, A Statistical Analysis of Commercial Aviation Accidentより作成

では、なぜ事故件数はそれほど減らないのか。その理由は航空輸送の発展にほかならない。運航便数は、事故発生率の低下を上回るペースで増加し続けている（2019 年の世界の運航便数は約 3,900 万便、この 60 年間で実に 100 倍の規模にまで拡大）。もし、この大幅な発生率の低減がなければ、事故件数は現在の 50 倍になり、毎日、世界のどこかで死亡事故が発生する水準に達していたことになる。

言い換えると、この安全性向上がなければ、ここまで航空輸送が発展することもなかったであろう。現在の航空の発展は、先人たちが事故に向き合い、安全性を追求し続けてきた積み重ねの上にある。

安全性向上の歩み

では、先人たちはどのように安全性を高めてきたのか。その基本となるのは、事故を繰り返さないために、事故の教訓に学び、再発防止に活かすということである。それには、事故の事実関係を正確に把握した上で、原因を究明し、対策を立案・実行して事故原因を解消するプロセスが必要となる。その実践により、1 つずつ安全上のリスクが低減され安全性が高まっていく。

こうした航空における安全性向上への取り組みは、時代とともに新たな課題に挑戦しながら、段階的に進化してきた。

次に、それぞれの時代に顕在化した課題を見ていこう。

(1) 技術の時代

かつて、航空事故には、機体構造の疲労破壊による空中分解をはじめとして、発展途上の技術的な要因によるものが多く見られた。しかし、事故調査で技術的な欠陥を究明し、設計改善やシステム改良などの技術面の進化や安全規制の強化により、航空機の信頼性は年々高まり、事故は減少していった。

事例 -事故に学ぶ- コメット連続墜落事故(与圧胴体の疲労破壊)

1952年、世界初のジェット旅客機として就航した英国デハビラント社のコメットMk. I型機は、就航から約1年後、インド・カルカッタ空港からの離陸直後に激しい雷雨の中で墜落し、乗員・乗客43名全員が亡くなった。その約8カ月後の1954年1月、ローマ発の同型機は離陸20分後、高度約27,000フィート（約8,200メートル）で突然連絡を絶ち、エルバ島付近の海上で墜落が確認された。

この連続事故により同型機は運航停止となる。機体構造の疲労亀裂が疑われたが、根本原因の特定に至らないまま同年3月に運航が再開された。しかし、そのわずか2週間後、悲劇は繰り返される。同型式の耐空証明は停止され、実機の胴体を水槽に入れて繰り返し荷重試験が実施された。その結果、胴体窓からの疲労亀裂の進展が特定され、その後、海底から引き揚げられた機体残骸からも疲労亀裂の痕跡が確認された。同型機の開発段階では疲労強度の実証試験が実施されていたが、供試体がそれ以前の耐圧試験で材料特性が変化していたこと、また、胴体窓への応力集中も、胴体曲率により開発者の想定をはるかに上回るものであったことなど、開発段階での技術検証の不足が判明している。

図10-2
圧力テストを行うコメット機

図10-3
コメット機の前方脱出ハッチ

出典：FAA(Federal Aviation Administration),Lessons Learned From Civil Aviation Accidents Home, De Havilland DH106 Comet1

(2) ヒューマンファクターズの時代

1970年代初頭、航空は技術の進歩を背景に、より安全な輸送手段になり、安全への取り組みは、人と機械のインターフェースを含むヒューマンエラーにかかわる要因（ヒューマンファクターズ、以下HF）に広がっていった。事故だけでなくヒューマンエラーが要因となる不安全事象も調査対象とし、HFの要因分析によって、訓練内容の見直しや、ルール・手順の明確化などの対策を講じることで事故はさらに減少した。

図10-4 HFの概念図（SHELモデル）

HFの要素	エラーの要因
S：ソフトウェア	規定、作業手順書など
H：ハードウェア	施設、設備、器材、ツールなど
E：環境	照明、騒音、気温、湿度など
L：周りの人	コミュニケーション、作業指示など
L：本人	知識不足、確認不足など

出典：フランク・H・ホーキンズ機長のSHELモデルより作成

事例 -事故に学ぶ- ロッキードL-1011全エンジン停止

1983年、イースタン航空855便はバハマに向けてマイアミ空港を離陸した。15,000フィート（約4,600メートル）を降下中にNo.2エンジンの油圧が低下し、エンジンが停止した。マイアミへの引き返し中にさらにNo.1とNo.3エンジンの油圧が低下し、フレームアウト（燃焼停止）して、全エンジンが停止した。機体は13,000フィート（約4,000メートル）から降下を続けたが、No.2エンジンの再起動を試み、4,000フィート（約1,200メートル）付近で辛くも起動に成功し、深刻な危機から脱した。

原因は、3つのエンジンに対して、作業者が実施したエンジンオイルの不純物を検出する小さな部品（図10-5）の交換作業において、シールの取り付けを忘れたことであった。ここからオイルが漏れ出しエンジン停止に至った。

作業者の単純なヒューマンエラーが複数系統に影響を与えて全エンジンが停止する危機的状況を招いた。

図10-5 エンジン停止を引き起こした部品

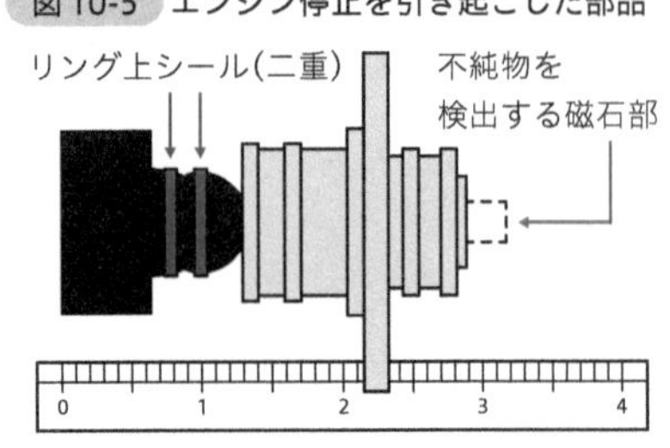

出典:NTSB(National Transportation Safety Board) Eastern Airlines Final Reportより作成

(3) 組織の時代

それまでの安全施策の進化で事故は大きく減少したが、発生率は下げ止まりとなり、将来の運航規模拡大に伴う事故増加への危機感が高まった。1990年代半ばからは、さらなる安全性向上に向けて、従来の技術的な要因やHFだけでなく、その背景となる組織にかかわる要因を含めて体系的に安全を管理する時代へと進化する。

トピックス 組織事故の考え方

安全管理の基本となる安全管理システムは、英国のジェームズ・リーズン博士の論文「組織事故」の考え方に基づいている（図10-6）。

危険な要素が事故に至るのを防ぐために防護壁があり、この防護壁を重層化することによって事故を防止する。その代表的な防護壁には「技術」「訓練」「規則」がある。

しかし、それらの防護壁をぜい弱にする要素として、「人」「職場」「組織」がある。これらの要因によって生じる事故を組織事故と呼んでいる。

・防護壁をぜい弱にするもの

①人

「人」はエラーや違反を起こす。

②職場

「人」がエラーや違反を起こす背景には、それを発生させる職場環境がある。

③組織

エラーや違反を発生させる職場環境の背景には、こうした職場環境を生む組織の意思決定がある。誤った意思決定は組織方針として構成員に認知され、その影響は長い時間をかけて組織全体に誤った企業文化としてはびこり、本来備えている防護壁を徐々にむしばみ弱体化する。

図10-6 組織事故の概念図

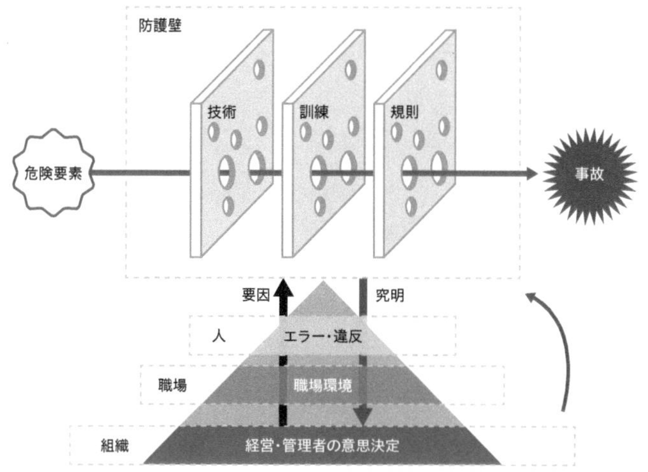

出典：ジェームズ・リーズン博士のスイスチーズモデルより作成

事例 -事故に学ぶ- ボーイング737-MAX8型機墜落事故

2018年10月29日、ライオンエアのボーイング737-MAX8型機（JT610便）はインドネシアのスカルノ・ハッタ国際空港からの離陸直後、海上に墜落し189人が死亡した。

飛行データにはパイロットが機体のコントロールに苦闘していた状況が残されていた。

この事故の調査の初期段階で、ボーイング737-MAX8型機の操縦特性補助システム（Maneuvering Characteristics Augmentation System、以下MCAS）が、迎え角センサーからミスシグナルを受けた場合、水平安定板の機首下げ方向のトリム（微調整）を繰り返す可能性があることが判明した。ボーイング社のマニュアルには、当初、MCASに関する説明が記載されておらず、パイロットには、MCASの存在が知らされていなかった。

当事故を受け、ボーイング社は、パイロットがMCASの誤作動に対処するための手順をマニュアルに定め、これにより安全上の問題は解決されたとの見解を示した。

それからわずか4カ月余り後の2019年3月10日、エチオピア航空のボーイング737-MAX8型機（ET302便）が、アディスアベバ・ボレ国際空港からの離陸の約6分後に操縦不能に陥り、アディスアベバの南東52キロ付近に墜落、乗員・乗客157名全員が犠牲となった。当該機は、離陸直後から迎え角センサー（AOA Sensor）からのミスシグナルにより、左のスティックシェーカー（失速警報装置）が作動、加えて左右の速度計と高度計の値がずれ始め、ついには飛行制御トラブルから飛行経路を維持できなくなっていた。

この連続事故により同型機は運航停止となり、いずれの事故も、迎え角センサーからのミスシグナルを受けたMCASの挙動によって、パイロットが操縦不能となり、過剰な機首下げから高度を失い、墜落に至ったことが明らかになった。

事故を調査した国家運輸安全委員会（NTSB）は、1系統の迎え角センサーからのシグナルに依存するMCASのぜい弱性や、事故機においてMCASが誤作動した際のパイロットの反応時間が、設計時にボーイング社が想定した時間より長かったことを指摘した。

さらに、米国下院の運輸・インフラ委員会（The Transportation and Infrastructure Committee）は、調査報告書において、墜落事故は単なる欠陥や技術的なミスなどではなく、ボーイング社のエンジニアによる一連の誤った技術的仮定によるものであり、その背景にある安全性を軽視、または無視する経営陣の隠蔽体質を厳しく非難した。同報告書は、ボーイング737-MAX8型機の開発中にボーイング社のエンジニアからMCASの安全性への懸念が示されていたにもかかわらず、これらの懸念は経営陣によって不適切に対処された、もしくは却下されたと指摘した。さらには、市場でのエアバス社のA320neoとの激しい競争によって生み出された巨大な生産圧力がボーイング737-MAX8型機の品質と安全性に悪影響を与えたとの見方を示した。

その後、同型式機に対しては、MCAS制御に使用するAOAセンサーシグナルの2系統化を含む設計変更が実施されるとともに、パイロットのマニュアルが変更され、併せてパイロット訓練も改善された。

図10-7 MCASの仕組み

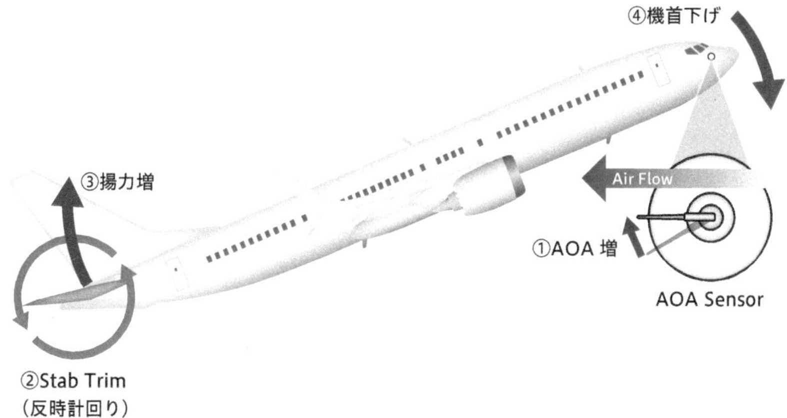

出典:KNKT(KOMITE NASIONAL KESELAMATAN TRANSPORTASI, REPUBLIC OF INDONESIA)Final Reportより作成

(4) トータルシステムへのアプローチ

21世紀初頭から、多くの国と航空会社などの事業者が前述の安全管理の仕組みを導入して、航空の安全性をより高いレベルに進化させた。しかしながら、運航便数が飛躍的に増大し、航空の安全性に関する組織の複雑化が進む中、自国や自社の安全性の向上に焦点を当てた従来の取り組みだけでは、航空業界全体の安全性をさらに向上させることが難しくなっている(空港と航空会社、管制官とパイロットなど、異なるステークホルダー間での連携の失敗が、事故やインシデントにつながった事例も発生している)。このため、現代の航空における安全管理では、国、管制機関、空港管理団体、航空会社や航空機製造会社など業界全体を1つのシステムと見なした「トータルシステム」によるアプローチによって、航空に関与する異なるステークホルダー間の連携を最適に管理することに焦点が当てられている。

2 安全管理の仕組み

航空安全の実現には、日常運航に潜む安全上のリスクの影響をいかに低減するかが命題となる。この安全にかかわるリスクを管理するための仕組みが、安全管理システム(Safety Management System、以下SMS)で、航空会社や整備会社、航空機メーカーなどのほか、鉄道、海運など各運輸事業者にはこのSMSの設定と実践が義務付けられている（2006年に運輸安全一括法が制定された）。

SMSは大きく以下の4つの柱から構成される。

(1) 安全の方針と目標（Safety policy and objectives）

SMSの仕組みを機能させるためには、そのための環境作りが肝要で、それには安全を推進する経営トップのリーダーシップが鍵となる。経営トップは、主体的に安全管理体制を組織運営の柱に位置付け、安全の方針と目標を設定することで、その意志を組織全体に明示する。

経営の安全に対する姿勢は、安全にかかわる意思決定やリソース配分となって表れ、組織メンバーはその姿勢から価値観を共有し、それが組織全体の積極的な安全文化を醸成する。

(2) 安全リスクの管理（Safety risk management）

航空会社は、日々直面する安全上のリスクを適切に管理しなければならない。このリスク管理では、まずリスクの把握・認識のため、継続的に社内外のトラブル報告やヒヤリハット報告、安全指標のモニタリング、内部監査やリスク評価などの安全情報を収集する。これら収集情報から、日常業務に潜む危険因子（ハザード）を体系的に識別・特定する。そして、特定したハザードについて安全上のリスクを評価し、許容できないハザードがあれば、これを解消するための対策を講じる。

ハザードは、システム設計や技術的な機能の中、あるいは人とのインターフェース、ほかのプロセスやシステムとの接点に潜在し、時に顕在化しトラブルを引き起こす。また、従来良好であったはずの既存のプロセスやシステムが、運用環境の変化に適応できず、トラブルの原因になる場合もある。

こうした要素を注意深く分析し、時には過去のリスク評価や対策を見直すことで、潜在的なハザードをトラブルが発生する前に発見することができる。

(3) 安全の保証（Safety assurance）

航空会社は、SMSが健全に機能しているか否かの有効性を評価することで、安全上のリスクが許容可能なレベルに低減・抑制されていることを確認する。そのために、安全管理のプロセスや運用環境を継続的に監視すると同時に、新たな安全上のリスクや既存のリスク管理の機能低下につながる変更や逸脱についても監視する。

また、安全を保証するための活動には、検出された安全上の問題に対する対策の立案と実行も含まれ、こうした活動を継続すること自体がSMSの深化にもつながる。

(4) 安全の推進（Safety promotion）

安全を推進するための具体的活動には、訓練や教育、安全に関するコミュニケーションがある。訓練や教育を通して継続的に高められる専門的能力、効果的なコミュニケーションと情報の共有の組み合わせは、安全目標の達成をサポートする。

コミュニケーションに関しては、すべての組織のあらゆるレベルにおいて、効果的な双方向のコミュニケーションを可能にするプロセスと手順を確立し、組織のトップからの明確な方針と、すべての社員からの「ボトムアップ」のコミュニケーションが必要である。

安全の推進は、積極的な安全文化を醸成し、航空会社が運航の安全性を向上させていくために欠かせないものである。

3 各職種における訓練

(1) パイロット

パイロットは、10年以上にわたり、さまざまな訓練や審査及び飛行経験を積み重ね、訓練生から副操縦士、そして機長に昇格している。また副操縦士や機長に昇格した後も、毎年定期的に訓練や審査を受けなければならない。訓練や審査ではシミュレーターを使い、航空機の通常の操縦操作のみならず、異常事態や緊急事態に対処する。

図10-8
チームワークを重視した訓練の様子

かつての訓練・審査は、手動操縦の正確性やエンジン故障時の操縦操作など、想定される状況でのパイロット個人の操縦技術であるテクニカルスキルに重点が置かれていた。昨今は、これらに加え、現代のハイテク機をチームで安全に運航することも重視されるようになっている。例えば、飛行中の想定外の不具合に対し、機長と副操縦士が的確に状況を認識し、良好なコミュニケーションによるチームワークのもとで問題を解決する。これらに必要なスキルをノンテクニカルスキルというが、テクニカルスキルとノンテクニカルスキルの両面を含むコンピテンシーを高めることで、経験したことのないような事態に遭遇した際にも適切に対処する力（レジリエンス）を向上させる。

(2) 整備士

整備士は、入社時から計画的に教育と訓練を積み重ね、社内資格に加えて国家資格を含むさまざまな資格を順次取得し、高度な知識と技量を習得している。また、資格取得後も定期的な教育・訓練受講が義務付けられており、最新の技術情報を取り込むなどして知識・技量の維持、向上を図っている。さらに、ITを活用した訓練教材の開発や、アクティブラーニングを主体とした訓練を教育・訓練体系に取り込むことにより訓練品質を高めている。

またJALグループでは、こうした知識や技量を遺憾なく発揮するために、優れた品格と豊かな人間性を有することが求められており、整備士として安全・品質に対する強い責任感や高い意識を維持することに重点を置き、以下のような教育・訓練も行っている。

・ヒューマンファクターに関する訓練
　コミュニケーションやチームワークを改善し、不具合やエラーの未然防止及びそれらが発生した場合の対応能力を向上させる訓練
・品質保証訓練
　航空機整備にかかわる品質保証の理解を深め、意識をさらに向上させる訓練
・社内安全教育（整備安全フォーラム）
　日本航空123便事故（後述）を振り返り、お客さまの尊い命をお預かりする整備の重要性を再認識させる教育
・階層別教育
　新人から若手層、中堅層、係長、管理職、経営幹部に至るまで、各階層に応じて求められる役割や能力を明確にし、確実に身に付けるための人財育成教育

(3) 客室乗務員

客室乗務員は、入社時の初期訓練において、保安要員としての基礎知識・技量を習得する。実践的なプログラムで訓練を実施することで自律型人財の育成を目指す。その後の定期的な救難訓練では、技量や知識を維持し、万一、緊急事態が発生した際に迅速かつ的確に対応できるようにするため、緊急着陸（着水）、火災発生、減圧が起こった場合の対処、脱出口の操作、安全阻害行為などに対する措置などの訓練を行っている。この訓練では一人一人が主体的に能力を発揮し、同僚やパイロットの関係性を築いて緊急事態に対応できるよう、「チームビルディング」を重視した訓練内容を作成し、コミュニケーションスキルの向上を目指している。

さらに、マニュアルに定められている安全業務の手順や関係法令などを正しく理解するための定期安全教育も実施している。

(4) 運航管理者

フライトプラン（飛行計画）の作成などに従事する運航管理者は、国家資格である運航管理者技能検定に合格し、さらに社内の資格審査に合格しなければならない。そのためには、航空気象、航空管制、航空機システムなどの教育・訓練を受け、資格を取得した後も必要な技量が維持されているかの確認のための定期審査を受けている。

また、知識や技量を維持するための定期訓練を受け、さらには担当する地域の路線において、操縦室に搭乗して実際の運航を学ぶ訓練を行っている。これにより、飛行中のパイロットの業務、航空管制、運航状況についての理解を深め、その経験を運航管理者としての業務に活用している。

4 安全文化の醸成

企業における安全文化の醸成とは、社員一人一人から経営まで一体となって安全を大前提とする組織文化を醸成するということであり、航空会社では以下の取り組みを実施している。

(1) 過去の事故を風化させないための取り組み

1985 年 8 月 12 日、日本航空 123 便が群馬県上野村の御巣鷹の尾根に墜落し、520 名の尊い命が失われた。JAL では、事故の教訓を風化させてはならないという思いから、安全運航の重要性を再確認する場として、2006 年に安全啓発センターを開設した。

この施設は、展示室と資料室の 2 つのエリアで構成されている。

展示室には事故の直接原因とされる後部圧力隔壁や後部胴体をはじめとする残存機体、コックピットボイスレコーダー、ご遺品、乗客の方々が残されたご遺書、事故の新聞報道や現場写真などを展示している。加えて、日本航空 123 便事故以外の過去の事故についても祥月命日に合わせて事故当時の関係資料を展示している。

また、資料室には世界の事故や事故の教訓に基づき、どのような改善が行われたかを示す航空安全の歩みや JAL グループにおける安全の取り組みなどを展示している。書籍に加え、デジタルサイネージを活用し、常に最新情報が閲覧できるようになっている。社員の研修を主な目的とした施設ではあるが、航空安全に関心を持つ一般の方も見学できるようになっている。

なお、残存機体や過去の事故の関連資料を展示した施設は、ほかの航空会社でも設けられており、鉄道会社にも同様の施設がある。

航空会社で働く者にとってこのような施設は、自分たちの仕事がお客さまの尊い命をお預かりしていることの重みを忘れることなく、社会に信頼され、安全な運航を提供していくための原点となっている。

図10-9
日本航空安全啓発センター展示室（残存機体の一部）

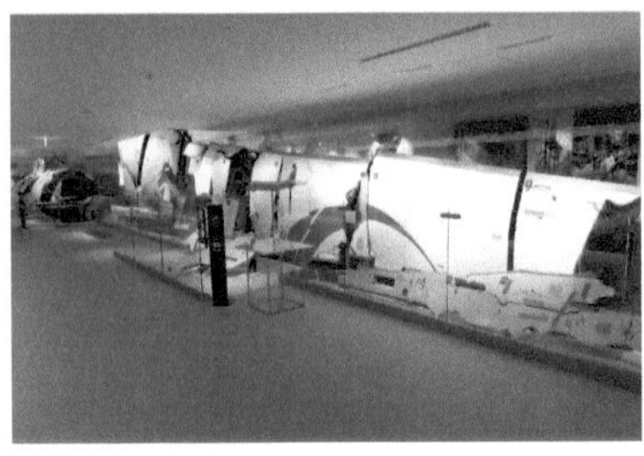

図10-10
日本航空安全啓発センター資料室

日本航空 123便事故（JA8119御巣鷹山事故）

1985年8月12日、日本航空123便（JA8119号機）は、乗客509名、乗員15名が搭乗して、18時12分、大阪・伊丹空港に向け東京・羽田空港を離陸した。巡航高度24,000フィート（7,315メートル）に到達する直前、伊豆半島東岸に差しかかった18時24分35秒、「ドーン」という音とともに同機の飛行継続に重大な影響を及ぼす異常事態が発生した。

機体後部圧力隔壁が破壊されて客室内の与圧空気が機体尾部に噴出し、APU（補助動力装置）及び機体後部を脱落させ、垂直尾翼の相当部分を破壊し、それに伴い動翼を動かす油圧装置がすべて不作動となった。以後、同機は激しい上下・蛇行運動を繰り返しながら約32分間飛行を続けたが、18時56分頃、群馬県多野郡上野村の山中（標高1,565メートル、御巣鷹山南方の尾根）に墜落した。

捜査・救難活動は事故後ただちに開始されたが、人里離れた山中でもあり、墜落場所の確定も遅れ、救難隊の現地到着は翌朝となった。乗客・乗員524名のうち520名の方が亡くなられ、4名の方が重傷を負われた。

本事故の原因は、同機が事故の7年前（1978年）、伊丹空港着陸時に起こした尾部接触事故の修理に際し、ボーイング社により行われた後部圧力隔壁の上下を接続する作業の不具合にあり、7年間の飛行でその部分に多数の微小疲労亀裂が発生、次第に伸長。飛行で隔壁前後の差圧が大きくなった時点で亀裂同士がつながり、一気に破壊が進み、2ないし3平方メートルの開口部ができたものと推定されている（運輸省航空事故調査報告書を要約）。

図 10-11　123 便飛行経路略図（事故調査報告書付図）

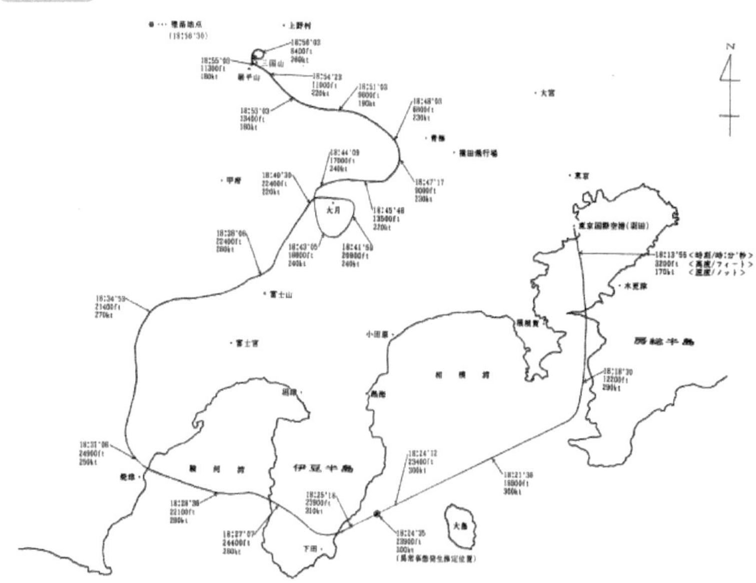

(2) 社内安全教育の実施

航空会社では、安全にかかわる業務に必要な技能、知識及び能力を身に付けるために、社員それぞれの役割・役職に応じた教育や訓練を実施している。

JAL においては、知識面と意識面のそれぞれに力点を置いたシラバスを準備し、その両面を養う教育体系を構築している。特に意識面では「三現主義（現地・現物・現人）[1]」に基づいており、123 便事故の「現地」である御巣鷹の尾根への慰霊登山を行うこと、安

1　JAL 安全アドバイザリーグループのメンバーである畑村洋太郎氏（東京大学名誉教授）が提唱する、現地（事故現場）に行き、現物（残存機体、ご遺品など）を見て、現人（事故にかかわった方）の話を聞くことで物事の本質が理解できるという考え方。

全啓発センターで残存機体などの「現物」と向き合うこと、当時のニュースや事故に直接かかわった方の話を聞き、事故を経験した「現人」と接することをプログラムの中に取り入れている。

これらのプログラムを通して、過去の事故を正面から見つめ、仲間との議論も重ねながら自己の業務と安全とのつながりを考える時間を設けることで、安全意識の醸成と浸透を図っている。

図 10-12
慰霊の園での慰霊の様子

図 10-13
御巣鷹の尾根での慰霊登山

課題

自分がJALの社員だとしよう。来年度入社する新入社員の教育担当となった。新入社員の安全意識を醸成するために、どのような教育が効果的かを考察し、「安全教育プラン」を提案せよ。

5 安心への取り組み

航空における安全の重要性は先に述べた通りだが、安全を大前提に、利用者にいかに「安心」して飛行機に搭乗してもらえるかもまた、航空会社の重要な責務である。この利用者にとっての「安心」は、航空会社の一過性の活動や宣伝で得られるものではなく、日ごろからの徹底した安全施策や利用者視点でのサービス提供、社会に対する誠実で積極的な企業姿勢などから得られる信頼感によるところが大きい。

「安心」の提供に向けて、航空会社では安全運航堅持のための取り組みとともに、空港や機内での利用者の怪我や感染症予防の対策、旅客による安全阻害行為[2]への対応など、安全問題を幅広く捉えて課題に取り組んでいる。

トピックス 機内での安心への取り組み事例

航空機は、気流の関係で突然大きな揺れに遭遇することがある。

JALでは、突然の揺れによりお客さまがお怪我をしないための取り組みとして、身体を支えるために、化粧室の中、化粧室前の通路などにすぐにつかまれるアシストハンドルと呼ばれる取っ手が取り付けられている。

また、機内での突然の揺れによるやけどを防ぐために、LID（ふた）の装着やホットドリンクの提供温度を下げるなどの運用を取り入れている。

図10-14
エアバス350に取り付けられているアシストハンドル

図10-15
定期安全教育での温度体感の様子

6 リスクとは何か

社会生活ではリスクという言葉がよく使われている。しかし、リスクの定義を聞かれて答えられる人は少ないのではないだろうか。国際的に最も認知されているリスクの定義はISO（International Organization for Standardization、国際標準化機構）31000で規定される「目標に対する不確かさの影響」だと考えられる（“ISO31000,” 2022）。これは、目標がなければリスクは存在しないことを意味している。

企業は、企業理念や経営理念のもと、社会に対して永続的に使命を果たす義務を負って

2　航空機内の秩序を乱すことや、航空機内の規律に違反する行為などを指し、航空法第73条の3に定められている。

いる。各社の企業理念や社会的使命が違う以上、目標も千差万別であり、したがって、その目標に影響を与えるリスクも各社固有となる。

このISOの定義によれば、リスクは目標に対して結果のバラつきを与えるものと理解できる。結果は目標に対して、上振れ（プラス）にも、下振れ（マイナス）にもなるが、一般的には、リスクはマイナスの結果をもたらすとの認識が多い。

図10-16 リスク分布の概念

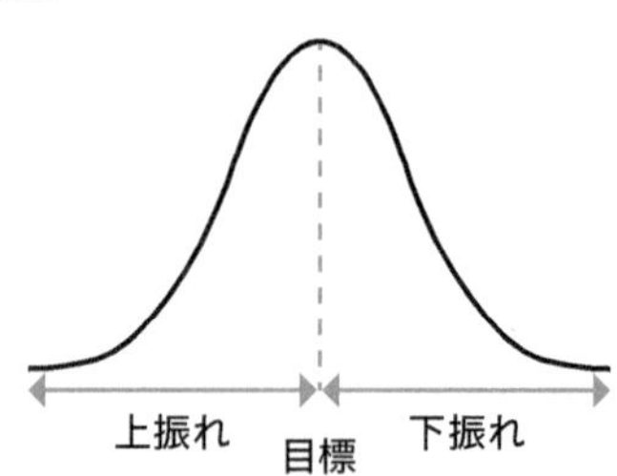

会社法施行規則112条2項2号で、「株式会社の損失の危険の管理に関する規程その他の体制」が求められており、これをベースにリスクマネジメント体制を確立している会社が多く、本書においても、マイナスのリスクを対象に解説を進めていく。

また、金融商品取引法第24条に義務付けられた会社が提出する有価証券報告書には「事業などのリスク」が記載されている。これは主に投資家に対して、その会社の財務状況に影響を与えるリスクが挙げられている。

さらに、企業を取り巻くステークホルダーは投資家に限らず多様なため、財務目標に影響するリスクにとどまらず、非財務目標に影響するリスクについても、統合報告書などで開示が進んでいる。

各社がその事業固有のリスクを抱えていることから、リスクマネジメントも、その会社を取り巻く事業環境、事業ドメイン、ガバナンス体制及び組織文化に適合するよう、リスクマネジメントの基本体系をベースとしつつ、個社ごとにテーラーメイドされた独自なものでなければ機能しないと考えられる。

例えば、JALではリスクを「個人または組織の使命・目的・目標の達成を脅かす事象または行為をいう」と定義している。ISO31000の定義が社内でより浸透するようにアレンジしたものである。そして、JALが抱えるリスクをオペレーションリスクと企業リスクに二分して管理している。オペレーションリスクは「航空運送において提供する製品・サービスの遅延、中断、停止、事故、品質及び安全上の不具合を直接もたらすリスク」とし、企業リスクは「オペレーションリスク以外のリスク」と定めている。

図 10-17 JAL が定義するリスクの種別

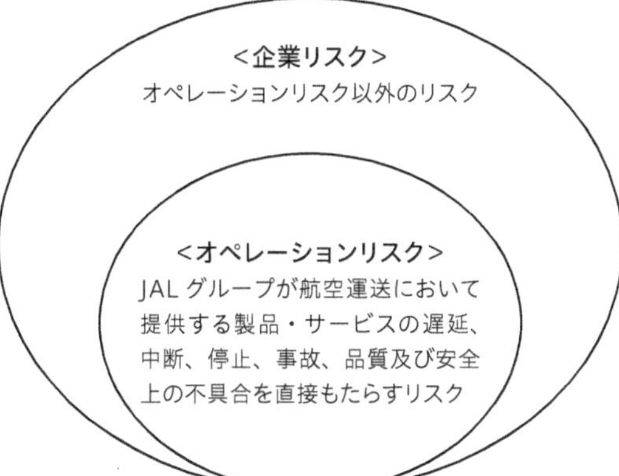

7 リスクマネジメントについて

リスクは目標の達成を脅かす事象または行為であり、その影響を許容範囲内に収めて目標達成の確実性を高めることがリスクマネジメントである。目標のより確実な達成をもって、企業価値を向上させることがリスクマネジメントの目的である。

リスクマネジメントは、リスクアセスメントとリスク対応に区分される。

リスクアセスメント

リスクアセスメントとは、①リスクの特定、②リスクの分析、③リスクの評価で構成される（“ リスクアセスメント ,” 2022）。

リスクアセスメントを実施するためには、まず企業の使命や目標を正しく理解した上で、その障害となるリスクの洗い出しを行う。ただし、企業の使命は企業理念や事業ドメインを変えない限り変化することはまれだが、事業環境の変化によって、戦略とその目標は変化する。ドッグイヤーといわれるように企業を取り巻く事業環境はますます加速して変化しているので、次々と新たなリスクが発生している。本書は企業におけるリスクマネジメントをベースに解説しているが、その内部組織や企業以外の組織にもリスクマネジメントの考え方が当てはまる。

洗い出されたリスクは、その起こりやすさと起こった場合の影響規模を分析して評価し、評価に応じてリスクをリスクマップにプロットしていく。企業の資源は有限である一方、リスク対応には資源の消費を伴うことから、リスクに重み付けを行って、優先して対応すべきリスクを抽出する。

JALではリスクを反復的、偶発的、内的要因、外的要因により4つに区分して、区分ごとに起こりやすさと起こった場合の影響規模を評価して優先リスクを抽出している。

図 10-18 リスクの区分と優先リスク

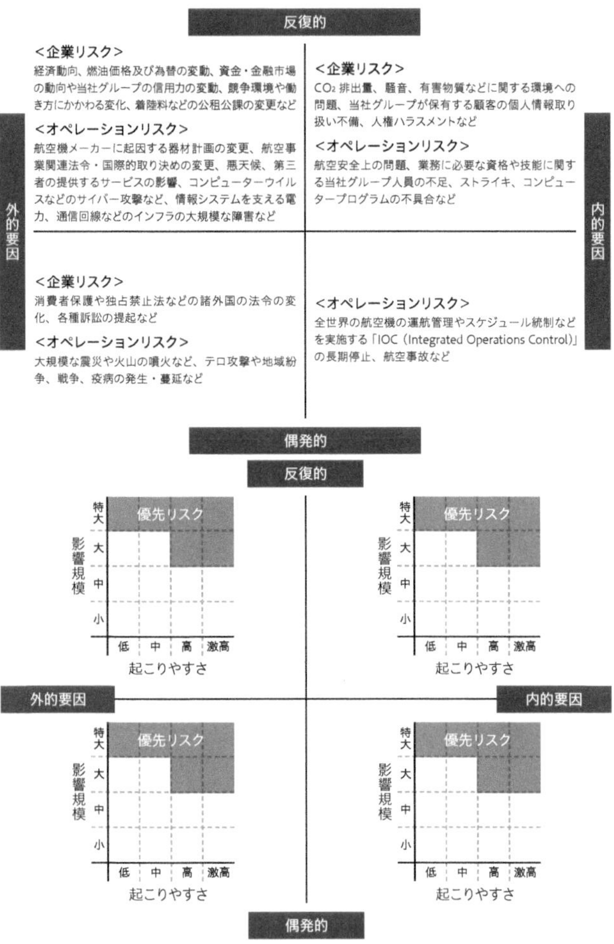

優先リスクに対して、予防リスク対策のPDCAを回しています。

出典:JAL REPORT

リスク対応

リスクアセスメントで抽出した優先リスクに対してリスク対応を行う。ISO31000 を参考に、目標を脅かすようなリスクに対しては表 10-19 のような対応が挙げられるが、このうち 1 つだけということでなく、いくつかを組み合わせて対応することもある。[3]

表 10-19 リスク対応と実施例

リスク対応	意味
リスクの回避	リスクを生じさせる活動を開始または継続しない (例) リスクを伴うプロジェクトを断念する
リスク減の除去	リスクを生じさせる潜在的な原因を分析して除去する (例) 品質管理手法による要因分析にて真因を取り除く
起こりやすさの軽減	リスクが発生する頻度を引き延ばす、または起こらないようにする (例) ヒューマンエラーによる発生頻度の減少を図るために自動化する
影響規模の軽減	リスクが発生しても影響を小さくする、またはなくす (例) 耐震構造にする。非常用電源で停電の被害を抑制する
リスクの共有	危険負担を他社と共有する (例) 取引先と共同負担するよう契約を見直す。保険に加入する
リスクの保有	経営責任の覚悟をもってリスク対応をあえて取らない、または影響規模が小さいのでリスク対応を取る必要がない (例) リスク対応の投資が影響規模を上回る

出典:"Risk management," 2022

リスク対応は施策の進み具合を PDCA で管理する。リスク対応後に、なお残る起こりやすさと影響規模を残留リスクとして、リスクの再評価を行う。

JAL では、この一連の活動をリスクマネジメントサイクルとして管理している。

3 プラスのリスクに対して「リスクを取るまたは増加させる」こともリスク対応として挙げられている(リターンを上昇させるリスクがあるならば、リスクを増幅させる、またはあえてリスクを取る) が、本書では除外している。

図 10-20 リスクマネジメントサイクルの概要

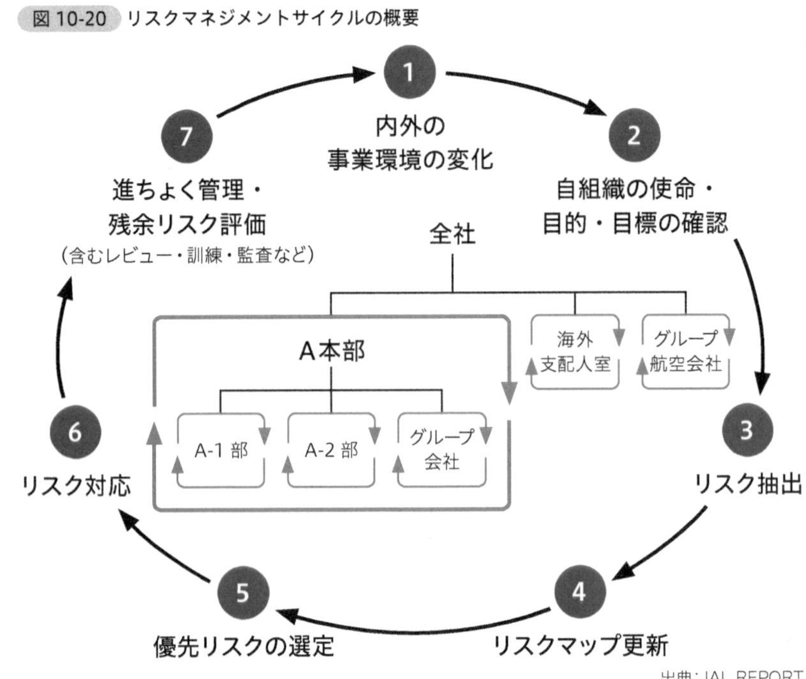

出典：JAL REPORT

狭義と広義のリスクマネジメント

さて、ここまで説明してきたのは、予防的なリスクマネジメントで、狭義のリスクマネジメントと呼ばれている。例えば、スポーツ選手はプレー中に怪我をしないように万全の準備を行う。これは狭義のリスクマネジメントで、それでもプレー中に怪我をしてしまう場合がある。そのときには怪我の応急処置をしなければならないし、怪我を治して再起を図る必要がある。

狭義のリスクマネジメントに加えて、実際にリスクが発現してしまった事態に対応する応急活動のマネジメントを危機管理、その後の事業継続または早期の復旧のためのマネジメントを事業継続マネジメント（BCM）、これらを総称して広義のリスクマネジメントと呼ぶ場合がある。

図 10-21　狭義と広義のリスクマネジメント

平常時 / 応急活動 / 事業継続

リスク発現

リスクの予防管理 / ダメージの最小化 / 早期の復旧

狭義のリスクマネジメント / 危機管理 / BCM

広義のリスクマネジメント

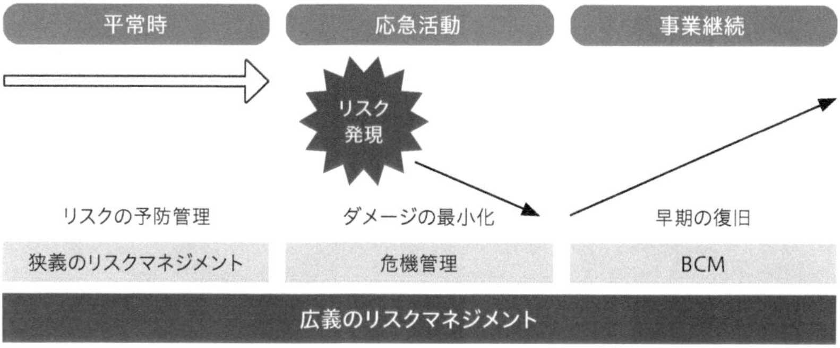

具体的には、この 3 つのマネジメントにより、図 10-22 で示す三角形の面積（影響量）を極小化することが広義のリスクマネジメントの目的である。

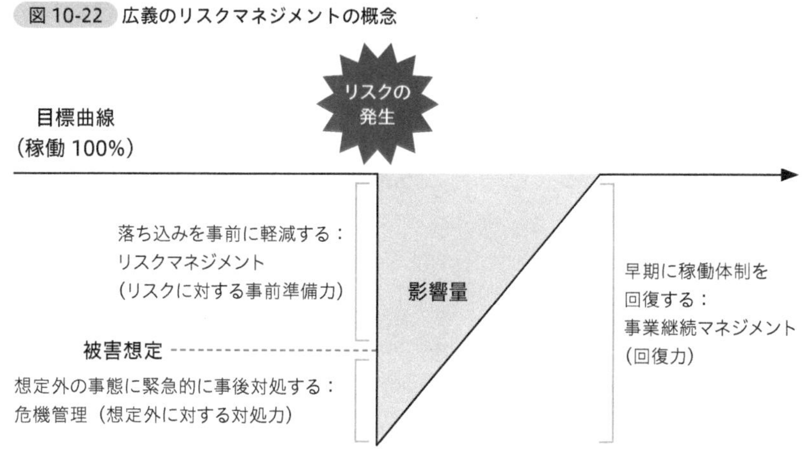

図 10-22　広義のリスクマネジメントの概念

例えば、JAL では、これらを総合的に管理するため、リスク管理部にリスクマネジメントを一元化して、広義のリスクマネジメントを図っている。

8 航空を取り巻くリスク

航空会社は、その事業固有のリスクを抱えている。

①事業の前提として安全運航がある。航空会社は飛行による運送営業を行っているので、飛行の安全なくして事業は成立しない。

なお、航空安全への取り組みは本章の前半で述べた通りである。

②航空は空港を結んでおり、空港に対するリスクも航空事業固有のものである。空港を襲う自然災害（台風、地震、豪雨、雪害など）は、操業の中断や停止をもたらす。2011年には東日本大震災、2016年には熊本地震、2018年には台風21号によって、多数の滞留旅客や空港施設の損壊が発生した。

また、空港は大規模商業施設で、国内外から多くの人が集い、社会の注目を集めやすいため、テロや反政府デモの標的になる可能性がある。2016年には、ベルギーのブリュッセル空港で爆破テロ、トルコのアタテュルク空港では襲撃テロが発生した。2008年にはバンコク2空港、2019年には香港空港が反政府デモ隊に占拠されたこともある。

③空港を結ぶ航空路においても封鎖や制限を受ける場合がある。2017年カタールに対する中東4カ国の空域封鎖、北朝鮮のミサイル実験などがその例である。最近では、2022年のロシアによるウクライナ侵攻で米英欧はロシアの航空会社に対する飛行禁止措置を講じたため、対抗処置としてロシアも米英欧の航空会社に対して飛行禁止措置を取った。このような直接的な飛行禁止のみならず、金融・経済制裁から派生して、ロシア空域内で航空保険が適用されない可能性が生じるとともに、緊急着陸の場合に備えた航路下の代替空港で修理が十分にできない可能性が懸念され、ロシア空域内の航路を回避せざるを得なくなった。

④経済学的な視点で見ると、航空は奢侈品（しゃしひん）（ぜいたく品）の一面を持つ。特に観光需要は余暇時間と所得に影響を受ける。資産効果による消費行動から、株価や不動産などの資産価値の増減にも影響を受ける。2008年のリーマンショックでは多くの航空会社が苦境に立たされた。

⑤余暇時間と所得の点では、それらが安定していることが需要基盤となるので、航空は平和産業といわれることがある。戦争、地域紛争、内乱などによって、航空は影響を受ける。2001 年 9 月 11 日のアメリカ同時多発テロ、2003 年イラク戦争によって航空会社の業績は落ち込んだ。2022 年のロシアによるウクライナ侵攻も迂回（うかい）航路による搭載量の制約から業績への影響が出ている。

⑥競争戦略上の視点で見ると、航空事業にはまずサービス業の側面があり、サービスの特性である無形性、同時性、異質性、消滅性を持ち合わせている。つまり、有形の商品でなく、在庫も効かない。サービススタッフの個々の品質にも左右されるし、利用後には思い出以外残らない。したがって、FSC では利用者に選ばれる高品質のサービスを常に維持しないと競争に勝ち残れない。サービスの風評に利用者は敏感に反応する。

⑦競争は国内にとどまらない。国際線を運航する航空会社では、自国のみならず海外の航空会社ともシェアを争っている。

運航ダイヤやネットワークの利便性が競争戦略上、極めて重要である。国際線では日本と各国との航空協定が運航便数の決定要因になる。また、大都市圏の空港は飽和状態であり、発着便数の権益配分や発着時間枠にも事業が左右される。加えて、他航空会社のリソースをレバレッジにしたネットワークの相互拡充を目的として、アライアンスへの加盟やコードシェアなどの提携を行っているが、これらの不調はリスクとなる。

⑧ LCC は航空事業ドメインの中で、FSC と異なる戦略グループを形成している。航空事業ドメイン内で、2 つの戦略グループのシェア変動はリスクとなる。昨今、FSC が LCC を立ち上げる戦略を立てるのも、戦略グループ間の流動に対するリスク対応とも考えられる（「第 7 章 LCC ビジネス」を参照）。

図 10-23 航空ドメイン内の戦略グループ概念

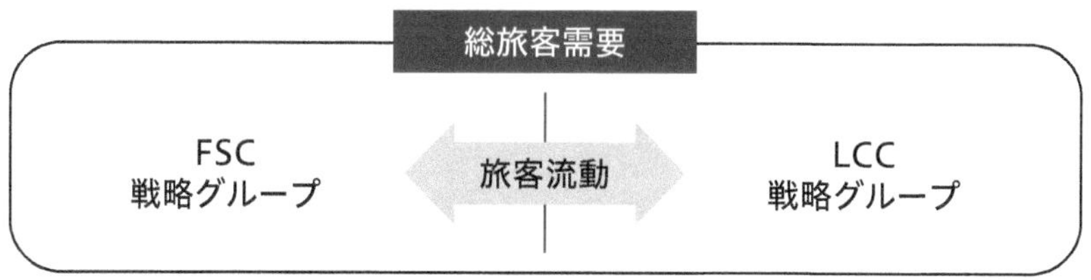

⑨サービスの差別化の点でも、航空会社で大差があまり見られないとの印象があるかもしれない。これには、ゲーム理論で考えた場合に、競争相手と同サービスの提供をすることで、競合間の利得差を打ち消し、リスク回避を図る狙いもある。結果として、差別化戦略を先行しても、競合間でサービス内容が均一化しやすく、コモディティー化するリスクを抱えている。

⑩代替品の脅威では、まず通信テクノロジーの発達がリスクとして挙げられる。COVID-19を契機に、インターネットを介したリモートワークや会議が加速度的に浸透し、これにより出張需要への影響が広がっている。また、航空輸送は、割高でも長距離の高速物流にメリットがあるが、工業部品などでは「リショアリング」「バックショアリング」[4]や、3Dプリンターによる影響も懸念されている。

航空はまだ比較的新しい産業であったため、多くの航空会社は航空運送事業のみに依存しており、プロダクトライフサイクルは単一で、現在はおおむね成熟期にあると考えられる。破壊的なイノベーションを誘発するテクノロジーの急激な発達により、高速移動に対する代替品への脅威にはぜい弱な面が顕在化している。

COVID-19では各国の入境制限や移動の制限・自粛により、航空会社は記録的な損失を抱えることになった。COVID-19のみならず、2002年にはSARS、2009年には新型インフルエンザなど、新型感染症は今後も発生が懸念されており、リスクの影響を分散、軽減するために、各航空会社が多角化を急ピッチで進めている。多角化を展開する容易性を考慮しなければ、多角化する事業間の相関がなく互いに独立している場合は、リスクは分散されるとともに、会社が抱えるリスクの総量を低下させる効果を持つことになる。

⑪航空会社のサプライチェーンにも固有のリスクが存在する。航空機は燃料として原油から精製されたケロシンを使用している。原油市場や為替市場のボラタリティーが費用を不安定化させる大きなリスクとなる。また、航空機やエンジンは、海外メーカー製であることから為替の影響を受ける。

このリスク対応として、燃料のヘッジ取引、為替のスワップ取引などを講じて費用を期間平準化し、リスク軽減を図っている。加えて、航空機やエンジンメーカーは寡占化され代替性に乏しい面があるため、設計上の重大な不具合などがあったとしても、長期使用を見据えた高額な投資を行っているので、容易には代替が困難で長期的に事業に支障を来す懸念がある。これに備え、メーカーとの契約における危険負担の取り決めや保険などでリスク共

4 「オフショアリング」の対語として、製造拠点の国内回帰を意味する。

有を図っている。

⑫競争戦略以外にも航空会社固有の課題がある。航空会社は大量のデータを処理する。運航では航路の選定や燃料消費の算定に必要な天候上のデータ、予約やマイレージに必要な個人情報データなどが代表的である。また、座席予約システムを中心にリアルタイム処理を行っている。これらのIT環境は航空事業の根幹であり、システム障害やサイバー攻撃に対して万全な体制を取る必要があることから、基幹システムの多重化、データのバックアップ、ITセキュリティー対策などのリスク対応が施されている。

⑬環境にかかわるリスクへの取り組みを紹介する。

航空の大きな環境テーマは、CO_2の排出と騒音である。

・CO_2排出

海面水位の上昇や昨今の自然災害の激甚化の原因は地球温暖化といわれている。これに対して、パリ協定やIPCC[5]報告書に基づくグローバルな脱炭素化への流れが進んでいる。IPCCの第5次評価報告書では、世界の航空会社全体で世界全体のCO_2排出量の約2%を排出しているとされており、対策を講じなければ、2040年までにCO_2の排出量が2.8～3.9倍になると推計された（2010年との比較）。2019年9月「国連気候行動サミット」においては、当時17歳のグレタ・トゥーンベリ氏のスピーチによる「飛び恥」という言葉も話題になった。そのような社会の要請に応えるべく、航空業界では、ICAOが総会において、2010年には「燃料効率を毎年2%改善すること」及び「2020年以降国際線のCO_2総排出量を増加させないこと」、そして2016年には「2021年以降、国際線を運航する航空会社に対して、2019年のCO_2排出量を超過した分についてCO_2排出権の購入などを義務付けるCORSIA制度[6]を導入すること」を採択し、気候変動への対応を進めている。

例えば、JALグループでは、これらの目標達成に向け、「省燃費機材への更新」「SAF（Sustainable Aviation Fuel、持続可能な航空燃料）の開発促進と活用」「日々の運航での工夫」「排出量取引への対応」の4つを大きな柱とし、CO_2排出量の削減を図っている。そして2020年6月に、新たな長期目標として2050年までにCO_2排出量実質ゼロを目指す、「ネット・ゼロエミッション」を策定している。

5 Intergovernmental Panel on Climate Change。国連気候変動に関する政府間パネル。

6 Carbon Offsetting and Reduction Scheme for International Aviation。国際航空のためのカーボンオフセット及び削減スキーム。

・騒音

古くは1981年に最高裁の確定判決が出された大阪空港公害訴訟、1989年に最高裁判決が出された新潟空港訴訟など、空港周辺地域の騒音課題を航空会社は抱えている。

一方、ジェットエンジンの技術進歩に伴い、騒音レベルは大幅に改善されている。ICAOは2001年6月にチャプター4という新たな騒音基準を設定し、2006年以降新たに型式証明を取得する航空機に適用された。離陸時は騒音軽減離陸方式で運航し、特に住宅地に近い羽田空港や伊丹空港では、より厳しい運用が実施されている。着陸時の騒音軽減方式としては、低フラップ角着陸方式、フラップや車輪をなるべく遅く出す、逆噴射抑制などを行っており、ヘルシンキ空港、鹿児島空港では大幅な騒音軽減・CO_2削減となる連続降下方式を実施している。

図 10-24 降下方式の違い

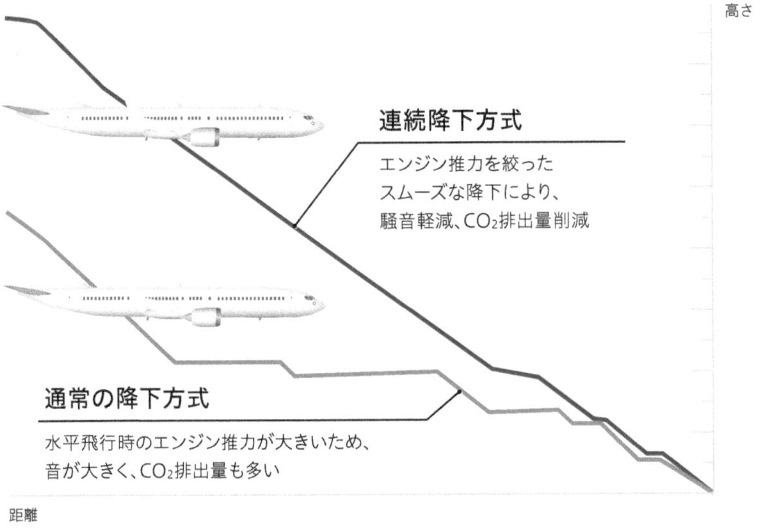

出典:JAL REPORT

9 100年に一度の災害

1918年から1919年に流行したスペイン風邪から、ちょうど100年後にCOVID-19がアウトブレークし、航空需要が霧散した。

図 10-25 は、航空事業内の業績のバラつき分布を例示している。100 年に一度を 1%と考えれば、下振れ部分は中心線から 99%までをカバーしている（本来、正規分布は中心線から左右対称なので、中心線から 99%をカバーする部分を除くと＋ 0.5%以上とー 0.5%以下となるが、ここでは簡素化し、下振れ部分の右半分を 100%として、1%をプラスの数値で表している）。発生確率（%）を縦軸に、損失額の累計を横軸に表したのが図 10-26 である。

図 10-25 航空事業内の業績のバラつき

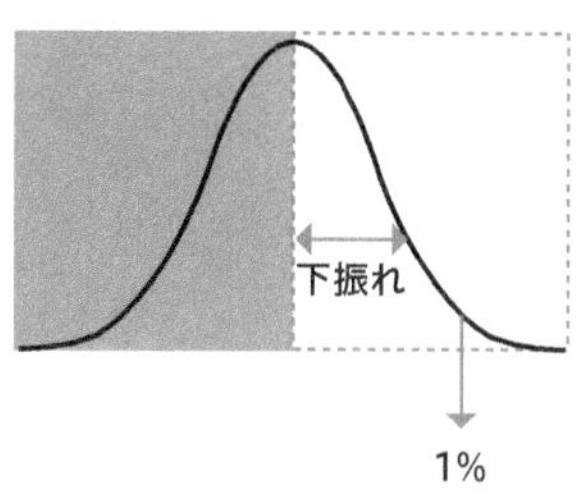

図 10-26 災害の発生確率と損失額

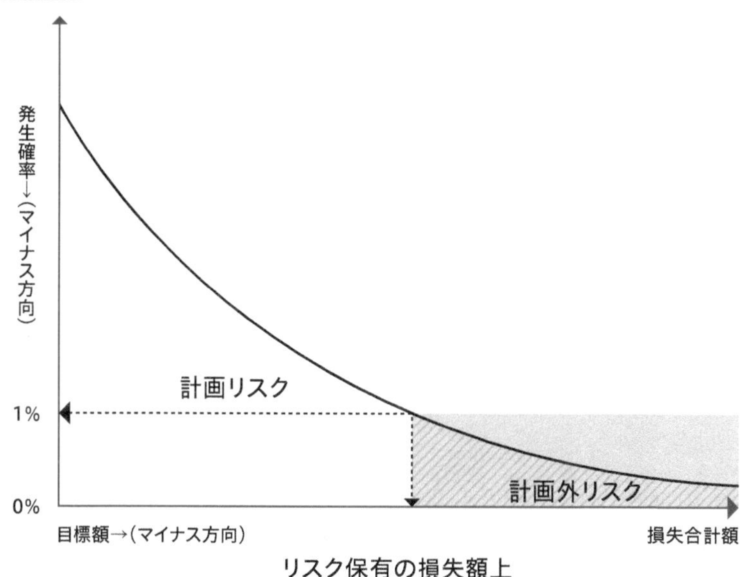

100年に一度の災害は「$1-(99/100)^{100}$」で求められ、計算上は63.4%の確率で発生する。100年に一度といえども、企業永続の使命は絶対であり、「想定外」として経営責任を免れることはできない。

COVID-19は航空会社にリスクファイナンスの重要性を浮き彫りにした。リスクファイナンスでは資金繰りのリスクをタイミングリスク、株主資本の毀損をバリューリスクという。航空会社は、この計画外のリスクの事後対応に追われた。日々流失する現金支出のため、緊急のコミットメントライン（極度借入枠）を銀行と結んでキャッシュ不足を補った。また、大幅な損失は株主資本を毀損するため、内部留保の重要性がクローズアップされ、いくつもの航空会社が倒産に追い込まれた。

JALは、過去最大の危機として2008年のリーマンショックによる影響を損失額の上限としていた。すでにぜい弱だった財務状況にリーマンショックの余波が襲い、2010年3月期で当期純損失は▲1,779億円に上った。この教訓から、タイミングリスクに備え、売り上げの2.6カ月分の現預金を維持し、自己資本率50%以上とすることを中期目標に掲げ、2019年3月期には57.4%を達成するなど、バリューリスクにも十分な備えをしていた。

JALは航空業界の中で最もリスクに強い財務基盤を有する航空会社の1つであったが、COVID-19により、図10-26で示した計画外の領域に突入する。2020年2月～6月に3,000億円の借入、加えて2,500億円のコミットメントラインの拡大、株主資本の毀損に対して、1,829億円の公募増資を行った。

同様に、ANAホールディングスも、2020年4～6月に5,350億円の借入、3,500億円のコミットメントライン拡大、劣後ローンとして4,000億円を調達したほか、2,976億円の公募増資を行った。劣後ローンは返済義務がある負債だが、金融庁マニュアルの債務者区分では自己資本に見なすとあり、信用格付に影響するバリューリスクへの対応を図っている（今回のANAホールディングスのケースでは50%の資本性の認定を受けた）。

なお、JALも2021年9月、劣後ローン2,000億円、劣後債1,000億円の調達を実施することを発表した（いずれも50%の資本性認定を受ける予定）。

今後はCOVID-19の経験を経て、航空業界は予防的なリスクファイナンス手法として災害積立金や保険戦略など新たな計画を織り込んでいくと考えられる。

課題

自分は大学生で、24時間後に試験を控えているとしよう（現在、午前10時）。
自分が置かれた状況が以下の通りだとして、リスクを洗い出し、リスク対応を考えよ。
・10:30～12:00と13:00～14:30に授業がある。午後の授業は録画視聴も可能。

・昼休みはいつも友人とランチを共にしている(ランチを断ったことはない)。
・16:00～20:00にはアルバイトの予定が入っている。
・恋人がいて、毎晩会うか、最低30分は電話で話している。
・6時間以上の睡眠を取らないと、午前中は頭がぼーっとしてしまう。

<参考文献>

▼ ISO31000(2022, March 11).In Wikipedia.
https://en.wikipedia.org/wiki/ISO_31000

▼ Risk Management(2022, March 24).In Wikipedia.
https://en.wikipedia.org/wiki/Risk_management

▼リスクアセスメント (2022, January 9).In Wikipedia.
https://ja.wikipedia.org/wiki/ リスクアセスメント

第11章

企業風土改革

JALの経営破たん

2010年1月19日、JALは会社更生法を申請し、経営破たんした。

JALはなぜ破たんしたのか。事業と意識の2つの面から考察する。

まず、事業面では、多くの不採算路線を抱えていたこと、保有する航空機に経年機や大型機が多数あったこと、グループ会社の事業領域が広がりすぎていたこと、人員規模や人件費が肥大化していたことなどが挙げられる。公共交通機関であることを過度に重視した結果、不採算路線からの撤退は進まず、資金繰りが厳しい状況が続いていたため、効率の良い新しい中型機・小型機への更新もままならなかった。また、航空事業以外にも広く出資を行い事業領域を拡大したものの採算が合わないものも少なからずあり、足を引っ張ることとなった（「第9章 グループ経営」を参照）。さらに、人員数や人件費単価が大きな固定費を形成し、経営を圧迫していた。

意識の面では、多くの社員に当事者意識が不足しており、経営が苦しくとも「誰かが助けてくれるであろう」といった「他人任せ」の風潮があった。民間企業として当然持つべき採算意識も足りていなかった。加えて、需要も収入もこの先右肩上がりで順調に伸び続けていくであろうという楽観的な思考の下で、拡大偏重ともいえる戦略を取っていた。

経営破たんからの再生

破たんからの再生を図るため、事業構造の変革と内面的な構造改革を同時に進めることとなった。

まず、事業構造変革の主な内容は、次の通りである。

- 不採算路線からの撤退（国際線は67路線から47路線に、国内線は153路線から112路線に縮小）
- 大型機、経年機の退役（リージョナル機を除く旅客機を225機から169機へ削減）
- グループ会社の再編、譲渡、清算（連結子会社数は120社から60社へ減少）
- 人員規模と人件費の圧縮（グループ社員数を約48,000人から35,000人弱へ削減、人件費単価を約20%削減、年金債務を現役社員は53%、退職者は30%削減）

次に、内面的な構造改革については、次の通りである。

- 採算意識の徹底（部門別採算制度の導入）
- 経営規律の確立（収益性重視の経営、厳格なリスク管理体制の構築、財務規律を重視した投資判断とモニタリング）
- 企業理念や判断基準（JALフィロソフィ）の策定と浸透

JAL グループ企業理念は普遍的な経営の目的であり、経営の基本と位置付けられている。

本章では、企業理念および企業理念を実現していくための「両輪」といわれる「JAL フィロソフィ」「部門別採算制度」をケーススタディとして取り上げ、企業風土や社員意識の改革、人財育成について解説する。

1 企業理念と意識改革

多くの社員に当事者意識が不足し、「他人任せ」の風潮になった要因はどこにあったのだろうか。

航空会社グループは、さまざまな職種のプロフェッショナル集団から構成されており、互いがどのような仕事をしているのか把握することが難しいという特徴がある。パイロット、客室乗務員、旅客ハンドリング、グランドハンドリング、運航管理、整備、貨物、予約、販売、営業、企画、ケータリング、間接（管理）、大きな分類だけでも多岐にわたるが、それぞれの領域に、さらに細分化された職務が存在する。

一般的に FSC の場合、グループ全体の総社員数は数万人規模に上る。そのような規模で多種多様な社員を抱えながら、航空会社としての命題は、安全運航の堅持を大前提に、定時性の確保、そして高品質なサービスの提供である。

JAL の翼のもとに極めて専門性の高い社員が集まっていたが、自分の仕事にしか目が行かず、気が付くと全員がバラバラの方向を見ているといった風土が、知らず知らずのうちに染み付いていたのである。

企業変革のために必要なことは何か

このように社員の当事者意識の欠如と、目標が具体的に共有されないことによる方向性や一体感の欠如が、経営破たんの大きな要因となったことは前述の通りである。

「民間企業として利益を生み出さなくてはならないという意識が乏しかった」と当時の社長、大西は語っている。経営のマインドセットだけではなく、社員のマインドセットも必要だった。

JAL を再生させるためには、大きな事業構造改革と同時に、大きな内面的構造改革が必要であり、そのために新たに策定されたのが、JAL グループ企業理念と JAL フィロソフィだった。

「企業を形作る社員一人一人が共通の規範・哲学を持ち、そして共通の思い・目標を持つべきである。企業は、心からこうありたいと思う人々の集団、同じ目的を持つ人々の集団であるべきである」とは、経営破たん直後の2010年2月にJALの会長に就任した京セラ株式会社の創業者、稲盛和夫の強い思いである。

JALには、経営破たん以前にも企業理念は掲げられていた。しかし今それを思い出すことのできる社員はいない。社員にとって「自分ごと」として捉えられるものではなかったのである。振り返ると、日々の業務を行う上で、迷いや戸惑いが生じたとき、ふと立ち戻って考える共通の価値観や判断基準はなかった。

このように、企業にとって、企業理念や価値観、判断基準を社員間に浸透させることの重要性は、さまざまな研究からも考察できる。

例えば、『企業にとって組織を活性化するには、組織は限られた資源をいかに効率よく組み合わせて市場を創造するかという目的志向的な性格を持ちうるように改革されなければならない（十川廣國 1995）。そのためにトップは強力なリーダーシップを発揮して、企業の将来構想を構築し、基盤となる理念・価値観を組織内へ浸透させ、全従業員の関心を集める必要がある。価値観を持つことの強みは、それさえ共有していれば、個々の構成メンバーに対しては、現実的かつ具体的な創意工夫によって、その精神を最大限活かしきるシステムが構築できるのである（ピータズ&ウォーターマン 1986）。さまざまな意思決定を行う際に、最終的な判断のよりどころとなるのが経営理念である。』[1]といった見解が示されている。

JALグループ企業理念

> JALグループは、全社員の物心両面の幸福を追求し、
>
> 一．お客さまに最高のサービスを提供します。
>
> 一．企業価値を高め、社会の進歩発展に貢献します。

これは、新生JALグループの企業理念である。

新生JALグループの理念は、たった3行のシンプルなものとなった。しかし注目すべき点は、何よりも最初に「全社員の物心両面の幸福を追求し」と、社員について書かれていることである。

なぜお客さまの前に、社員の幸福を追求するのか。

これは、当時の会長稲盛の社員が幸せでない会社が発展できるはずはないという強い経営哲学からもたらされたものである。

当時、債権者をはじめ、多くの方々に多大な迷惑をかけながら再生を図る会社として、社員の幸福を冒頭に表現することについて社長の大西は大いに悩んだが、「企業理念は、

1 『企業変革に果たす経営理念の役割』清水 馨（三田商学研究第39巻第2号）

永久不滅のものであるべき」という強い決意から、この企業理念を策定した。

それでは「全社員の物心両面の幸福」とは何なのか。

物心両面とは、経済的な安定や豊かさのことだけではなく、それに加えて仕事に対する誇り、働きがいや生きがいといった人間の心の豊かさの部分、この両方を備えるという意味である。

そしてこの主語は、「JAL グループに集う一人一人が」である。

誰か一人が追求していくのではなく、全員で「全社員の物心両面の幸福を追求していこう、そのような企業集団になろう」と宣言したのである。社員一人一人が輝いている状態にあって初めて、会社としてさまざまなサービスや商品を生み出していけるという考え方である。経営の究極の目的が企業理念で、それは全員が納得できるものでなければならないという稲盛経営哲学が、まさに新生 JAL の企業理念に活かされたのである。

この考え方は、従業員満足（Employee Satisfaction、ES）があってこそ、高い顧客満足（Customer Satisfaction、CS）につながっていくというマーケティングの視点からも、多くの企業において昨今重要視されている考え方となってきている。

企業理念、経営理念は、その企業の「ありたい姿」「あるべき姿」であり、それは決して経営者だけのものではなく、全社員が同じ目標を持って、ベクトルを合わせて業務に当たるための「道標（みちしるべ）的な役割」を担う存在ではないだろうか。

トピックス　JAL 安全アドバイザリーグループによる提言

2009 年、破たんする前年に、外部有識者によって組織された日本航空安全アドバイザリーグループから、以下の提言がなされていた（『新提言書「守れ、安全の砦」日本航空 安全アドバイザリーグループ』より抜粋）。

> 会社のビジョンやアイデンティティーが明確に共有されていないと、会社の方向性や社会とのつながりにおける自らの位置付けを見いだしづらく、判断に迷いが生じる。日本航空の社員としての誇り、意欲の減退や一体感の希薄化につながりかねない。意欲の減退や一体感の希薄化は、航空会社の「安全の層」を薄くすることに直結する。
>
> 社員一人一人が会社のビジョンやアイデンティティーを深く理解し、共有しないところには、一体感は生まれない。会社のビジョンやアイデンティティーを一人一人が自ら体現することによって、日本航空の一員として自信を持った意思決定と行動ができ、社

会からの信頼を勝ち得るはずである。

JAL グループは破たんを機に、この提言を深く心に刻み込み、安全の砦の厳守と企業風土改革に取り組み続けている。

JAL フィロソフィ

企業理念を実現していくために必要なのが、社員全員が共通して持つべき意識・価値観・考え方である。

JAL グループは、それを「JAL フィロソフィ」として策定し、これによって全員が一体感を持って、お客さまに最高のサービスを提供し、企業価値を高め、社会の進歩発展に貢献していくという企業理念を実現すべく取り組んでいる。

JAL フィロソフィは 2 部 9 章 40 項目で構成され、全グループ社員は「JAL フィロソフィ手帳」を携行して業務を行っている。全項目は JAL ホームページに掲載されているので、ここではその一部を紹介したい。

- 人間として何が正しいかで判断する
- 一人ひとりが JAL
- 尊い命をお預かりする仕事
- お客さま視点を貫く
- 成功するまであきらめない
- 美しい心を持つ
- 渦の中心になる
- 感謝の気持ちをもつ
- 最高のバトンタッチ
- 高い目標をもつ

▼ JAL フィロソフィ | 企業理念・会社案内 | JAL 企業サイト
http://www.jal.com/ja/outline/conduct.html

どの項目も人として当たり前のことばかりが掲げられている。しかし、それをいかなるときも、いかなる状況でも、いかなる仕事においても愚直に実践していくことは難しい。100%実践できている社員はいない。だからこそ、繰り返し学び、共通言語となるまで浸透させていくことによって、連携、一体感が生み出され、そして企業理念の実現につながっていくのである。

JALフィロソフィ浸透の取り組み

JALフィロソフィを浸透させていくためのJALの取り組みを見ていきたい。

JALフィロソフィは、定期的に開催するJALフィロソフィ勉強会、リーダー勉強会や、部門ごとに行われる朝礼時やミーティングの際など、あらゆるシーンを活用してその浸透が図られている。

JALフィロソフィ勉強会では、全グループ社員が年3回、部門を超えて集まり、社内ファシリテーター手作りの教材を使い、JALフィロソフィのテーマに沿ってグループワークを実施し、意見交換を行っている。JALフィロソフィの実践や仲間の事例について思いを共有するとともに、今後自分がどのように実践していくか、その決意を語る場となっている。海外地区社員も同じ勉強会に参加していて、世界中のJALグループ社員の一体感醸成につなげている（コロナ禍の下ではオンラインで実施している）。

また、リーダー層（管理職）向けの勉強会も行っている。特に役員・部長級を対象としたリーダー勉強会は年6回実施しており、まずはトップ層からの意識改革を継続して実行している。

このように、JALフィロソフィを体現できるよう、社員一人一人が学びを深めていくことで、JALは「規模」ではなく、「社員の意識レベルの高さ」で世界を代表する企業になることを目指しているのである。

図11-1
JALフィロソフィ勉強会

図11-2
リーダー勉強会

他社の取り組み

ANAグループは、「安心と信頼を基礎に、世界をつなぐ心の翼で夢にあふれる未来に貢献します」という経営理念を掲げている。また、それに加え、経営ビジョンとして「ANAグループは、お客様満足と価値創造で世界のリーディングエアライングループを目指します」と掲げている。

経営理念・経営ビジョンの達成に向け、ANAグループ全社員が持つべき心構えや、取るべき行動の礎として、5 項目から成るグループ行動指針「ANA's Way」が制定されている。

> 私たちは、「あんしん、あったか、あかるく元気！」に次のように行動します。
> ①安全：安全こそ経営の基盤、守り続けます。
> ②お客さま視点：常にお客さまの視点に立って、最高の価値を生み出します。
> ③社会への責任：誠実かつ公正に、より良い社会に貢献します。
> ④チームスピリット：多様性を活かし、真摯に議論し一致して行動します。
> ⑤努力と挑戦：グローバルな視野を持って、ひたむきに努力し枠を超えて挑戦します。
>
> ▼経営理念・ビジョン・行動指針 ｜ ANA グループ
> https://www.ana.co.jp/group/about-us/vision/

このように、企業のビジョンや価値観、判断基準を社員間に浸透させることによって、全員が力を合わせて会社の世界観を創り、バリューチェーンをつなげていくという意識を醸成しているのは、航空会社だけではない。

トヨタでは、「可動性（モビリティ）を社会の可能性に変える」というビジョンを達成するための行動指針として「トヨタウェイ」を掲げている。

また、星野リゾートでは、当初「リゾート運営の達人」という経営ビジョンを掲げ、社員の気持ちを 1 つにまとめながらも、数値目標を取り入れることで、自分たちがビジョンにどれだけ近づいているかを可視化してきた。

2021 年 10 月時点では「Globally Competitive Hotel Management Company（世界で通用するホテル運営会社）」をビジョンに掲げ、これを達成するため CSV 経営（Creating Shared Value、「経済的価値を創造しながら、社会的ニーズに対応することで社会的価値も創造するアプローチ」）を推進している。

このように、ビジョンや指針は必ずしも不変というわけではなく、時代やマーケットニーズの変化など、企業を取り巻くさまざまな状況に応じて柔軟に形を変えている企業も少なくはない。

いずれにしても、時代を超え際立った存在であり続ける企業は、社員の指針となる明快な経営ビジョンを持ち、それを会社の隅々にまで浸透させている。

そのような会社をジェームズ・C・コリンズは「ビジョナリー・カンパニー」とたたえ、企業のあるべき姿であると著書（『ビジョナリー・カンパニー』日経 BP）で述べている。

事例研究 JALフィロソフィの実践事例

企業理念と JAL フィロソフィが、社員間の連携、一体感の醸成にどのように作用したのか、実際の事例から検証していきたい。

[事例1]大雪で混乱した新千歳空港にて

新千歳空港が大雪に見舞われ、羽田空港行の最終便が欠航となった。空港から通じる県道も通行止めとなり、搭乗予定だった旅客は空港内で足止めされた。カウンターには旅客が押し寄せ、空港は大混乱となった。

このとき、JAL フィロソフィをどう実践したか

普段は旅客と接することのないスタッフ（貨物スタッフや整備士）が自らの意思で旅客対応に加わり、状況説明や毛布、食料などの物資を配った。

「欠航の判断が遅い」との厳しい声もある中で、一人一人が JAL の一員として、今自分にできることは何かを考え、足止めされた旅客のために行動した。

その結果、混乱は収まり、最後には多くのねぎらいや感謝の言葉をいただくこととなった。

「一人一人が JAL」を体現した例

以前の JAL であれば、このようなイレギュラー発生時に、担当外の業務に踏み込んで行動する文化はなかったかもしれない。自分の持ち場ではない、誰かがやってくれるだろうと眺めているだけの「傍観者」や、批判ばかりして自らは動かない「評論家」が少なくなかった。

一人一人が何を思い、実行していくか、それがこれからの JAL の新しい歴史を創っていく、まさに社員一人一人が JAL ということに、このフィロソフィによって気付かされ、動いたのである。

[事例2]新婚旅行客へのおもてなし

新婚旅行で利用の旅客から予約担当に「何とか隣同士の席に変更できないか」と電話が入った。夏休みで満席のハワイ線で、非常に難しい状況だったが、出発ギリギリになってキャンセルが発生し、並んで座っていただける座席をアレンジすることができた。

そこから、JAL フィロソフィをどう実践したか

予約担当は、空港の旅客担当にこの旅客の情報を申し送りし、出発ゲートでは、空港スタッ

フからお祝いの言葉をお伝えした。機内では、空港スタッフから引き継いだ客室乗務員が、サプライズのカードとメッセージ入りのケーキで新婚旅行をお祝いし、「こんなにみんなで私たちのことを気遣い、祝福してくれることに驚き、うれしさでいっぱいです」と喜んでくださった。

周りからも祝福の声が上がり、素晴らしい旅行のスタートを切っていただくこととなった。

「最高のバトンタッチ」を体現した例

このように1便1便のフライトは、多くの仲間がバトンをつなぐように実現されていくのである。それゆえ、次にバトンを受け取る仲間のことを常に思い浮かべながら、部門や職種を超えてどう連携できるかを考える。ちょっとした工夫や思いやりが、次の仲間にさらに頑張る気持ちを与えるのである。

志を同じくした仲間が共通の目的に向かって一丸となってまい進することで、お客さまにとって最高のサービスや商品が生み出されていく。

[事例3]出発が1時間も遅れたのに……(乗客のコメントから)

最終便だったが1時間ほど遅れが発生した。最初に客室乗務員から、出発が遅れる旨の機内アナウンスがあり、その後待機中に、機長から客の手荷物の確認などで遅れているとざっくりとした説明があった。機内で1時間ほど待ったが、遅れている理由がよく分からず、何かあったのかととても不安になった。

離陸後に機長からのアナウンスはあったが、遅れの理由については説明がなかった。ここで分かりやすく説明してくれれば安心できたのにと、大変残念な気持ちだった。客室乗務員に聞くと、書類の積み込みに時間を要したというだけで、詳しい理由を聞いていない様子だった。

降機前にアナウンスがあったが、雑踏の中でよく聞こえなかった。客室乗務員は状況が分からない中、精いっぱいの対応をしたとは思うが操縦席と客室でもっと連携を取り、客の不安を解消するように努めてほしい。

JALフィロソフィを十分に実践できなかった

これは残念ながら、フィロソフィが十分に発揮できなかった事例である。

飛行機の遅延は、旅客にとって不都合なだけではなく、運航自体にも不安を抱かせてしまう。パイロットも客室乗務員も「尊い命をお預かりする仕事」の意識を持ち、「お客さま視点を貫く」行動を取ることが必要である。

そして「本音でぶつかること」、つまり問題点を本音で遠慮なくいえる風土が必要であり、「誰が正しいか」ではなく、「何が正しいか」で判断し、「最高のバトンタッチ」で仕事をすることが大切である。

「JAL をもっとよくしたい」という気持ちで、本音で語り合っていけば、お互いの理解も深まり信頼関係が築かれて、最高のサービスが提供できるようになるのである。

連携・一体感を醸成するために

顧客の心に寄り添い、自分のできることは何かを考え、他部署の仲間と心を 1 つにして行動する。毎日の 1 便 1 便のフライトは、まさにこの仲間がバトンをつなぐように実現されていくのである。志を同じくした仲間として、共通の目的に向かって一丸となってまい進することで、お客さまにとって最高のサービスや商品が生み出される。

企業で働く社員にとって、やりがいのある職場であるためには、判断に迷うことのない明確なポリシーや理念が示され、それを実現していくための指針が存在することが大事である。それがあってこそ、チームで仕事をする上で、社員同士が互いを尊重して良い関係を築き、認め合いながら仕事ができる風土が創り出される。

ここまで、理念や指針が示されているだけではなく、企業風土、企業文化としてそれらをいかに根づかせていくことが重要であるかを見てきた。

次項では、「意識改革」とともに JAL 再生の柱である「部門別採算制度」について考えていきたい。

2 部門別採算制度

部門別採算制度とは

部門別採算制度は、京セラ株式会社（以下、京セラ）の「アメーバ経営」を、JAL グループに適合するようアレンジした経営管理手法である。アメーバ経営は、京セラ（当時は京都セラミック株式会社）創業者の稲盛和夫氏が同社の創業期に編み出したもので、組織の役割と責任を明確にした上でできるだけ細かく分割し、それぞれの組織の仕事の成果を分かりやすく示すことにより、全社員の経営参加を促す仕組みである。

図11-3 JALの採算管理と会計管理システム

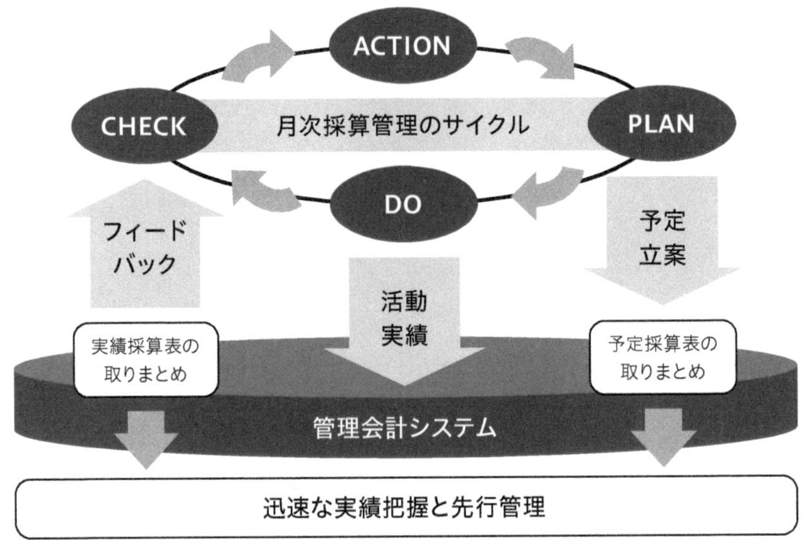

単なる経営管理手法ではなく、リーダー育成や全員参加経営を実現する上で大きな役割を果たしてきた。結果、京セラは創業以来今日まで、1年たりとも赤字を出さず継続的に業績を伸ばしている。

部門別採算制度の目的は次の3つである。

①採算意識の向上

収入・費用・労働時間を科目に細分化した「採算表」を各組織が毎月作成し、組織に所属する社員の活動成果を「見える化」することによって、社員一人一人がやりがいを感じ、それがモチベーションや採算意識の向上につながる。

②リーダーの育成

各組織のリーダーは、組織を運営するのではなく、経営することが求められる。小さな組織の経営者としての経験を積むことによって、より大きな役割を担う組織のリーダーとなるべき人財を育成する。

③全員参加経営の実現

「採算表」や経営情報を組織内で共有し、リーダーの下、組織に所属する全員が当事者意識を持ち、目標達成に向けた「収入最大・経費最小・時間最短」の具体的な取り組みを自ら考え、行動することを通して、各組織の経営に自律的に参画する。

部門別採算制度とフィロソフィ

部門別採算制度は、フィロソフィを実践する場である。

日々、業務の中でさまざまな判断が絶えず行われている。その判断の結果が経営数字として「採算表」に反映されることになる。

部門別採算制度では、年度ごとに年間計画としてマスタープランを立て、それを月次にブレークダウンするとともに、マスタープランの達成を目指し、毎月、前月までの実績を踏まえて当月・翌月の予定・見通しを決める。予定・見通しは単なる「予測」ではなく組織経営者であるリーダーの「強い意志」が反映されたものでなければならない。その「強い意志」を決める上での判断基準になるのもフィロソフィである。

例えば、品質向上とコスト削減について考えてみよう。商品やサービスの品質を高めようとすればコストがかかる。採算を高めるためにはコスト削減が求められる。どちらか一方だけを追求するのであれば、容易に判断を下すことができるが、それでは経営にはならない。「トレードオフ」（何かを得ると別の何かを失う、相いれない関係のこと）は、部門別採算制度では禁句とされる。コストをかけずに品質を高める方策はないのか、あるいは最小限のコストで最大限の効果を引き出すにはどうしたらよいのか、真剣に悩み、考え、答えを出すとき、フィロソフィがよりどころとなる。

また、部門別採算制度が陥りがちな欠点として、自組織の業績向上を意識するあまり（「利己の心」）、全体最適を損なってしまうことが挙げられる。自組織さえ良ければいいのか。自社のみならずグループ各社が持続的に成長していくために自組織が果たすべき役割は何なのか。さらには、人間として何が正しい判断なのか。社会にどのような影響を及ぼすのか。こうした高い視点に立ち、判断していくために、「利他の心」に裏打ちされたフィロソフィが必要となるのである。

部門別採算制度の実践

部門別採算制度の組織には、プロフィットセンターとノンプロフィットセンターの２種類がある。前者では収入と費用の両方が発生し、利益の最大化を目指すのに対し、後者では費用のみが発生し、費用の最小化を目指す。

部門別採算制度では、可能な限り多くの組織をプロフィットセンターに位置付けることにしている。それは、各組織が市場の変動にできるだけ直結した経営を行うことと、費用削減より利益拡大を目指すことでモチベーションが上がることが主な理由である。JALグループ外から収入を獲得することに社員の意識が向く効果もある。

図 11-4　JAL の部門別採算制度

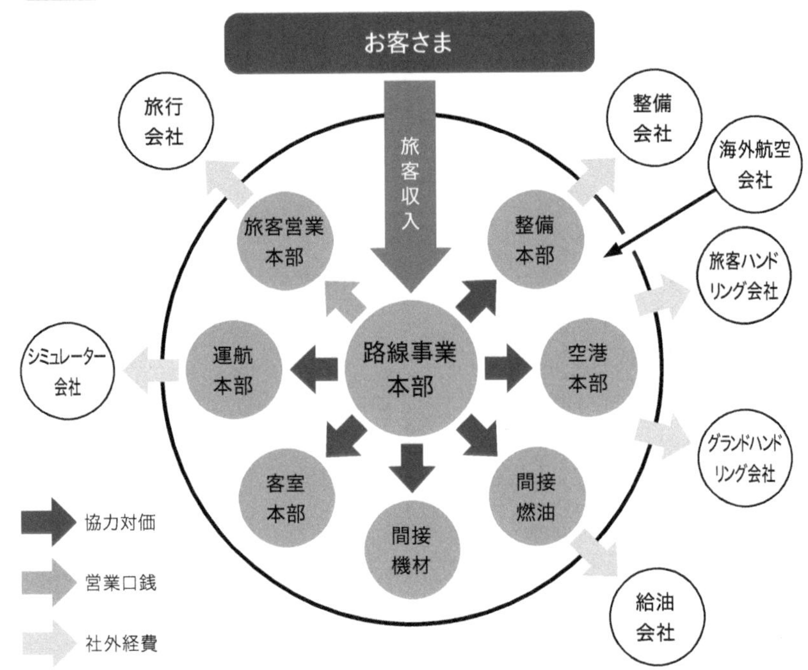

例えば、航空機の乗務員が所属する運航本部や客室本部は、1 便運航するごとに路線事業本部から一定のロジックをもとに算出された「協力対価」を収入として得て、人件費など本部の経費を賄う仕組みを構築している。整備本部や空港本部においても、市場での競争力を確保するために市場価格を意識した「協力対価」が設定されている。また、営業部門は、売上高に一定の比率を掛けた「営業口銭」を収入として得る。

グループ会社との間では、市場価格をベースとした契約を年度ごとに締結し、それに基づいて精算が行われている（「第 9 章 グループ経営」を参照）。

JAL のみならず主要なグループ会社にも部門別採算制度が導入されており、それぞれが自律的な経営を行い、公明正大に利益を追求している。

以下、グループ会社での部門別採算制度の実践事例を 2 つご紹介しよう。

事例研究 空港旅客ハンドリング会社と貨物ハンドリング会社の事例

空港旅客ハンドリング会社での取り組み

空港でJAL便とJALが受託している外国航空会社便の旅客のチェックインやゲート業務などを実施している会社では、次のような取り組みが行われている。

- 空港ではサービスや定時性など品質の高いサービスの提供が求められることから、1便ごとに設定されている取り扱い収入を基本としつつ、品質に連動した収入も設定している。例えば、定時出発率や旅客の褒詞（ほうし）（評価）などに応じて収入を得る。また、JALカードやJALマイレージバンクの会員を勧誘すると増収になる。一方、手荷物トラブルなどを発生させると収入が減じられる。
- 各組織のリーダーが具体的な数字をメンバーと共有し、数字をもとに品質向上や増収の取り組みが活性化した結果、社員による創意工夫が継続的に行われている。
- 社員の強みを活かした「おもてなし講座」を社外で実施し、航空事業以外で収入を得る取り組みも自発的に行われるようになった。

貨物ハンドリング会社での取り組み

空港にある上屋（倉庫）で出発貨物の受け付けや積み付け、到着貨物の保管や引き渡しなどを実施している会社では、次のような取り組みが行われている。

- 自分たちの仕事を「採算表」にひも付け、取り扱い物量と収入、労働時間を毎日共有して、利益や生産性を高める活動がすべての組織で行われている。
- 情報共有により、業務効率化や増収のアイデアが自発的に生まれ、実施されるようになった。例えば、貨物の置き場所や導線を見直す、梱包（こんぽう）資材を受託している外国航空会社に販売する、といった施策が行われている。
- 各組織で部門別採算制度をリードする「アメーバリーダー」に若手社員や女性社員を多く抜擢（ばってき）し、次世代のリーダー人財育成にも大いに貢献している。

部門別採算制度の効果と課題

前述した部門別採算制度の目的、①採算意識の向上、②リーダーの育成、③全員参加経営の実現の3点について、会社や組織による濃淡はあるものの、制度が企業風土として定着するにつれて効果が表れている。「事例研究」で触れたように、増収やコスト削減、品質や生産性の向上、人財育成の面で、導入前と比較すると社員の意識が高まり、それが行動に反映され、数字にも結びついている。

一方、部門別採算制度はJALフィロソフィをベースにした判断や行動が求められる「フィロソフィ実践の場」であり、両者が表裏一体であることへの理解を深めていくことが必要である。さらに、部門別採算制度をより有効に活用し、全員参加経営を実現していく上で、組織の目標に向かって社員が自ら考え行動することが不可欠であることから、JALグループでは次節で述べる「自律型（JALOODA）人財」の育成に力を入れて取り組んでいる。

3 自律型人財

ヒューマンファクターによる差別化

航空輸送事業は、基本的に競合他社と差別化を図ることが難しい。航空機や座席、また提供するサービス用品など、必要とするすべてのものは航空会社独自で作られるわけではない。最新鋭の航空機、フルフラットの座席、スターシェフ監修の食事メニュー、最新の機内エンターテインメントなど、斬新でどこよりも新しいサービスを先駆けて導入したとしても、日進月歩ですぐに競合他社に追い抜かれてしまうのが実態である。

では、このようにハードウェア、ソフトウェアでの差別化が難しいのであれば、何が他社からの優位性を創り出すのであろうか。それは、すぐに同じレベルでまねすることができない「人」の力、ヒューマンファクターではないだろうか。

最新の座席のさまざまな機能を、お客さまの必要なタイミングで分かりやすく説明できるのも、楽しい会話で食事をおいしく演出できるのも、そこに「人」が介在するからこそ、その素晴らしさや商品価値が最大限に伝わるのである。

ハードやソフトは、それを使う人に人がかかわってこそ、生きるものなのである。

この点からも、企業が存続していく上で重要なファクターは、人であることが理解できるであろう。

そして、これは航空会社のみならず、あらゆる企業に共通する点に違いない。

この観点からも、JALでは社員が会社の財産であると捉え、社員を「人材」ではなく「人財」と表現している。その考えのもと、持てる能力を最大限に発揮できる環境の整備と、「自ら考え行動する」人財づくりを目指して、さまざまな取り組みを行っている。ここでは、なぜ「自ら考え行動する」人財が必要なのか、考えていきたい。

自律型人財と依存型人財

自律型人財とは、どんな状況にあっても、あきらめずに今できることからチャレンジし続け、たとえ失敗することがあっても、それを糧にして一歩一歩前進していくことができる人財である。「プラス受信」「自己依存」「自己管理」「自己責任」「自己評価」の思考パターンに基づいて行動する。人が何をしてくれるかではなく、自分が他者や会社や社会のために何ができるのかを考え行動する、そしてその行動は自分の成長機会と考える。充実の欲求（苦労しても充実したい）で生き、また、他者を幸せにしようとして生きる。

一方、依存型（指示待ち型）人財は、変化を好まず、毎日同じことを繰り返すことを求め、失敗を恐れ、問題に対しても消極的で、問題の原因は他者にあると考え、常に不平不満を持つ。「マイナス受信」「他者依存」「他者管理」「他者責任」「他者評価」で行動する。安楽の欲求（なるべく楽をしたい）で生きており、そこから一時的な安楽は得られるものの、面倒なことを避けることで能力は向上せず、他者からの信頼もなくなり、結果的には安楽に生きていくことができなくなる。

果たしてどちらの人財が企業発展のために必要か、そしてどちらの人財が充実した人生を送ることができるのか、答えはいうまでもないことであろう。

自律型人財の育成が企業風土改革に必須だということが分かったところで、JAL の取り組みを見ていきたい。

破たん前の JAL では、マニュアルに書かれたことを何よりも優先する風土があり、それによって官僚的、杓子（しゃくし）定規な企業体質と揶揄（やゆ）されることも多かった。マニュアルに従うこと、マニュアルに書かれた通りに行動することは、社員にとって一定の安心・安全を約束してくれるものであり、かつ JAL 全体の品質を高めるという大義にもつながっていたのである。

なぜこのような職場風土となっていたのであろうか。

マニュアルを考える

航空会社は、安全、正確に飛行機を飛ばすことが何よりの命題である。そのためには、マニュアルは必要不可欠な存在である。パイロット、客室乗務員、整備士、空港グランドスタッフなど、それぞれの部署に応じて安全とサービスにかかわるマニュアルが配備されている。今でこそ電子マニュアルとなり、山のようなマニュアルの数々が書棚を埋め尽くすことはなくなったが、いずれにしても驚くような量であることは確かである。これらのマニュアルに決められたことを確実に理解し、全員が同じ安全基準を身に付け実行することで、航空会社の安全運航は達成できるのである。

それではサービスに関してはどうであろうか。

客室乗務員で考えると、サービスのいわゆる基本的な手順はサービスマニュアルに定められており、その手順、サービスのスタンダードにのっとって乗客へのサービスを行っている。しかしながら「サービスは生き物」である。現場の状況によっても、乗客によっても、その都度求められるものは異なってくる。乗客の要望は千差万別であり、その要望に応じて柔軟に応えていくことが何よりも求められることである。

このサービススタンダードだけでは網羅し切れない部分、それが客室乗務員の力に委ねられるものであり、一人一人がその都度「自ら考え」「マニュアルを超えて」行動していくことが必要となってくる。

では、近年、サービスマニュアルをスリム化しているのはなぜだろうか。

客室サービスは時代とともに多様化し、それに伴って手順部分は非常に複雑で情報量が多くなっている。しかしながら、形のない「ホスピタリティ」の部分、すなわちマニュアル化できないものは、まさに客室乗務員が目の前の乗客に対してどのように対応すれば最適なのか「自ら考え行動する」ことでしか実現できない。もし、これら１つ１つの対応をすべてマニュアルに網羅するとなれば、マニュアルの分厚さは宇宙規模になるに違いない。

また、「ホスピタリティ」の部分は、マニュアルに記載した時点でそれは「決まり」となり、個々の乗客へのホスピタリティではなくなるものである。

以前の JAL では、客室乗務員のサービスのバラつきをなくすために、マニュアルには詳細にわたってルール＋α部分の記載を行った。つまるところ、その＋α部分が「決まり」となり、その「決まり」通りにサービスすることが安心感となって、それ以上に考え、行動しない風潮が創り出されていった。これらは下限管理にはなっても、それ以上のサービスを乗客に提供しよう、乗客に感動してもらおうと思う意欲を向上させるものではなかった。

これらのことから、単にマニュアルに従うのではなく、いかにマニュアルを使いこなしていく人財を創っていくかに主眼を置き、マニュアルのスリム化が推進されていったのである。

ただし、「自ら考え行動する」場合においても、航空会社として忘れてはならない判断基準がある。「安全性」と「公平性」の２つである。

航空機の安全、乗客の安全、仲間の安全を担保しながら、乗客に不公平感を与えないサービスを提供するためにはどうしたらよいのか、この２つを常に見極めながら、マニュアルを超えて行動していくことが必要なのである。

公平性は、航空会社のホスピタリティとして、特に客室や空港などのサービスフロントにおいて、特に気を付けなければならない重要なポイントである。

顧客６大心理の中に「損をしたくない心理」があるが、これはサービス産業だけが配慮すべき顧客心理ではない。現代社会において、あらゆる企業がさまざまなシーンにおいて配慮すべき顧客心理である。

マニュアルを超えて

それでは、客室乗務員が企業理念である「お客さまに最高のサービスを提供する」ために、「自ら考え行動する力」をどのように育んでいるのであろうか。

これらは教育訓練の場だけではなく、何よりも日々の乗務の中で、多くのお客さまと相対する中で培われていくものなのである。

企業理念とJALフィロソフィが意識、考え方、行動の基盤であり、その基盤の上に「お客さまを大切に思う心」をコアとして醸成していく。

「お客さまを大切に思う心」とは、「お客さま視点」という耳慣れた言葉ではなく、「お客さまがもし自分の大切な家族だったとしたら」と考え、寄り添う気持ちを意味している。

「自ら考え行動する」際に軸をぶらさないためには、まずはこの「心の醸成」が重要な部分となってくる。そして、その上で身に付けなければいけないものは、「知識と技量」に裏打ちされた基本品質である。基本品質とは、JALが顧客に約束しているものであり、顧客がJALに期待する品質のことである。

安全もサービスも、FSCとして当然提供されるであろう品質が提供されなければ、いくら「お客さまを大切に思う心」があっても顧客の再利用は見込めなくなる。よって、基本品質の徹底は企業の命題なのである。

この観点からもマニュアルは決してなくせるものではないが、そこに安穏とせず、それを超えていく人財を創り出していくことが必要となる。すなわち、一人一人が「感知力、人間力」を磨いていくことが非常に重要となってくるのである。

それでは、感知力、人間力とは何なのかを考えてみよう。

例えば、一人の乗客が搭乗してすぐに「ひざ掛けをください」と客室乗務員に頼んだとする。そこで「はい、かしこまりました」とすぐにひざ掛けを持っていくことは、マニュアル通りのサービスであり、基本品質の部分である。万が一お待たせしたり、忘れてしまったりしたとすれば、その乗客はがっかりし、二度とJALを利用したくないと思うかもしれない。基本品質が損なわれたことにより、顧客の再利用は見込めなくなる。

一方、ひざ掛けを頼んだ乗客に対して、感知力を発揮した乗務員は、その様子から「薄着で寒そう」と感じ取り、「一緒に温かいお飲み物はいかがですか？」とお勧めする。あるいは疲れている様子から、「機内で休みたいに違いない」と想像して、ひざ掛けと一緒に枕もお持ちする。

このようにひざ掛けを頼んだたった一言から、客室乗務員が自分のためにさまざまなことを考え、気付いて対応してくれたことに対して、乗客は感動するのである。

感知力とは「察する力」、つまりはあらゆる場面で顧客の心に寄り添い、何を望んでいるのかを感じ取るセンサーである。そして、人間力とは、感知力で気付いたことに対して、その顧客に、その状況に最も合うと思う方法で柔軟に応えていくことである。

すなわち、気付く感性とそれを行動で伝えていく力、これらを常に磨き続け、発揮できてこそ、マニュアルを活かしながらそれを打ち破っていける人財になっていく。

これが顧客を大切に思う気持ちとして伝わり、心に残るサービスとなって、「JALらしいおもてなし」を生み出していくのである。

事例研究　機内でのトラブル対応（乗客のコメントから）

離陸前に、隣席の客が膝の上の荷物を下ろさず、客室乗務員と長時間もめていた。その客はなかなか納得せず、見かねた後ろの客が客室乗務員に従うようにいっても取り合わず、その様子は非常に見苦しかった。とても不快な気分になり、利用したことを後悔し、もうJALには乗りたくないと感じた。

離陸してしばらくたったころ、先ほど対応をしていた客室乗務員から、あめと一緒に絵はがきが手渡された。最初は単なるサービスと思ったが、絵はがきには、先ほどの客との対応で、私が嫌な思いや、怖い思いをしていないかを気遣うメッセージが書かれていた。また、自分の対応が至らず、とも書いてあった。しかし、客室乗務員の対応は安全上当然であり何ら間違っていなかったにもかかわらず、謙虚な気持ちで気遣いをいただき、さっきまでの不快な気持ちはすっかり消え、とても温かい気持ちになった。機内ではお礼を伝えられなかったが、今回の素晴らしい対応に心から感謝している。ありがとう。やはりこれからもJALを利用する。当分は大変なことが多いと思うが、頑張ってほしい。

感知力・人間力を発揮できた

JALを二度と利用したくないと思った乗客の気持ちを変えることができた要因は、どこにあっただろうか。

この乗務員は安全マニュアルに書かれた規定通りの対応を行った。それは、すべての乗客や仲間の安全を守るという、航空保安を確保するためである。これで十分な対応である。しかし、それだけで終わらせなかった。周りの乗客の心情を察し、自分に何ができるかを考え、行動した。

その結果が乗客の心を動かしたのである。

JALらしさの追求

ここまで、サービスフロントとしての客室乗務員の事例を紹介してきた。

しかしこれらは客室乗務員のみならず、JALグループ社員全員が目指していくものであり、一人一人が感知力、人間力をそれぞれの業務で発揮することで、「JALならでは」や「JALらしさ」が形創られていくのである。

自律型人財をつくる全社的な取り組みとして「JALOODA（ジャルウーダ）」というものもある。これはJALフィロソフィをより高度に実践していくために必要な姿勢であり、一言でいえば「自律型」そのものである。目まぐるしい環境変化の中で、スピード感を持って一歩先を行く価値を提供し続けるために、「決められたことだけをきっちりこなす依存型の社員」から「自ら考え行動に移す自律型の社員」になることを目指している。これについては、章末の「トピックス」で紹介したい。

先にも述べたように、社員一人一人が個々の強みを伸ばしていくことで、その企業の「○○らしさ」は特徴付けられる。自分たちはどうありたいのか、どうあるべきなのかという方向性が共有されたとき、おのずと一人一人の考えや行動が定まってくる。

時代とともに変革を遂げながら、その時代に合った自分たちの「○○らしさ」を思考し続けていくことが重要なのではないだろうか。

トピックス マニュアルについて

航空事業において、マニュアルは安全に直結した内容が多いため、マニュアルの真意を十分に理解することは必須である。

その方法は、記載されている手順ができた理由や、それを守らなかった場合の影響を自ら考えることである。なぜこの手順なのか、どうして守らなければいけないのかを自問自答することで、マニュアルへの理解が深まり、その真意も理解できる。言い換えるなら、マニュアルを使う立場にあっても、マニュアルを作る視点で考えてみると、問題点がよく見えてくるということである。

常に同じ製品が流れてくる製造ラインとは異なり、エアラインの業務の多くは、状況や対象が常に変化、変動している。となると、基本的に守るべきSOP（Standard

Operation Procedure）としてのマニュアルをもとに、変化、変動する状況に柔軟に対応していく必要が生じることもある。

いずれにせよ、マニュアルの記載がすべてではない。マニュアルの真意を理解した上で、より良い業務の遂行への問題意識を持つ態度が必要と考える。

マニュアルをこなしているだけでは、仕事の全体像は見えてこない。職場のメンバーがそれぞれにこなしている仕事について情報を共有し合うことで、仕事の全体像を理解すれば、マニュアルに対し柔軟な姿勢を持つことができるだろう（『新提言書「守れ、安全の砦」日本航空 安全アドバイザリーグループ』より抜粋）。

自律型人財の未来

航空業界のみならず、あらゆる産業を取り巻く社会環境や顧客のニーズは、時々刻々変化し続けていくことは間違いない。

そして、AI（Artificial Intelligence、人工知能）が人間の領域に占める割合が今後増えていくことは確実である。そのような中、人間を感動させることができるのは人間であり、創意工夫を重ね、さらに感動領域を創り出せるのは、ヒューマンの力があってこそではないだろうか。

人にしかできないことがあり、機械が進化するのであれば、同時に人も進化していけばいいのである。常に新しい価値を生み出していくチャレンジ精神にあふれるクリエイティブな人財こそが、AIを使いこなす上で求められる人財なのではないだろうか。

そのためには、常に研鑽（けんさん）を積み、自己の行動姿勢を確立していくことが重要である。自分の夢や目標を達成するためにも、自ら考え、行動する自律型人財となり、今こそ自らの可能性を追求していってほしい。それが豊かで充実した人生を送るための道標（みちしるべ）となるに違いない。

トピックス　JALOODAの取り組み

OODAとは、Observe（観察）、Orient（状況判断、方向付け）、Decide（意思決定）、Act（行動）の頭文字を取ったもので、目標を達成するための4要素とされている。

JALOODAとは、OODAの考え方をベースに、「自律型人財になる・行動する」をキーコンセプトとした、JALグループ内のあらゆる取り組みの総称である。与えられた業務を遂行するだけの依存型体質から脱却して、自ら考え、行動に移す。それをJALOODAと呼んでいる。JALフィロソフィ、部門別採算制度を高度に実践していくために、JALOODAの姿勢で業務に当たることが求められている。

ここで部門別採算制度と、JALOODAの関係を図から説明してみよう。

図11-5 JALOODAの概念

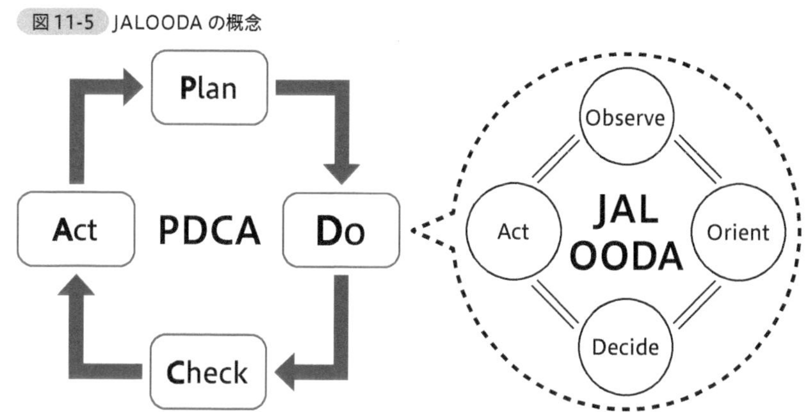

一般的に、OODAはPDCAに代わる意思決定プロセスといわれることが多いが、JALOODAは一般的なOODAと必ずしも同じではなく、PDCAプロセス、特に「Do」の中でOODAループが回っているというイメージである。

例えば、部門別採算制度において、月次の目標を達成すべく、毎日数字を追いながら自分にできることを自ら考えて行動する、といったようなことである。いわば、PDCAの「Do」の中で、一人一人のOODAループが高速回転している状態がJALOODAであり、部門別採算制度が目指す「全員参加経営」を実現できている姿である。

また、組織を越えて挑戦する社員の背中を押す、アイデア創出コミュニティ「クロメン（Crossing Mentor & Mentee）」や、他社との協業を通じWakuwaku（ワクワク）でイノベーションを起こすことに自律的にチャレンジする「W-PIT（Wakuwaku-Platform Innovation Team）」などを導入し、「JALOODA」人財を育成するための仕組みづくりも行っている。

いかなる環境・条件の中においても、自らの能力を最大限に発揮して、道を切り開いていこうとする人財が集う自律型組織となり、新しい価値を顧客に提供することで、JALは企業理念の実現を目指している。

▼社員の意欲向上｜サステナビリティ｜ JAL 企業サイト
https://www.jal.com/ja/sustainability/human/employee-motivation/

課題

①自分自身がこれまで「自律型」として「自ら考え行動した」事例から、その結果生み出されたもの、影響を与えたもの、自身が得られたものは何か、考えよ。
一方、「依存型」となっていた事例から、なぜそうなったのか、それによる弊害はあったか、自身としてどう感じたかを考察せよ。

②今後、AIが人間の領域に占める割合が増えていく中、人にしかできないこととは何か。新しい価値を生み出していくために、人間は何をしていくことが必要と考えるか。自分自身は何をしていこうと思うか。
以下の視点からそれぞれ考察せよ。
・人間とAIとの役割分担（人間＋AI）
・AIを活用した付加価値向上（人間×AI）

＜参考文献＞

『エアライン・ビジネス入門』稲本恵子著（晃洋書房）
『ホスピタリティ・マネジメント』山口一美著（創成社）
『JAL の心づかい』上阪 徹著（河出書房新社）
『星野リゾートの教科書』中沢康彦著（日経 BP 社）
『航空とホスピタリティ』ANA 総合研究所著（NTT 出版）
『メンタリング・マネジメント』福島正伸著（ダイヤモンド社）

第12章

社会課題の解決 I

この本を手に取った皆さんが、自分たちの未来を考え、小さなことでも「持続可能な社会」のために何ができるかを考え、自ら踏み出すきっかけとしてほしい。

また、航空会社ならではの課題や取り組みへの理解を深め、社会活動や社会貢献の必要性と意義についてともに考えるきっかけとなれば幸いである。

1 社会課題への取り組みの必要性

(1) なぜ社会課題を解決する必要があるのか

産業革命以降、人類は石炭や石油、天然ガスといった化石燃料の消費や森林破壊などで、大気中のCO_2濃度を上昇させてきた。その結果、私たちの住む地球は温暖化や生物多様性の危機など深刻な状況に陥っている。人が資源をたくさん使うことで地球環境のバランスが崩れ、未来の地球に、今のように住めなくなる可能性が出てきていることは皆さんも想像できるだろう。世界自然保護基金（World Wide Fund for Nature、WWF）は、現状の人類全体の生活を支えるには地球1.7個分が必要になると試算している。

このような背景を踏まえ、私たちは、今の生活環境や利便性のみを追求したり優先させたりするのではなく、「豊かな地球」と「持続可能な社会」を次世代へと引き継ぐことが必要不可欠といえる。企業は、社会に必要な「商品・サービス」を提供し続けることに加え、持続可能な企業となるために、事業活動を通して社会課題を解決することが求められている。

企業はさまざまなイベントリスク、例えばアメリカ同時多発テロ事件、重症急性呼吸器症候群（SARS）、リーマンショック、COVID-19などを乗り越えながらも、企業価値の向上と社会の進歩発展に貢献していくことを目指している。

(2) 航空業界の課題と取り組み

航空業界は世界全体のCO_2排出量の約2%を排出していると試算されており（2018年で人類全体のCO_2排出量は420億トン、うち航空業界の排出量は9億トン程度）、自らの責務として、CO_2排出量の削減をはじめとした気候変動への対応を着実に進めていく必要がある。地球温暖化は、自然災害の増加、平均気温の上昇を引き起こし、それらに端を発する飢餓や貧困など深刻な社会問題へとつながっている。「豊かな地球」と「持続可能な社会」を次世代に引き継ぐため、航空業界は、CO_2排出量削減のほかにも、地球環境の保全や持続可能な社会を実現するため積極的に取り組んでいる。

図12-1 21世紀末における地上気温の変化

出典：全国地球温暖化防止活動推進センター（JCCCA）Webサイト

トピックス 地球温暖化による影響とその原因

気候変動に関する政府間パネル（Intergovernmental Panel on Climate Change、IPCC）の第5次評価報告書（2014年発表）では、厳しい温暖化対策をしなかった場合、平均気温が2.6～4.8℃、平均海面水位が45～82センチ上昇する可能性が高いと予測されている。

ここ数十年、すべての大陸や海洋に気候変動の影響が現れていると指摘しており、1986～2005年の平均気温と比較して1℃の気温上昇でも、熱波、極端な降水、沿岸域の氾濫のような「極端な気象現象」のリスクが高くなり、2℃上昇では、北極海氷システムやサンゴ礁が非常に高いリスクにさらされ、3℃上昇に至っては、氷床の消失による大規模で不可逆的な海面水位の上昇のリスクが高くなることが示されている。

さらに、IPCCの第6次評価報告書（2021年発表）では「人間の影響が大気、海洋および陸域を温暖化させてきたことには疑う余地がない」と評価され、温暖化の原因が人間活動であると断定された。定量的な評価として、2010～2019年の期間で観測された気温上昇は産業革命前と比べ1.06℃だったが、そのうち人間活動によるものは1.07℃だったとのデータも示され、人間が引き起こした気候変動は、世界中のすべての地域で、多くの気象や気候の極端な現象にすでに影響を及ぼしていること、そして温室効果ガスを大幅に削減する必要があることが指摘されている。ゆえに、気候変動への対応を人類全体で進めていかなければならない状況にある。

2 SDGsとESG

(1) SDGsとは

SDGsは、2015年9月にニューヨークの国連本部で開催された「国連持続可能な開発サミット」で採択された、国際社会が2030年までに持続可能な社会の実現を目指すための具体的な目標である。途上国における貧困や飢餓などの課題にとどまらず、人権やジェンダー、技術革新など先進国にも当てはまる課題や、気候変動やエネルギーなどの全世界レベルの課題解決を目指すものであり、「誰一人取り残さない」という理念に基づき、150以上の国連加盟国首脳参加のもと採択された。

ゴール1の「貧困をなくそう」からゴール17の「パートナーシップで目標[1]を達成しよう」まで、17分野の目標と169のターゲットから構成され、それぞれ密接不可分の関係にある。国連はこの目標の達成を目指し、各国政府や企業、市民社会に対して全世界的な行動を要請しており、特に企業に対しては、課題解決を担う主体として大きな期待を寄せている。つまり、すべての企業はSDGsの実現に向け、事業を通して社会課題に取り組んでいく必要がある。

1　各目標の内容は外務省のWebページを参照。
▼持続可能な開発のための2030アジェンダ
https://www.mofa.go.jp/mofaj/gaiko/oda/sdgs/pdf/000270935.pdf

図 12-2 SDGs の 17 の目標

出典：国際連合広報センター

(2) ESG とは

ESG とは、環境（Environment）、社会（Social）、ガバナンス（Governance）の頭文字を取ったもので、企業がサステナビリティを重視した企業活動を推進しようとするとき、軸となる考え方である。

2006 年に国連が投資家の取るべき行動として、「責任投資原則（Principles for Responsible Investment、PRI）」、すなわち、機関投資家の意思決定プロセスに ESG 課題を組み込み、受益者のために長期的な投資成果を向上させることを目標とした原則を定めた。それ以降、持続可能性を重視する ESG 投資は急速な拡大を見せている。

そのような中、2015 年の国連サミットにおいて、グローバルな社会課題を解決し持続可能な社会を実現するための国際目標である SDGs が採択された。今や世界中の企業が SDGs を経営に取り込むことで、ESG 投資を呼び込もうと力を注いでおり、日本においても、SDGs と経営を結び付けることで企業価値を高めるべく、先鋭的な取り組みを進めている大企業やベンチャー企業も数多くみられる。

企業は、SDGs を実現するために、ESG 経営を推進している。例えば、JAL グループは ESG 経営の視点から次ページの図 12-3 のように重点 4 領域と 22 課題を特定し、取り組みを進めている。また、参考例として、JAL グループにおける ESG の具体的な取り組みについて、それぞれの項目で代表的なものを紹介していく。なお、S（社会）の中に含まれる「地域活性化」など地域社会に関する取り組みについては、次の「第 13 章 社会課題の解決II」

で詳しく採り上げることとする。

図 12-3 JAL が取り組む重点 4 領域と 22 の課題

		取り組む課題		貢献するSDGs
E	環境	気候変動への対応	限られた資源の有効利用	 6, 7, 11, 12, 13, 14, 15
		環境汚染の予防	騒音の低減	
		生物多様性の保全		
S	人	アクセシビリティの向上	ワークスタイル変革	 3, 4, 5, 8, 10, 16
		D&I 推進	人権の尊重	
		人財育成	ウエルネス推進	
		感染症拡大の防止		
	地域社会	インバウンド誘致	地域活性化	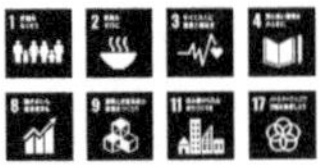 1, 2, 3, 4, 8, 9, 11, 17
		被災地への復興支援	路線ネットワーク拡充	
		移動・生活の利便性向上	社会貢献活動	
G	ガバナンス	公正な事業行動の推進	責任ある調達活動の推進	 4, 8, 9, 12, 16
		BCM の強化	情報開示	

出典：JAL企業サイト

3 E(環境)S(社会)G(ガバナンス)の具体的な取り組み

(1) E（環境）-CO_2 の排出量削減 -

気候変動への対応は、国、国際機関、自治体、企業など、さまざまな主体が一丸となって取り組みを進めていかなければならない課題である。

航空業界全体では、ICAO が 2010 年、2013 年の総会において、燃料効率を毎年 2% 改善すること、および 2020 年以降国際線の CO_2 総排出量を増加させないこと、そして 2016 年には、2021 年以降、国際線を運航する航空会社に対して、2019 年の CO_2 排出量を超過した分について CO_2 排出権の購入などを義務付ける CORSIA 制度を導入することを採択し、気候変動への対応を進めている。

第 10 章で、CO_2 に焦点が当てられている背景について解説しているが、ここではあらためて CO_2 削減に関する具体的な対策について詳細に説明する。

JAL グループは 2050 年に航空機からの CO_2 排出量実質ゼロを目指すことを 2020 年の株主総会で宣言した。JAL が加盟する航空連合（アライアンス）であるワンワールドにおいては、2020 年 9 月、加盟 13 社全社が 2050 年までに CO_2 排出量実質ゼロを目指すことに賛同すると発表している。

図 12-4　JAL グループの CO_2 排出量削減の推移と目標

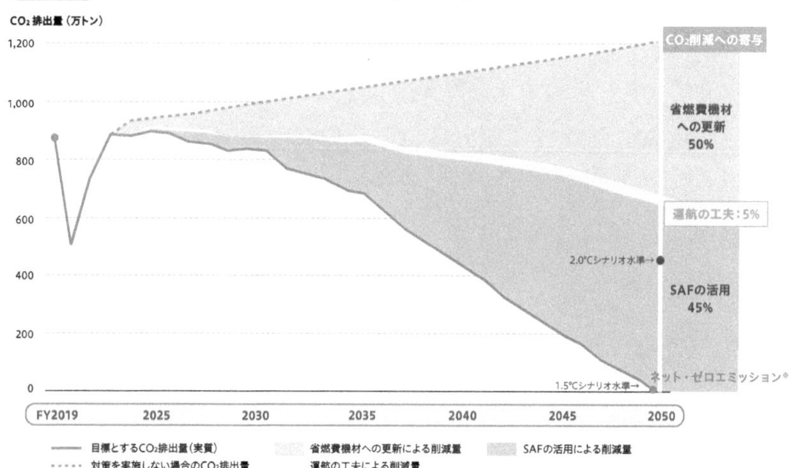

省燃費機材への更新　当面は最新鋭の省燃費機材を活用し、将来的には水素や電動などの新技術を使った航空機を導入

運航の工夫　自社の取り組み（JAL Green Operations）に加え、管制機関・航空会社・空港運営会社など、業界全体で協働を推進

SAFの活用　脱炭素社会を目指すステークホルダーとの協働により、SAFの供給量を確保するとともに費用削減を推進

※ 事業活動による実際の CO_2 排出量と、施策による削減量との均衡を達成すること＝Net Zero Emission（排出権取引やCCS（CO_2 吸収技術）などの活用も含む）

中長期的には、CORSIA 制度に基づき、国際線の CO_2 実質排出量を 2019 年の排出量以下とすることを順守するとともに、国内線においても CO_2 排出量の削減を推進する。具体的には、省燃費機材への更新（エアバス A350 型機やボーイング 787 型機などの導入で CO_2 排出量を 15 ～ 25％程度を削減）、および日々の運航での着実な消費燃料削減、ならびに従来バイオジェット燃料と呼ばれていた SAF の開発促進と活用、そして排出量取引への対応を行う。

特に、これらの取り組みの中で、今後中心となってくる SAF への対応については、2018 年の米国の SAF 製造会社への出資をはじめ、2021 年にはその認知拡大および理解促進を目的とした ANA との共同レポート「2050 年航空輸送における CO_2 排出実質ゼロへ向けて」の策定、ワンワールド アライアンスメンバーによる米国西海岸での共同調達、2022 年には国産 SAF の商用化および普及・拡大に取り組む有志団体「ACT FOR SKY」の設立などさまざまな取り組みを加速させることで、安定的な調達を目指している。

図 12-5　米国ネバダ州の SAF 製造会社（フルクラム社）

また、ANA グループは 2020 年 11 月に SAF を使用した定期便の運航を実施するとともに、2021 年には 2050 年までに CO_2 排出量実質ゼロを実現する方針を決定して、国内航空大手 2 社において CO_2 削減目標の足並みがそろった。

航空会社や空港会社のみならず、金融や石油会社などに関係する 60 社に及ぶ企業が共同で、2021 年 9 月、世界経済フォーラムの「Clean Skies for Tomorrow」において、2030 年までに使用する航空燃料の 10%を SAF にすることに賛同を表明するなど国内外のステークホルダーとの連携が進んでいる。前述の SAF に関する共同リポートでは、世界の SAF 生産量は需要の 0.03%未満にとどまり、量産と普及が急務であることを明らかにしており、今後も 2050 年の CO_2 排出量実質ゼロに向け、あらゆるステークホルダーとのパートナーシップのもとで気候変動への対応を進めていくことが求められる。

図12-6 日々の運航における消費燃料削減（2019年）

2019年度のCO_2削減実績

定期整備中

20,100トン削減

エンジン洗浄

駐機中

PHOTOGRAPHY BY SACHIE ABIKO

800トン削減

補助動力装置（APU）の
利用削減
（客室シェード施策など）

出発前

7,100トン削減

貨物コンテナなどの軽量化
飛行計画の最適化

離陸時

9,600トン削減

上昇経路の最適化

降下中

37,900トン削減

着陸形態の最適化
連続降下方式

着陸時

5,900トン削減

逆噴射抑制

着陸後

5,000トン削減

地上移動時の
片側エンジン停止

(2) E（環境）- プラスチックの削減 -

廃プラスチックによる海洋汚染など、プラスチックの大量使用・廃棄に起因した世界的な問題に対処するため、航空業界では、機内や各空港で使用されるプラスチック製品の使用量削減や環境に配慮した素材への切り替えに取り組んでいる。例えば、JAL では、プラスチック製ストローとマドラーの提供を廃止し、環境により負荷の少ない国際森林認証紙を使用した紙製ストローと木製マドラーを 2019 年 10 月より導入している。これにより、年間約 200 万本のプラスチック製ストロー、約 400 万本のプラスチック製マドラーの使用を削減した。

また、2019 年 10 月から翌年 4 月までの間、日本トランスオーシャン航空（JTA）は那覇発福岡行の便のクラス J において「木のストロー」を提供した。

図 12-7 JTA の機内で提供された木のストロー

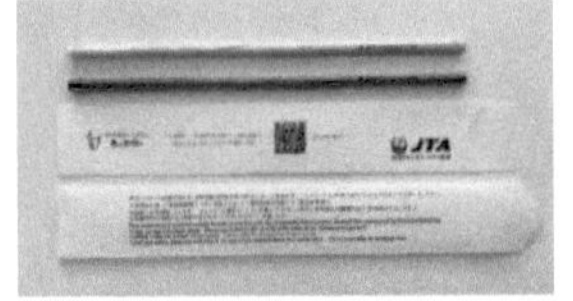

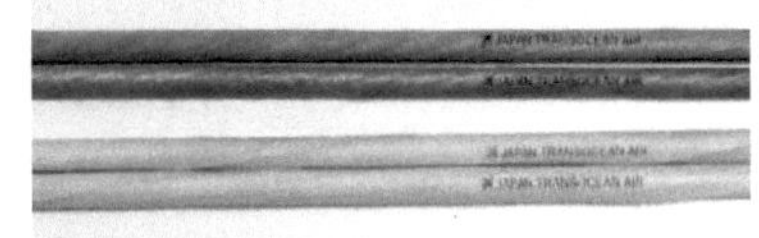

JAL は、2021 年 5 月に「2021-2025 年度 JAL グループ中期経営計画」の中で、使い捨てプラスチック削減目標を発表した。2025 年度までに、3R（Reduce/Reuse/Recycle）＋ 1（Redesign）の推進により、客室やラウンジで提供する使い捨てプラスチックについて、新規石油由来のプラスチックを全廃する。また、空港や貨物において環境配慮素材配合への 100％切り替えを目指している。

図12-8 機内やラウンジでの取り組み

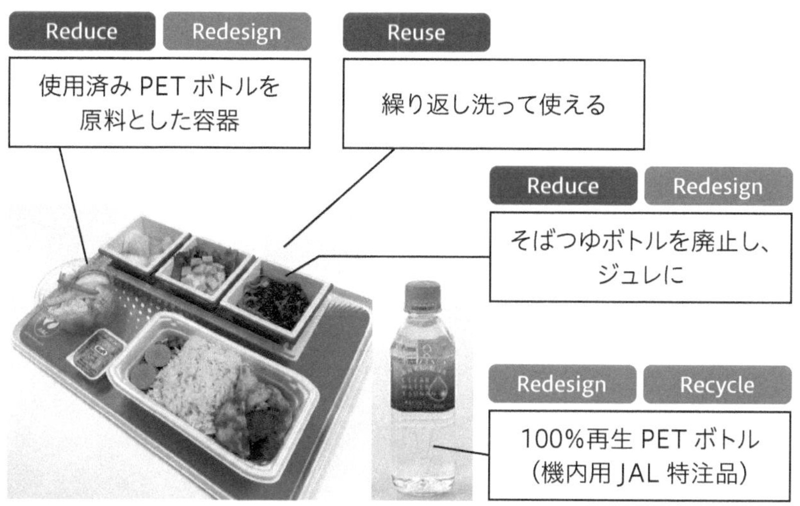

図12-9 空港や貨物においての取り組み

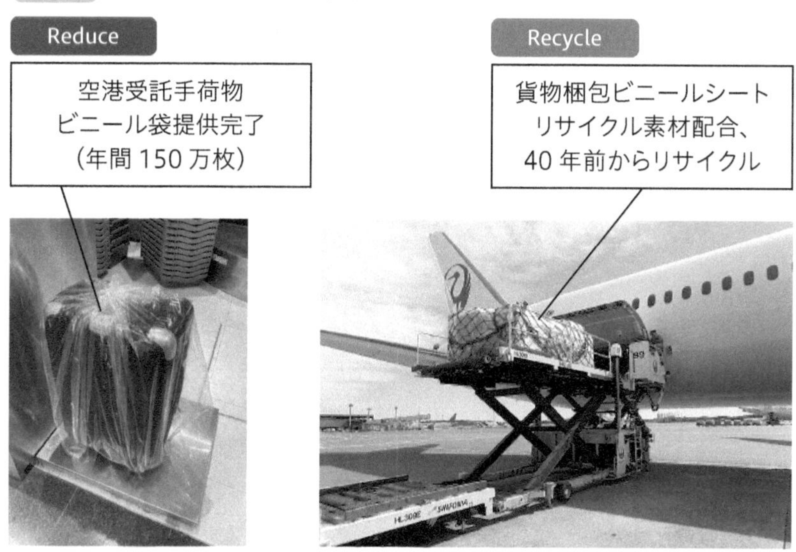

・具体的な事例

リデュース：2021 年 9 月（一部の空港は 10 月）から受託手荷物ビニール袋配布を中止した。サービス形態の抜本的な見直しを行い、機内食のそばつゆをジュレにして提供することで、そばつゆ容器の削減を実現した。

リユース：ビジネスクラスのウェルカムドリンクのカップを、洗浄して何度も使えるリユースタイプに変更した。

リデザイン：衛生の観点など、さまざまな制約により使い捨てを継続する場合には、代替素材の持続可能性にも配慮。プラスチック製ストローとマドラーをより環境負荷の少ない国際森林認証紙ストローや木製のマドラーに変更した。

リサイクル：ミネラルウォーターのペットボトルについて製造会社と協働し、100%再生ペットボトルを段階的に導入。また、1993 年より機内から出るペットボトルを再生して資源を循環している。なお、貨物がぬれないように利用するポリエチレンシートは、40 年にわたり境界杭などにリサイクルしている。

(3) S（社会）-ダイバーシティ&インクルージョン（D&I）-

一人一人を尊重し、多様性を積極的に受け入れ、その個性を活かすことは、社会を永続的に発展させるために必要である。

JAL グループでも、2014 年にトップコミットメントとして「ダイバーシティ宣言」を発信して以来、D&I 推進を人財戦略の中心に位置付け、誰もが生き生きと活躍できる会社を目指して取り組んでいる。IT など技術の発達が目まぐるしい時代において、D&I を推進することにはどのようなメリットがあるのか、皆さんも考えてみてほしい。多様な個性が生み出すさまざまなアイデアにより、新たな価値の創造（イノベーションの創出）やお客さまへの最高のサービスの提供、社会への貢献を果たすことができるのである。

取り組みの具体例として、まず、人財の育成・登用と活躍領域の拡大が挙げられる。「女性活躍」に着目すると、2021 年 3 月末現在、JAL グループの女性管理職比率は 19.5%と、2015 年と比較して 3.9 ポイント増加した。この間の新たな動きとしては、役員や女性管理職によるメンタリングプログラムの導入による女性社員のキャリア形成サポートや、出産・育児などのライフイベントにより離職を余儀なくされた人財（JAL グループ以外の人財を含む）の再就職を支援する「ワークアゲインプログラム」がある。

活躍領域の拡大としては、障がいのある社員が、社内のカフェやマッサージルーム、ネイルサロンといったさまざまな分野で、特性や特技を活かして働いている。

続いて、仕組みの整備と意識醸成の取り組みも紹介しよう。グローバル化への対応として、世界中の JAL グループの社員が国や地域を超えてグローバルに活躍できるための制度を整えてきたが、並行して、日本地区で活躍する海外地区採用社員と日本地区の社員とが、ピザを片手に語らう「PIZZA NIGHT」と名付けた催しや、世界中をオンラインでつないだ研修の実施など、双方を身近に感じる取り組みを重ねてきた。

また、LGBTQ[2]の理解促進にも積極的に取り組んでいる。国内初となる「LGBT ALLYチャーター」の運航や、空港や機内でのアナウンスで従来用いてきた「Ladies & Gentlemen」を廃止し、ジェンダーニュートラルな表現に切り替えたのもその一例だ。

D&I推進には、仕組みの整備と意識の醸成、そして、人財を育成し、活躍する場を創出して実際に登用することが欠かせない。JALグループの取り組みを通じて、D&I推進のために不可欠な枠組みを理解してほしい。

図12-10 国内初となる「LGBT ALLYチャーター便」の運航（2019年）

(4) S（社会）- アクセシビリティの向上 -

航空業界では、アクセシビリティの向上のため、すべての利用者が空港・機内において快適に過ごすことができる環境の整備や、事前に利用者の不安を解消するWebサイト上での情報提供、心のバリアフリーを実現するための社員教育などを行っている。

また、COVID-19の影響下、障がいのある利用者や高齢の利用者などの対応に関するガイドラインが2020年8月にIATAより発行された。これを受け、サポートを希望する旅客が航空機を利用する際の具体的かつ詳細な接遇方法を示した「新型コロナウイルス感染症対策を踏まえた接遇ガイドライン」をJALとANAの2社が共同で策定し、今まで以上の安全・安心を届けている。

JALグループは、「誰もが旅を通じて、より豊かな人生を楽しめる社会の実現」に向け、すべての利用者がストレスフリーで旅を楽しむことができるよう、スムーズで快適な移動環境と一人一人に合った旅を提供している。加えて、JALフィロソフィをベースとした「アクセシビリティに関するサービスポリシー」を定め、グループ一丸となって各種取り組みを推進して

2 Lesbian, Gay, Bisexual, Transgender, Questioningの頭文字を取ったもので、性的マイノリティー（性的少数者）の総称。

いる。具体的には、ミライスピーカーなどの介助支援ツールの導入のほか、羽田空港において、日本空港ビルデング株式会社・WHILL株式会社と3社共同で世界初となる自動運転車いすサービスを開始するなど、先端技術の積極的な活用のほか、より多くの旅の選択肢と新たな体験を提供するアクセシブルツーリズム[3]を推進することで、すべての利用者が安心して自由に移動できる環境整備に努めている。

また、ANAグループでは、「誰もが移動をあきらめない世界へ」をキーワードに、さまざまな理由で移動にためらいのある人々に提供する移動サービスとして「Universal MaaS[4]」の実証実験をアプリで実施するなど、産学連携による取り組みにも力を入れている。

図12-11
車いすの利用者が安心して楽しめるハワイツアー

図12-12
クリアに声を響かせるミライスピーカー

トピックス JALにおけるアクセシビリティに関するサービスポリシー

JALでは、社員の基本的な考え方である「JALフィロソフィ」をベースとして、以下3点を基本方針としている。

1. すべてのお客さまに、ストレスフリーを実現します
2. すべてのお客さまに、さまざまな旅の選択肢を提供します
3. お客さまや社会の皆さまとともに、旅を通じた楽しさ・豊かさを創出します

3 車いすの利用者が座ったままスキーができるデュアルスキーツアーやサーフィンを楽しむことができるツアーなど。

4 Mobility as a Service（マース）。地域住民や旅行者一人一人のトリップ単位での移動ニーズに対応して、複数の公共交通やそれ以外の移動サービスを最適に組み合わせて検索・予約・決済等を一括で行うサービ

トピックス 快適にストレスなく移動を楽しめるUniversal MaaS

障がい者、高齢者や訪日外国人など、何らかの理由で移動にためらいのある人が快適にストレスなく移動を楽しめる移動サービスのこと。

公共交通機関の運賃、運航・運行状況、バリアフリー乗り継ぎルートなどの情報を利用者に提供するとともに、利用者のリアルタイムな位置情報や利用者が必要とする介助の内容を交通事業者、自治体、大学が共有し連携することにより、シームレスな移動体験を実現しようとしている。

(5) G（カバナンス）- サプライチェーンマネジメント -

「1. 社会課題への取り組みの必要性」と「2.SDGsとESG」で述べたように、地球上では気候変動、生物多様性の損失などの環境問題や人権・労働問題など、さまざまな社会課題に直面している。地球と社会の持続可能性を保ちながら、企業も持続的に成長するためには、ステークホルダーと連携しながら、サプライチェーン全体においても持続可能な調達活動に取り組むことが重要である。

具体的には、取引先が提供するサービス・製品の品質・価格・納期をはじめ、企業としての信頼性、社会的責任（Corporate Social Responsibility、CSR)、持続可能性への取り組み状況などを総合的に評価することなどが挙げられるが、このような形でサプライチェーン全体を管理し、健全性を図る取り組みを推進している。

例えば、JALグループでは、公正・公明な調達、「安全」を大前提とした徹底した品質管理、持続可能な調達活動を推進するという考えのもと、「JALグループサプライヤー行動規範[5]」を制定し、取引先に理解・順守してもらうことを通して、環境や社会などへの影響に配慮した責任ある調達活動に努めている。

(6) G（ガバナンス）- 認証商材 -

環境や社会への影響に配慮した責任ある調達が求められている今、その客観的な証明の

スであり、観光や医療などの目的地における交通以外のサービスなどとの連携により、移動の利便性向上や地域の課題解決にも資する重要な手段となるもの（国土交通省ホームページより抜粋）。

5 JALグループサプライヤー行動規範
http://www.jal.com/ja/outline/client/pdf/code_conduct_ja.pdf

手段としてさまざまな「認証制度」がある。

例えば、JAL グループでは、各認証制度の基準を比較検討し、環境・社会・ガバナンスの 3 要素、食材の安全性の 4 要素を満たす高い基準の認証要件を持つグローバルなスキームの第三者認証制度を標準的な調達基準として定め、これらの認証を取得した原材料の使用を推進している。以下、主な認証について、具体例を記載する。

① MSC/ASC 認証

MSC[6] 認証は天然水産物を、ASC[7] 認証は養殖水産物を対象とした認証制度で、漁業者・養殖業者を認証する「MSC 漁業認証」「ASC 養殖場認証」と、認証されたそれぞれの水産物のトレーサビリティ（物品の流通経路を生産段階から最終消費段階あるいは廃棄段階まで追跡が可能な状態）を確実にするための「CoC（Chain of Custody: 加工流通過程の管理）認証」がある。

2019 年 6 月より、イオン株式会社を通じ MSC/ASC 認証のサケやイクラなどの水産物を購買し、機内食で提供するとともに、2020 年 2 月には MSC/ASC の CoC 認証（流通・管理認証）を航空会社として初めて取得し、責任ある管理がなされた漁業・養殖場由来のものであることを保証するための機内食工場におけるトレーサビリティ管理手順を定め、機内食を調理するスタッフがその手順を厳格に順守する運用体制を構築した。

② ASIAGAP 認証

ASIAGAP 認証とは、食の安全や環境保全に取り組む農場に与えられる認証で、世界的な農場管理の基準であり、農薬・肥料の管理など食の安全や環境保全に関する多くの基準が設けられている。

2018 年 12 月より、機内食やラウンジにて ASIAGAP 認証を受けた食材を提供している。また JAL Agriport 社（「第 9 章 グループ経営」を参照）は 2019 年 11 月に自営農場で ASIAGAP 認証を取得し、自社農場で栽培した野菜を機内食やラウンジなどで提供している。

6 Marine Stewardship Council、海洋管理協議会

7 Aquaculture Stewardship Council、水産養殖管理協議会

図 12-13 MSC 認証と ASIAGAP 認証の食材を使用した機内食メニュー

③ RAINFOREST ALLIANCE 認証

RAINFOREST ALLIANCE 認証を取得することは、農業の事業者が監査を受け、環境・社会・経済面のサステナビリティを義務付けた基準に準じていると判断されたことを意味している。

JALグループでは2011年からほかの航空会社に先駆け、持続可能性に配慮したコーヒーの提供を開始した。

図 12-14 RAINFOREST ALLIANCE 認証を取得したコーヒー

トピックス 世界自然遺産への登録を通じた生物多様性の保全の取り組み

数百万年前に大陸から離れ、アマミノクロウサギやイリオモテヤマネコといった希少種たちの宝庫である奄美大島・徳之島・沖縄島北部および西表島において、2021 年 7 月にその生物多様性と豊かな自然が世界自然遺産として登録された。この活動に JAL グループも大きくかかわっている。

2019 年には、地元企業や団体をつなぎ世界自然遺産登録を推進する「世界自然遺産推進共同企業体」（沖縄）、「世界自然遺産推進共同体」（鹿児島）を発足、参加企業・団体の強みを活かし、自然環境保護や自然を活かした地域振興に取り組んでいる。この取り組みには JAL グループも参画し、密猟・密輸対策連絡会議への参画、希少種のロードキルを防ぐ道路標識の設置、奄美群島を巡る「奄美トレイル」の整備や PR など、地域と一体となって自然環境の保護や啓発に努めている。

図 12-15 ビーチクリーン活動の様子

図 12-16 奄美トレイルの PR 機体

トピックス 有性生殖・サンゴ礁再生プロジェクト

沖縄の魅力の 1 つに、青い海やたくさんの生命にあふれたサンゴ礁がある。サンゴ礁は、観光資源という目で楽しむ景観機能のほかにも、多種多様な生物の共存・生産の場であり、消波効果による国土保全・防災機能などさまざまな役割がある。

近年は海水温上昇による白化現象やオニヒトデの大量発生など、沖縄県沿岸におけるサンゴ礁の減少が問題となっており、JAL グループではサンゴ礁の再生のための取り組みを行っている。

2020 年 4 月、JTA は、賛同した県内企業や一般社団法人水産土木建設技術センターとともに「有性生殖・サンゴ再生支援協議会」を結成し、沖縄県石垣市にある八重山漁業協同組合を 6 年にわたり支援する計画を開始した。

サンゴはクラゲやイソギンチャクの仲間の生物であり、年に一度産卵する。有性生殖法とはサンゴの卵から育成する方法であり、近年の技術開発により、海域で自然に近い形で効率よく受精させ、大量の種苗を生産する方法が確立されてきている。八重山漁業協同組合は、この高い技術力を要するサンゴ増殖に当協議会の技術指導を受けながら取り組んでいる。協議会では、今後もさらなる支援対象の拡大を予定している。

図 12-17　八重山のサンゴ礁

トピックス　人身取引（ヒューマン・トラフィッキング）の防止

国連発足以降、国際社会は人権問題の解決に向け連携して取り組んできているものの、残念ながら今もなお、強制労働・児童労働・性的搾取など、人権を侵害するケースの発生には、枚挙にいとまがない。こうした人権問題の解決に向けては、企業の責務として向き合っていくべく、「国連グローバル・コンパクトの 10 原則」や国連の「ビジネスと人権に関する指導原則」などに基づいた人権尊重の取り組みを推進していく必要がある。

航空業界では、特に重視すべき人権課題の 1 つとして、航空機を用いた「人身取引の防止」の取り組みが、社会で広く認知されている。例えば、JAL グループでは、2019 年度から人身取引の現場となりうる空港や客室部門を中心とした教育を実施しており、国際機関で検討されている対策を参考に、機内で人身取引と疑わしき事例に遭遇した際の地上への通報プロシージャを設定し、スタッフが連携して事象の対応に当たることができるよう取り組んでいる。これは、企業の社会的責務である。

航空運送は、その高速性と利便性で世界の隅々までヒト、モノ、ビジネスをつなぎ、世界経済の発展、グローバルな交流に貢献している。一方で、人身取引の密売人たちは、この航空運送の高速性と利便性を悪用し、人身取引の被害者たちを見つからないように移送して不当な利益を得ており、IATA をはじめとし、航空業界全体で人身取引防止に努めている。

図 12-18 国連薬物・犯罪事務所による人身取引被害者数統計

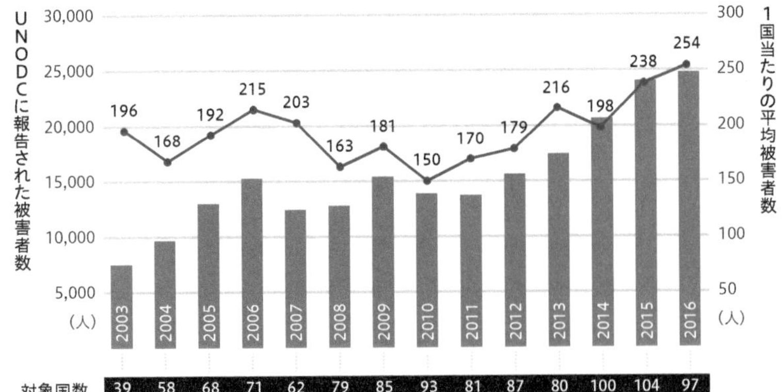

出典：UNODC（United Nations Office on Drugs and Crime、国連薬物犯罪事務所）「Global Report on Trafficking in Persons 2018」

図 12-19 IATA による人身取引防止のスローガン

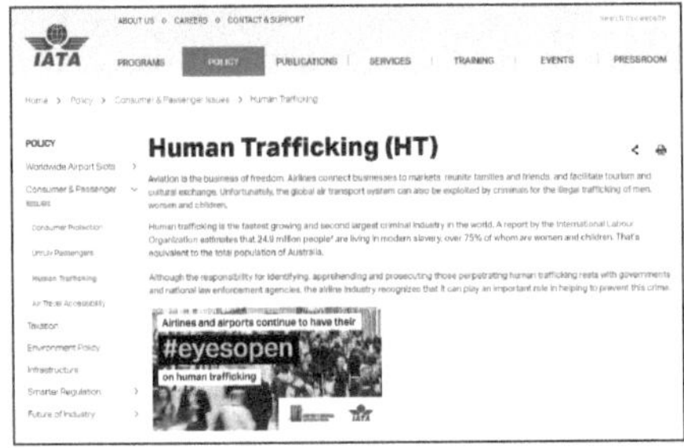

出典：IATAのWebページ
▼IATA - Human Trafficking
https://www.iata.org/en/policy/consumer-pax-rights/human-trafficking/

課題

①国内の都市間交通の役割分担はどうあるべきか、SDGsの視点から考察せよ。また、航空機、新幹線それぞれのメリット・デメリットとして、どういったことが挙げられるかを、資料を参考にしながら、多面的に考えてみよ。

<資料>
▼温室効果ガスインベントリ
http://www-gio.nies.go.jp/aboutghg/nir/nir-j.html

▼交通関係統計資料
https://www.mlit.go.jp/k-toukei/

図 12-20　輸送量当たりの二酸化炭素の排出数（旅客）

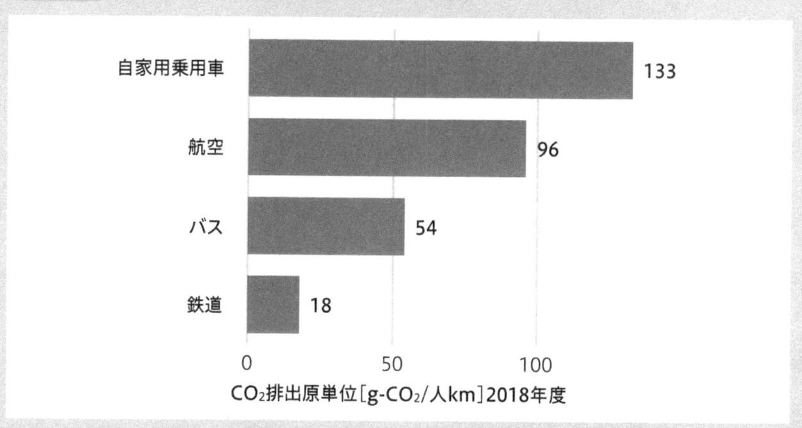

出典：国土交通省総合政策局環境政策課Webページ

②国連の食糧農業機関（Food and Agriculture Organization、FAO）の調査によると、世界中で生産されているすべての食品の約3分の1が廃棄処分となっており、その量は年間13億トンにのぼる。食品廃棄物は、人道的、環境的、経済的にもマイナスの影響を与える大規模な地球規模の問題といえる。
機内食の食品廃棄を削減するには、どのような方法が考えられるか。具体的な取り組みについて、サービスをする航空会社社員の視点、サービスを受ける利用者の視点の両方から考察せよ。
なお、現在は予約状況に応じて適正量を見極めて機内食を搭載し、消費期限のあるものや開封済みの飲み物について、サービスアイテムを有効活用すべく乗客へ声をかけるなど、目的地到着までの間に可能な範囲で積極的に提供するよう努めている。

<参考文献>

▼ IATA（国際航空運送協会）ホームページ
https://www.iata.org/

▼国際連合広報センターホームページ
https://www.unic.or.jp/

▼外務省ホームページ
https://www.mofa.go.jp/mofaj/gaiko/oda/sdgs/about/index.html

▼環境省ホームページ
http://www.env.go.jp/policy/sdgs/index.html

▼国土交通省ホームページ
https://www.mlit.go.jp/sogoseisaku/environment/index.html

▼レインフォレストアライアンスホームページ
https://www.rainforest-alliance.org/business/ja/

▼ WWF（世界自然保護基金）ジャパンホームページ
https://www.wwf.or.jp/

▼ ANA ホールディングスホームページ
https://www.ana.co.jp/group/csr/

▼ JAL ホームページ
https://www.jal.com/ja/sustainability/

▼ワンワールドホームページ
https://www.oneworld.com/

第13章

社会課題の解決Ⅱ

前章では、「社会課題の解決」について、E（環境）・S（社会）・G（ガバナンス）の視点で、網羅的にその取り組みを記載した。

本章では、航空業界として貢献を期待されているものとして、S（社会）の領域の中から、「地域活性化」を取り上げて詳述する。

航空事業は地点間の人や物の移動に支えられているが、今後日本では少子高齢化に伴う定住人口減少が不可避と予想される中、このデメリットを補いつつ地域内経済の循環を拡大させ、地域を活性化させることが大きな社会課題になっている。航空事業の特性を活かした航空会社の社会貢献施策のうち、地域活性化に向けた訪日外国人などの観光客の誘致、地域産業振興の支援など、人流・物流（含む商流）両面における取り組みについて解説し、事例研究では、取り組みの背景ならびに地域課題などについても触れる。

1 人流面での地域活性化貢献

定住人口減少に伴う地域内経済縮小への対応手段の1つとして、近年特に大都市圏以外の地域を中心に注目されているのが、交流人口の拡大を目指すことで地域活性化を進めようとする動きである。交流人口とは、旅行・出張・通勤・通学・買い物など、何らかの目的や理由でその地域を訪れる人口のことである。

例えば、外国人旅行者を10人もしくは国内宿泊旅行者を26人増やすことによって地域での消費需要が高まり、定住人口の1名増と同等の経済効果が得られるといわれていることから、日本の政府・自治体に共通して交流人口の拡大が優先度の高い政策として近年進められている。

従来、海外および国内各地域と地方をつなぐ役割を担ってきた航空会社においても、交流人口拡大という社会的要請への貢献期待に応えるべく、以下のようなさまざまな取り組みを行っている。

(1) 訪日外国人（インバウンド）需要の獲得

交流人口需要の中でも近年とみに急増し、日本の社会にも大きな影響をもたらしているのが訪日外国人需要である。近年、アジア諸国の経済発展や円安などを背景に増加傾向にあった訪日外国人数は、2012年に制定された政府の観光立国推進基本計画を契機に、訪日査証発給要件緩和や訪日外国人受け入れ環境整備など、さまざまな施策を官民挙げて推進した結果、さらに大きく伸長し、地方を含め日本に大きな経済効果を生み出してきた。

航空会社もその需要獲得にさまざまな施策で協力し、大きな役割を果たしている。航空会社独自の路線ネットワークやノウハウを活用した国内外でのプロモーション、外国人に適応したインフラ整備提言やサービス提供などに加え、日本版DMO[1]（以下、「DMO」）や自治体と連携した地域住民の意識改革・地域ブランディングへの支援施策などがその例である。

一方、2020年以降、COVID-19の世界的急拡大に伴い、訪日外国人需要は一時的に大幅かつ急激な減少にさらされているが、その収束後には訪日外国人需要の再拡大が見込まれるため、政府をはじめ各自治体および航空会社などには、これに備えた継続的な訪日外国人需要獲得戦略が望まれている。

事例研究　訪日外国人旅行者に向けた情報発信

訪日外国人旅行者に対する情報発信は、「旅マエ（訪日前）、旅ナカ（日本滞在中）、旅アト（帰国後）」という3つのシーンに分けたインバウンドマーケティングの考え方があり、航空会社ではWebサイトを活用したプロモーションに注力している。

例えば、2005年に開設されたJALオリジナルの訪日外国人向け情報案内サイト「Guide to JAPAN」では、外国人のライターが自分の目線で記事を執筆している。海外で検索されている「日本に関するキーワード」を調査。調査結果をもとに「文化・歴史・アート」「自然」「アウトドアアクティビティ」「グルメ」などのカテゴリーに分け、日本各地の魅力や観光情報をまとめたコンテンツを提供している。また、日本滞在中に役立つマナーやHow to情報、近年世界的に関心の高い「エコツーリズム」などの情報発信にも力を入れている。

さらに、日本の各地域への誘客の一助となる、訪日外国人旅行者向け日本国内線特別運賃「Japan Explorer Pass」の予約をはじめ、宿泊、地上交通、現地アクティビティの予約が1つのサイトで完了するブッキング型予約サイト「Explore Japan」との2本立てで、インバウンドマーケティングにおける旅行者のニーズ、目的に合った情報の提供や対応が可能となるよう取り組んでいる。

ANAグループでは、「WASHOKU」「COSPLAY」「KAWAII」などのテーマを設け、日

1　Destination Management/Marketing Organization。地域の多様な関係者を巻き込みつつ、科学的アプローチを取り入れた観光地域づくりを行うかじ取り役となる法人。出典：国土交通省観光庁「観光地域づくり法人（DMO）とは」。

本独特のカルチャーやライフスタイルなどを海外に発信する「IS JAPAN COOL?」を展開するほか、「Japan Travel Planner」を2018年4月に開設。行きたい観光地を選ぶと移動手段や移動時間も含めた旅程を自動で作成できる機能を備え、作成した旅程に基づいた航空券予約も可能にしている。

事例研究 訪日外国人旅行者の受け入れ環境調査

外国人旅行者の日本滞在中の不便や不安などを解消し、訪問地域での満足度を一層高め、再訪問（リピーター）獲得や増加に向けた「受け入れ環境整備」は全国的に重要課題とされている。整備にはWi-Fiやキャッシュレス化などのハード面、外国語対応などのソフト面があるが、特に鉄道やバスなどの交通機関や観光の案内、グルメ、ショッピングなどにおける外国語対応のニーズは高く、その対応に遅れている地方圏も少なくない。

JALグループでは、フランス、オーストラリア、ベトナム、タイなど各国の海外拠点所属の外国人スタッフが地域内視察を行う「受け入れ環境調査」を自治体の依頼を受けて実施している。インターネットなどを利用して担当スタッフ自ら調査地域の旅行計画を作り、一人旅をして視察した後、言語に限らずホスピタリティ全般を含めた課題を整理して報告書にまとめ、改善策提案や集客に向けた施策のアドバイスを行っている。

例えば、次のような提言を行った。

- 土産物店では商品名の外国語対応のみならず、商品の使い方やどのような物かの英文説明があれば購入行動につながりやすい。
- 公共交通機関の案内にローマ字表記（ヘボン式）があれば行き先が一目で分かりやすくなり、外国人旅行者の利用を円滑にする。
- 外国人旅行者の目的の1つは「日本食を食べること」だが、料理名のローマ字表記や英文による料理の概要説明、生活習慣や宗教上の理由、ベジタリアン（菜食主義者）、ビーガン（完全菜食主義者）に対応したピクトグラムによる食材の表示、「お好み焼き」や「しゃぶしゃぶ」の食べ方の英文説明など、一歩踏み込んだサービスの提供が外国人旅行者の満足度を高めることにつながっていく。

図 13-1
オーストラリアの
スタッフによる報告会

図 13-2
青森のバス停に追加
されたローマ字表記

(2) 新たな観光需要の創出

航空会社は、各地域の持続的な交流人口拡大を実現するため、訪日外国人のみならず国内旅行者を含めた新しい観光需要創出について、自治体やDMO、観光協会、地域住民、民間企業、大学などと連携した取り組みを進めている。

現代社会における価値観・ニーズの多様化や旅行形態の個人化などの潮流を背景に、新たな観光需要創出の対象分野は大きな広がりを見せており、例えばエコツーリズム、アニメツーリズム（聖地巡礼）、サイクルツーリズム、酒蔵ツーリズム、産業遺産ツーリズム、ロケツーリズム、医療ツーリズム、古民家ツーリズム、剣道ツーリズム、忍者ツーリズム、宙（そら）ツーリズム、ご当地マラソンツーリズムなどなど枚挙にいとまがないが、これらを単なる一過性のブームに終わらせることなく持続可能なツーリズムとして地域に根付かせるためには、地域経済への波及効果に加え、環境や景観への配慮、多様な価値観の尊重、地域住民の意識醸成などさまざまな視点を含めた創意工夫が必要である。

事例研究として、地域と連携したJALグループの主な取り組みを紹介する。

事例研究 地域資源を活かしたコンテンツ創造

日本各地にはその地域特有の資源が存在するが、そういった資源を活用して有益なコンテンツを創出し、その地域を訪問する顧客価値に昇華させ、強固な地域ブランドを構築することは持続的な地域の発展に不可欠である。

そのためには、地域内関係者だけでなく、地域外目線も活かしたコンテンツ創造が望まれる。

①三重県伊賀市

謎めいた存在で人々を惹きつけてやまない「忍者」で知られる三重県伊賀市は 2017 年 2 月に市政として「忍者市」を宣言し、地域資源の魅力向上、来訪者増加などを目的に、「観光を軸とした、まち全体のブランド化」を推進している。

伊賀市、三重県、三重大学、JALの産官学連携による「忍び（しのび）の里 伊賀」創生プロジェクトを2017年8月に発足させ、JALグループは機内媒体などを活用したプロモーションや海外ネットワーク網を活かしたプログラムなどの流通支援、事業運営にかかわるノウハウの提供の役割を担っている。

プロジェクトでは、「忍びの心・技・体」の体験と「本物の忍びの里」を感じることができるさまざまな「伊賀忍道」体験プログラムを創出し、文化交流や交流人口増加策に取り組んでいる。例えば、日本遺産「忍びの里 伊賀・甲賀」の構成文化財である霊山など、かつて忍者が駆け巡ったであろう山々を走ることで心・技・体を鍛え、忍者の正心を学ぶことをテーマとした「忍者トレイルランニングレース」を2017年より毎年11月に開催しており、日本人だけでなく、参加した外国人も存分に忍者の世界観を体感できるレースとなっている。また、伊賀焼の里として知られる伊賀市丸柱地域では「本物の忍びの里」を体感できる窯元散策や伊賀農作体験などを実施している。

この「伊賀忍道」プログラムは、伊賀の伝統や歴史を十分に組み込んでいること、外国人の関心の高い世界に通じるコンテンツとして期待されていることなどが評価され、三重県では初となる「2019年度文化ツーリズム賞」を受賞した。

図13-3 忍者トレイルランニングレース

出典：忍者トレイルランニングレース実行委員会

②九州

外国人旅行者のニーズが高い「日本の文化体験」では、サムライ魂にも高い関心が寄せられている。九州は剣道王国といっても過言ではなく、日本一の剣士を決める全国大会や世界大会では九州出身剣士が優勝者に名を連ねており、「武道」は九州インバウンド需要拡大の貴重な資源となる。

JALは一般社団法人九州観光推進機構と連携し、武士武道がテーマの「SAMURAI－KYUSHUプロジェクト」を2019年に発足させ、自治体や観光協会なども一体となって「SAMURAIツーリズム[2]」を推進している。外国人剣士が対象の「剣道クリニック」では、

2 「SAMURAIコンテンツ」が体験できるツアーを紹介。

上位段級の指導者がいる鹿屋体育大学（鹿児島県鹿屋市）、福岡教育大学（福岡県宗像市）の協力を得て、実技と理論を習得できるプログラムを実施し、また、熊本県荒尾市の「日本刀試し切り」や福岡県朝倉市の「光月流太鼓」、秋月地区にある武家屋敷を宿泊施設としたモニターツアーなどを実施している。こうした日本の伝統的な武道体験や武家屋敷での宿泊体験を通じて本当の日本の心を知ってもらい、永続的な日本のファンを創ることを目的に、九州の武士武道を核とした体験コンテンツの創造とともに、SAMURAIツーリズムの推進に取り組んでいる。

図13-4
光月流太鼓体験(福岡県朝倉市)

図13-5
剣道クリニック

事例研究 サイクルツーリズムの需要拡大支援

近年は自慢の愛車（スポーツ自転車）で自然豊かな地方を旅するサイクリストたちが増え、多様なニーズが生まれている。サイクリストの聖地といわれる瀬戸内しまなみ海道には外国人旅行者も数多く愛車持参で訪れており、自然豊かな地域では新たなサイクリングロードの設定などの誘致施策に取り組んでいる。一方、サイクリストが愛車持参で公共交通機関を利用する上では「輪行」の必要があり、愛車を分解し、輪行用の袋などに収納してバスや電車などで運び、到着地で組み立てるという手間が要る。特に航空輸送では、空港で預けるため破損などの不安を持つ人も少なくない。

こういったサイクリストの手間や不安を軽減しようと、一般社団法人せとうち観光推進機構、合同会社S-WORKSとともにJALが開発したのが、自転車輸送専用BOX「SBCON(Smart Bicycle Container、エスビーコン)」である。前輪を外すだけで収納が可能な上に強度に優れており、サイクリストの大切な愛車の分解・組み立てを最小限にとどめ、より安全かつていねいに目的地まで輸送することを可能とした。2018年8月にサービスを開始し、この専

▼ SAMURAI TOURISM
https://www.samuraitourism.com/

用BOXを使ったモニターツアーをはじめとする旅行商品の造成・販売でサイクルツーリズムの需要拡大に取り組んでいる。

図13-6 自転車輸送専用BOX「SBCON（エスビーコン）」

事例研究 「聖地巡礼」を活性化

日本のアニメーション（以下、アニメ）や漫画がクールジャパン・コンテンツとして注目されたことから、海外にも多くの日本アニメファンが存在している。近年、国内外のアニメファンが作品の舞台や縁のある地域（アニメ聖地）を巡るアニメツーリズム、いわゆる「聖地巡礼」が勢いを増している。その経済効果は大きく、アニメ「らき☆すた」の舞台となった埼玉県久喜市への経済波及効果は2007年のテレビ放映以来10年間で約31億円、イベントなどの需要により誘発された雇用者数は約316名という試算結果が出ている。

こうした聖地巡礼の動きをさらに活性化させ、地域振興に活用するべく2016年に設立されたのが官民連携の「一般社団法人アニメツーリズム協会」である。出版業、自治体など多様な企業や団体が正会員として参加している当協会は、「訪れてみたい日本のアニメ聖地88」として代表的な聖地を選定し、組織化を図り、広域周遊観光ルートのツアー造成で観光資源の掘り起こしや訪日外国人旅行者のエリア送客を促進している。

JALは協会設立当初から正会員として参加し、アニメツーリズムの需要拡大に取り組んでいる。自社運営のWebマガジン「OnTrip JAL」ではアニメツーリズム専用ページを設けており、「訪れてみたい日本の聖地88」を紹介し、人気アニメの舞台となった函館がこの聖地（2020年版）に認定されたことから、コラボレーションツアーの造成やプロモーションを通じて函館の活性化につなげている。

(3) 働き方改革など新たな動きへの対応

日本の観光産業には、元来、国民の休日・休暇期間の集中や短さに起因する特定観光地の過密化、閑散期における生産性の低さといった構造的課題がある。今般さらにCOVID-19感染対策として交流人口の密集・密接回避という公衆衛生的要請も加わり、観光需要の「時期的平準化」や特定観光地以外への交流人口誘導（=「地域的平準化」）が喫緊の社会課題となっている。

これらの社会課題解決策の一環として、観光産業の「地域的平準化」につながる近年の働き方改革について詳述する。

COVID-19の影響により注目度が高まったのが、ワーケーションやブリージャー（ブレジャー）、デュアルライフ（2地域居住）、サテライトオフィスなどである。これらの形態は、観光産業に限らない地域活性化につながるものとして政府も推進しており、こうした働き方を通じて地方との関係が強くなることで移住者が増え、定住人口増に結びつくことが期待されている。一方で、COVID-19感染拡大防止により一気に普及したテレワーク（リモートワークとも呼ばれる）にはさまざまな効果があるが、運動不足による健康面や心理面での問題も潜んでおり、健康増進を図ることも新しい働き方改革が推進される要因といえる。

地方圏の自治体も新しい働き方改革（特に大都市圏）に伴う地方移住への発展に大きな期待を寄せている。少子高齢化に伴う生産人口（15～64歳）の減少は地域に活力を生み出す労働力の低下であり、特に進学や就職による人口流出に歯止めが利かない自治体では、従来から実施する移住相談会やセミナーに加え、企業と連携したワーケーションやデュアルライフなども積極的に推進している。航空会社では、こうした新たな社会的動きの促進についても、自治体や企業と連携しながら取り組みを進めている。

ワーケーションの促進

ワーケーションは、大きくは「休暇型」と「業務型」の2つに分類されており、企業の実施形態が異なっても、企業側と従業員側それぞれにメリットがある。企業側には、有給休暇取得促進につながるだけでなく、従業員の健康維持や、通常と異なる環境で新しい発想が生まれやすくなる従業員の創造性向上などの効用が期待できる。従業員は、リフレッシュ効果や業務効率の向上に加え、趣味の活動や地域でのボランティア活動が行えるなどの柔軟な働き方の選択肢が増え、人生の自己実現にもつながる。

受け入れ地域側のメリットは観光産業だけでなく、関係人口[3]の増加や企業との関係性構

3　移住した「定住人口」でもなく、観光に来た「交流人口」でもない、地域と多様にかかわる人々を指す言葉。出典：総務省。

▼関係人口ポータルサイト

https://www.soumu.go.jp/kankeijinkou/about/index.html

築を通じた地域課題全般に効用を期待できる。全国の自治体に先駆けてワーケーションを推進してきた和歌山県は、2015年に白浜町が総務省の「ふるさとテレワーク推進のための地域実証事業」に採択されたことを契機に環境整備を行い、企業向けワーケーションを推進してきた。試験的な体験プログラムの提供など企業の誘致施策を実施した結果、体験者は2017年度からの3年間で104社910名の実績を挙げている。

JALグループでは2017年度からワーケーションを社内制度化し、ワークショップや体験ツアーを通じて理解浸透を図ってきた。社員が独自に旅先での休暇を楽しみながら仕事の時間を取れる「休暇型ワーケーション」以外にも、2017年と2018年には和歌山県白浜町で社内モニターツアーを実施し、参加した社員たちは社会貢献活動にも参加している。鹿児島県徳之島町や沖縄県では実証実験を行い、効果的なワーケーション施策を模索してきた。また、徳島県神山町、宮城県鳴子温泉、福岡市、富山県では「合宿型ワーケーション」を、北海道ではビール醸造体験、愛媛県では農業体験を行っており、地域との関係性が深まる取り組みなど、その実施形態は多様化している。このような取り組みにより、導入時の2017年度に11人だった利用者は、2020年度は延べ人数で約530名以上にものぼっている。

こうした働き方改革で培ってきた知見を活かし、2018年には和歌山県主催のワーケーションイベントとJALダイナミックパッケージを組み合わせ、親子で楽しむ和歌山県のワーケーションモニターツアーを発売した。以降、ワーキングスペースが充実したホテルや1棟貸し切り施設などニューノーマルな旅行スタイルを組み込んだ国内ツアー商品の造成や、ハワイでのワーケーションサポートなど、国内外におけるワーケーションを推進している。

ANAグループでは、働く場所の発掘、移動や宿泊、地域体験の開発に加え、宣伝・販売まで、「Work Space」「Travel」「Relation」をトータルでコーディネートするワーケーション商品「ANAふるさと発見プログラム」を2020年11月に開始[4]し、第1弾の体験プログラム付き旅行商品「ANAワーケーション能登七尾」を販売した。社員トライアルのワーケーションやブリージャーも推進し、効果検証を通じて本プログラムの開発にもつなげている。

デュアルライフ（2地域居住）

COVID-19を機に、特に大都市圏で注目されているのが都市部と地方部に2つの生活拠点を持つデュアルライフである。

JALグループでは、2020年11月より自治体と連携し、「2地域居住をはじめる旅」の

4　出典：ANAホールディングス プレスリリース「第20-034号 2020年11月11日」。

販売を開始した。第1弾は、帯広市（北海道）、豊岡市（兵庫県）、宗像市（福岡県）、阿蘇市（熊本県）の4コースで、自治体の担当職員を訪問し、直接相談しながら現地を確認することができる。担当職員が学校やコワーキングスペースなど生活に必要な施設を案内してくれるコースもあり、2地域での生活をイメージしながら確認できる機会を提供している。また、現地での生活がよりイメージできるよう、実際にデュアルライフを実践している人や移住者のインタビューを交えたレポート記事などをWebマガジン「On Trip JAL」に掲載し、移住・定住への発展も期待できるデュアルライフを推進している。

ANAグループは、定額制多拠点居住サービス「ADDress（アドレス）」と連携し、ADDress会員向け「航空券定額制サービス」の実証実験を2020年2月から継続的に行っており、多拠点生活を推進している 。

地方移住の体験促進

地方圏の自治体が開催する移住相談会やセミナーへの参加し、問い合わせ後にその地域（特に遠方）まで実際に足を運ぶ20～40代のアクティブ層はまだ少なく、現地体験が意思決定の鍵となることから体験促進を課題とする自治体は少なくない。

JALは移住顕在層にダイレクトに響くラジオ媒体とのコラボレーションとして、TOKYO FMラジオ番組と連携し、「その土地に出会う価値」を提供しようと、首都圏在住の移住関心層に向けた情報発信とリスナー参加の体験ツアーを企画（2018年）した。島根県と公益財団法人ふるさと島根定住財団の協力のもと、参加費を抑え、自治体職員の説明会（雲南市）や民泊の里山体験、先輩移住者や地域に暮らす人たちとの交流の場を設けた現地体験ツアーを実施した。子育て中の主婦や一人移住を検討する30代女性10名が参加し、それぞれが里山での暮らしを体験したことでその土地を知り、移住への関心強化につながっている。ツアー終了後は体験レポートを当該ラジオ番組や機内誌で紹介して、移住関心層の興味を喚起した。

課題

ワーケーションやブリージャー、サテライトオフィス、デュアルライフ（2地域居住）、地方移住などを進めるために、地域や航空会社は上述の事例以外にどのような施策に取り組むべきか、考察しなさい。

(4) 自治体などへの人財派遣・交流

航空会社は、地域の活性化など社会課題の解決に貢献することを目的に、これまでグローバルビジネス環境の中で培ってきた知見、経験、技術、ネットワークなどを活用して、自治体との人事交流や、DMO、大学などへの人財派遣を進めている。また、近年ではさらに異業種の民間企業への人財派遣や提携による新たな発想でのソリューション提供や、新しい価値創出などの分野にも挑戦している。

特に観光産業においては、DMO への人財派遣が増えているのも近年の特徴である。欧米で普及したDMO は、国連の世界観光機関（World Tourism Organization、WTO）が 2007 年に発行した「A Practical Guide to Tourism Destination Management」でディスティネーション・マネジメントの機能や役割などを定義したことで世界的に認知された。日本では 2015 年に「日本版 DMO 候補法人」登録制度が創設され（観光庁）、「地域の『稼ぐ力』を引き出すと共に地域への誇りと愛着を醸成する『観光地経営』の視点に立った観光地域づくり[5]」を目的としている。つまり、マーケティング戦略などの民間企業の手法を採り入れながら地域をマネジメントすることが期待されたもので、DMO は行政に加えて民間企業や知見を持つ多様なメンバーで構成された官民連携の組織体となっている。

事例研究では、自治体との人事交流、DMO への人財派遣について JAL グループの事例を紹介する。

事例研究 自治体との人事交流

JAL グループはさまざまな自治体との人事交流を行っているが、ここでは近年の秋田県美郷町の事例を採り上げる。

仙北平野に位置する自然豊かな美郷町との人事交流は 2019 年度に開始され、JAL 社員は美郷町全体の地域振興にかかわり、美郷町職員は JAL の地域活性化業務を通じて知見を蓄積する。互いの出向職員・社員が単におのおのの業務に従事するだけでなく、美郷町産の食を活用する JAL グループと美郷町との新たな事業展開の検討など、相乗効果を高める活動も行っている。その成果の 1 つが、自然豊かな美郷町の食材を活かし、JAL 国際線ファーストクラス機内食を監修するコーポレートシェフが開発したコース料理と定食の新メニューである。料理は町内の宿泊・温泉施設などで提供されており、人事交流により、地域に新たな活力をもたらしている。

5 出典：観光庁「日本版 DMO 候補法人の登録制度の創設について」

また、美郷町は町民が町を誇りに思い、子どもたちの未来に向けた「住みやすいまちづくり」を目指しており、JAL は 2013 年に美郷町と連携協力協定を締結し、秋田支店が中心となって、地域活性化に向けたさまざまな活動を実施している。例えば、園児から小学生のスポーツへの興味喚起や体力づくりを目的とした、JAL のラグビーチームによる「スポーツ交流会」の開催（チアダンスチーム「JAL JETS」メンバーも参加）や、社員参加による環境保全活動を毎年実施している。また、美郷町が 2015 年よりタイとの相互交流を深めていたことから、タイとの文化交流活動支援として、タイ出身のバンコク基地所属客室乗務員による「タイ文化講座」を開催した（2018 年）。挨拶、食文化、寺院でのルールや作法などの異文化を知ってもらい、タイ訪問を予定していた中学生たちや、タイからの中学生受け入れ先となる家庭などへの学びの機会を提供した。

図 13-7 タイ文化講座

図 13-8 スポーツ交流会

出典：秋田県美郷町

事例研究 DMOへの人財派遣

JAL グループでは、DMO の創設以来、瀬戸内地区をはじめとするさまざまな地域に派遣してきたが、ここでは北海道・阿寒湖温泉エリアの事例を取り上げる。

NPO 法人阿寒観光協会まちづくり推進機構（2017 年 11 月に地域 DMO 登録）は、釧路市が国の政策である訪日外国人誘致を推進するモデル都市「観光立国ショーケース」と、国立公園を世界水準に進化させる「国立公園満喫プロジェクト」に選定されたことから、阿寒湖温泉地区を「アドベンチャーツーリズム」の世界的な拠点とすべく、阿寒アドベンチャーツーリズム株式会社（以下、阿寒 DMC）を設立し、観光地経営体制を整備した。阿寒 DMC はカナダのデジタルアート集団と提携し、アイヌ文化と自然との共生がコンセプトの体験型観光コンテンツ「阿寒湖の森ナイトウォーク『KAMUY LUMINA（カムイルミナ）』」を 2019 年 7 月に開始した。

JAL から阿寒 DMC に出向した社員は、「カムイルミナ」のプロジェクトメンバーとしてカナダの提携先と綿密なディスカッションを重ねて創り上げ、プロモーション戦略の策定・実行、周辺にかかわる収益事業の推進など、さまざまな分野で阿寒湖温泉地区の観光地経営に取り組んでいる。

2 物流(含む商流)での地域活性化貢献

観光振興などによる人流面での地域活性化のみならず、地域の特産品活用や産業振興などによる物流面での地域活性化は、航空会社にとって重要な地域貢献施策の柱となっている。ここでは、航空会社の特色（強み）を活用したこれら物流（含む商流）面での地域活性化貢献施策のうち、主なものを紹介する。

(1) 特産品の海外輸出促進と食文化の発信

農林畜水産物など、日本各地の特産品は商品価値が高いものが多く、すでに一部については海外でも高い評価を受けているものもある。しかし、まだその真価が十分に評価されている状況には至っていない。

航空会社では、このように大きなポテンシャルを有する各地特産品の海外輸出促進のため、自治体や生産者団体と連携して海外でのプロモーション活動などに取り組むとともに、自社の機内や空港ラウンジでの特産品提供など、航空会社ならではの「場」を活用して、各地特産品の国内外における知名度向上にも貢献している。

また、単なる食材としての提供にとどまらず、例えばその伝統的調理法、漆や陶芸などの技を活かした器や箸、盛り付け・装飾なども含めた設え（しつらえ）、同時に供する銘酒や銘茶・銘菓、地域の歴史、生産者のプロフィールなどを、その特産品の背景にあるさまざまな伝統やストーリーを含めた地域固有の食文化として、客室乗務員や空港ラウンジスタッフなどからの説明、あるいは機内誌や自社ホームページなどを通して積極的に発信している。

このように、航空会社は固有のネットワークや情報発信チャネルを活用して、国内外の顧客に地域の文化を伝え、共感を得る取り組みを進めることにより、単に地域の特産品の販売促進のみならず、その食材（特産品）を育んできた地域全体の観光振興を含めた多角的地域活性化につなげている。

事例研究 地域食材の海外販路開拓支援

「和食」がユネスコ無形文化遺産に登録されるなど、海外での日本食や日本食材への需要は高まっているが、煩雑な輸出入手続きや現地での販売先開拓、言語の壁などが課題となり、海外販路拡大のハードルは高い。特に地方の農水産物は主に東京・豊洲へ出荷され、海外に輸出されているが、地方から主要な物流拠点までの搬送コストは割高で価格競争力の課題も生じており、こうした背景から、航空会社では地域産品の海外販路開拓を支援している。

「第８章 貨物事業」でも紹介しているが、JAL グループはタイでの販路開拓支援を実施している。親日家が多いタイのバンコクには 3,000 店を超える日本食レストランがある中、タイは農水産物や食品の輸入規制が厳しく、地方からの輸出は大きな課題となっていた。そこで、九州産の新鮮な食材をタイへ届けようと、JAL 九州支社が中心となり、バンコクの「トンロー日本市場」で九州産食材フェアを企画した。自治体と調整を図り、福岡県の４つの市（福岡市、宗像市、朝倉市、北九州市）と鹿児島県垂水市が参画した。福岡空港や鹿児島空港へ搬入し、両空港から羽田空港経由でそのままバンコクへ空輸、トンロー市場へ配送といった輸送時間の短縮によって鮮度を保ったままの現地販売を実現。市場では試食や魚の解体ショー、観光 PR などを 2019 年 12 月と 2020 年 1 月に実施している。当企画は本社を福岡県に置く RKB 毎日放送との協働プロジェクトとして総務省「放送コンテンツ海外展開強化事業」の採択を受け（2019 年夏）、当件のドキュメンタリー番組を制作。タイの地上波で番組が放送され、現地で九州産食材の販売とプロモーションを展開した。

また、ANA グループのシンクタンク、株式会社 ANA 総合研究所（2004 年設立）は、同グループの ANA フーズ株式会社との協業で、三重県の特産品の香港での商談会を開催し（2016 年 1 月）、松阪牛の販路拡大を支援している。

事例研究 ふるさと納税による地域振興

「ふるさと納税制度」は、自治体への寄付金を通じて故郷や縁ある地域の活性化に貢献できることから、「生まれ育ったふるさとに貢献できる制度」「自分の意思で応援したい自治体を選ぶことができる制度」として創設された。寄付金は地域の環境保全や産業振興、教育や福祉の充実などに活用され、地域経済を再生させる役割を担っており、2015 年の税制改正による制度拡充で、より身近なものとなった。

航空会社でも自社運営の「ふるさと納税サイト」を開設し、返礼品の地域特産品を通じて地域振興に取り組んでいる。JALグループでは、ふるさと納税による「モノ」の流動の活発化に加え「ヒト」の流動を促進しようと、自社運営のポータルサイトには旅行商品（旅行クーポンや体験アクティビティ券など）の返礼品も用意しており、物流と人流の両面で地域の活性化に取り組んでいる。

(2) 地域の「6次産業化」支援

「6次産業化」とは、従来、主に農林畜水産物の生産（1次産業）に従事していた生産者が、その生産のみならず、産物の加工・製造（2次産業）から流通・販売（3次産業）、あるいは観光までも含め、一貫して業務展開を行うことであり、近年は生産者の経営多角化や収入拡大の手段の1つとして評価されている。

航空会社もこのような動きに注目し、各地域の「6次産業化」支援に力を入れており、生産者と加工・販売・観光事業者などとのマッチング、生産現場での「コト消費」観光ツアーの造成、生産物のブランド化など、地域の多様な資源を活用し、新たな価値を付加する取り組みにより、農林畜水産業による地域の活性化に貢献している。

事例研究では、地域と連携したJALグループの取り組みについて紹介する。

事例研究 6次産業化支援

地方にはその地域特有の恩恵を受けた良質な農産物が数多くあるが、その認知度は周辺にとどまることも多く、全国的な知名度獲得を課題とする地域も少なくない。JALグループではそういった隠れた地域の農産物を掘り起こし、需要拡大に向けた6次産業化支援を行っている。

①東北産果物

東北産の果物を使用し、定番のジュースやリキュールではなく、にわかに市場で注目されているスパークリング酒で東北の果物の認知力や販売力を高めようと、夕張メロンを使用した酒づくりの実績を持つ株式会社ルーチェとの協創事業プロジェクトを発足させた。多くの国際的な賞を獲得しているバーテンダー監修のもと、2018年から取り組み、「フルーツリング[6]」としてシリーズ化している。JAL グループは開発から通信販売、羽田空港の店舗販売などプロモーション含め全般にかかわっている。

第 1 弾の商品には、主原料に秋田県鹿角市の「かづの北限の桃」、副原料には山形県最上産の「レモングラス」を選定した。鹿角市ではほかの主要産地よりも「遅出し出荷」の桃のブランド化を推進していたが、2018 年は台風被害により過去最低の収穫量となり、出荷量も激減した。しかし、台風で傷ついた規格外（出荷できない）の桃でも品質に影響はないことから、この桃を活用し、フルーツリングを開発した。

第 2 弾の商品は、宮城県東松島市のイチゴを主原料に、岩手県陸前高田市の「北限のゆず」を副原料に使用した。両地域とも東日本大震災の津波による甚大な被害を受け、地域一丸となって復興を目指してきた中で、2020 年は COVID-19 により観光客が激減し、観光農園などを営む生産農家は果物の消費に課題を抱えていたことから、当地域の果物を原料に選定した。

第 1 弾と第 2 弾の商品は、地元のスーパーや東北のアンテナショップでの販売、JAL グループの通信販売などを通じ、購入者から好評を得ている。この取り組みは東北復興支援だけでなく、SDGs 目標の「食品ロス削減」にもつながっている。

図 13-9
第 1 弾の商品
（2019 年 12 月）

図 13-10
第 2 弾の商品
（2020 年 12 月）

②香川県産果物

香川県は太陽の恵みと温暖な気候のもとで生まれるおいしい農産物がたくさんあることから、「うどん」だけでない香川県特産品の全国的知名度向上を課題としていた。

JAL は高松支店を中心に、「奇跡の紅いみかん」と称されるほど果皮の色が日本一赤いといわれ、濃厚な甘さが特徴の香川県オリジナル品種「小原紅早生」を活かした商品開発に着手した。香川県、香川県農業協同組合、日本各地のこだわり商品を取り扱う株式会社もへじ、社会連携に積極的な女子栄養大学との協働プロジェクトを開始した。商品企画コンテス

6　フルーツとスパークリングの造語。協働事業社である株式会社ルーチェの登録商標。

トで学生たちのアイデアを募り、勝ち抜いた3名の学生たちのアイデアをもとに試行錯誤を続け、2020年3月に3種類の商品が誕生、販売を実現させた。

その後も新商品開発を継続し、第2弾は「坂出金時いも」を使った3種類のオリジナル商品を2021年4月に販売した。

図13-11
第1弾商品アイデアコンテストで選ばれた女子栄養大学の学生（当時）

図13-12
第1弾の開発商品

事例研究 伝統産業の復興支援

日本全国の地域を代表する伝統産業は、時代の変遷とともに、海外からの安価な原料の輸入による国産資源の需要減少、担い手の減少などにより、伝統産業が衰退の危機にある地域も少なくない。そのような中、伝統を次世代につなげようと取り組む地域もあり、JALグループは地域と協働して伝統産業の復興を支援している。

①岩手県「漆」

日本文化の象徴「漆器」の塗料「漆」は、近年、国宝や重要文化財の建造物の修復に国産漆が使われたことで国産品の良質さが注目されたが、現状では漆の国内消費量の97%を輸入品が占め、純国産はわずか3%にすぎない。

岩手県はこの希少な国産漆の7割を生産する国内最大の産地だが、漆生産者の高齢化や後継者不足という問題を抱えている。地域固有の資源である「浄法寺（じょうぼうじ）漆」の認知向上を通じて地域振興を図ることが課題となっていた。

JALは、岩手県や県内企業と協働して、「安くて便利＝使い捨て」の時代といわれる現代に、高価であってもその価値を認め愛着を持って使い続けることの大切さ、漆器を使うことによる心の豊かさを広く伝えようと、良質で希少な「浄法寺（じょうぼうじ）漆」を100%使用した漆器商品を開発し、通信販売、機内誌などでプロモーションを展開した。以降、国産漆を増やす取り組みとして、漆の苗木の植樹活動にも定期的に参加している。

図 13-13
JAL オリジナル片口と盃セット

図 13-14
人間国宝 室瀬和美氏監修
「JAL オリジナル巖手椀セット」

②徳島県「阿波藍」

徳島県は、藍染めの元となる染料「蒅（すくも）」づくりの本場として知られる。この蒅が徳島を代表する伝統産業「阿波藍」であり、1978 年に「阿波藍製造技術保存会」が国の「選定保存技術保存団体」に認定され、今もその技術が受け継がれている。海外産の安価な化学染料が普及する中において、この伝統を次世代に引き継ぎ、「阿波藍」の価値を再び高めていこうと、徳島県では「阿波藍」を使用した現代風のデザインの商品開発や、新たな藍染めファン層の開拓に取り組んでいる。

JAL は、徳島支店を中心に 2016 年に活動を開始し、羽田空港で藍染めファッションショーを開催、徳島阿波おどり空港ではスタッフが藍染めブラウスを着用して接客した。COVID-19 禍においては「阿波藍」使用の手作りマスクを着用し、接客を通じてプロモーションを展開した。また、「阿波藍染オリジナル扇子」の通信販売を行うなどさまざまな取り組みを通じ、「阿波藍」の機能性やファッション性といった新たな価値を発信している。

図 13-15
阿波藍ブラウス着用の空港スタッフ
（2017 年 6 ～ 9 月）

図 13-16
阿波藍染オリジナル扇子

課題

第12章や第13章で学んだことを踏まえ、航空事業の特性や強みを活かして、国内外の社会課題の解決に取り組む場合、どのような課題を対象に、どのような取り組みを進めるべきか。課題を選択した理由や具体的な取り組み手法を含め、幅広く自由な発想で考察せよ。

終章

航空事業のこれから

1 サービスの進化

(1) FASTTRAVEL

世界の人口増加やLCCの台頭、グローバル社会の浸透、アジア圏の経済成長などにより、世界における航空機利用旅客数は1999年～2019年の10年間で2.9倍と急激な増加を遂げた。COVID-19発生後の2020年5月に発表されたIATAの推計では、この数値は今後20年間で2.1倍に増加するとされている[1]。

FAST TRAVELとは

世界における航空機利用旅客の増加に対応するため、IATAは、全旅客の80%が自動で手続きができる環境を整備する「FAST TRAVEL」の促進を推奨しており、世界の航空会社は「FAST TRAVEL」の実現に向けて、最新技術や機器の導入を行っている。

「FAST TRAVEL」を実現することで、今後増加が見込まれる旅客への対応が可能になるだけではなく、空港での各種手続きにおいて最先端の技術・システムが導入されることで、手続きの円滑化や効率化が図られ、旅客の負担軽減（ストレスフリー）を実現することができる。また、手続きの自動化や機械化によって多言語での対応も可能となり、多種多様な旅客の利便性が向上する。

IATAが「FAST TRAVEL」の導入を推奨する具体的な旅客とのタッチポイントについては、以下の通りである。

①搭乗手続き（チェックイン）

セルフサービスチャンネル（オンライン、モバイル、キオスク端末[2]）を使用したチェックインシステムを導入し、これによりチェックインカウンターでの長い列を回避できる。

②手荷物預け

専用の手荷物ドロップオプション（バッグドロップカウンター、自動セルフバッグドロップユニット）を使用し、旅客自らが空港に設置されたキオスク端末、または自宅にて自分の手荷物タグを印刷して取り付け、手荷物を預けることができる。

③出国書類の確認

旅行に必要な書類（パスポート、ビザなど）をセルフスキャンして、海外渡航の要件

1 IATA予測：PAX Forecast infographic 2020 FINAL（iata.org）。

2 空港に設置されている自立型の情報端末で、旅客自らが操作してチェックインなどの手続きを行う。

に適合していることを確認する。

④搭乗

自動（セルフ）搭乗ゲートで搭乗券をセルフスキャンすることによって搭乗できる。

⑤便欠航や遅延発生時の代替便への振り替え手続き

搭乗予定便が欠航または遅延した場合、航空会社はセルフサービスチャンネル（オンライン、モバイル、キオスク端末）を使用して、代替便の選択肢の提示、予約変更手続き、新しい搭乗券の提供をスムーズに実施する。

⑥受託手荷物の破損や未着対応

手荷物サービスカウンターに並んで待つのではなく、セルフサービスチャンネル（オンライン、モバイル、キオスク端末）を使用して、受託した手荷物の破損や未着を航空会社に連絡することができる。

日本での取り組み

IATAによる「FAST TRAVEL」推進と歩調を合わせ、日本においても、国際競争力強化をすべく、国内空港の機能強化を推進している。

加えて、近年、重要度を増している感染症対策にも力を注いでいる。この点において、IATAの推奨する「FAST TRAVEL」の実現は特に「非接触」の観点からも効果的であり、早期の実現が求められている。つまり、COVID-19前より進められてきた施策に「衛生・消毒・3密回避」という感染症対策が加わったということである。

図14-1 旅客手続き各段階での最先端技術・システム導入（イメージ）

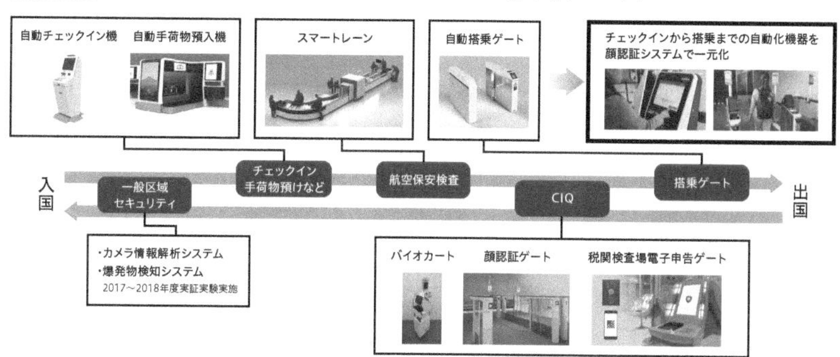

出典：国土交通省資料、JALグループニュース、JALニュースリリースより作成

図 14-2 過密を避ける環境設備

・新感染症の拡大防止に資する空港受け入れ環境整備などの推進

空港ビル内における感染リスクを最小化し、需要の回復・増大に向けて、空港ビルなどによる受け入れ環境高度化整備を促進

待合スペースなどの密集防止

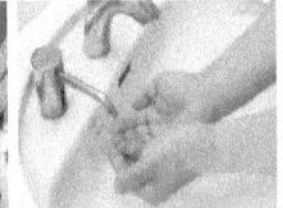
衛生設備の非接触化

サーモグラフィーなど

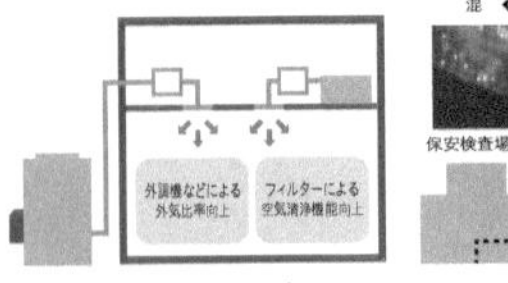

空調・換気設備の機能向上

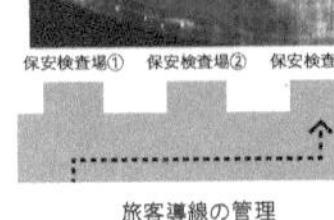

旅客導線の管理

・CIQ施設などにおける感染症対策のための調査・検討

新感染症による影響を踏まえた今後のCIQ調整などのマニュアル策定について検討を実施
→待機エリアの確保や導線の分離など

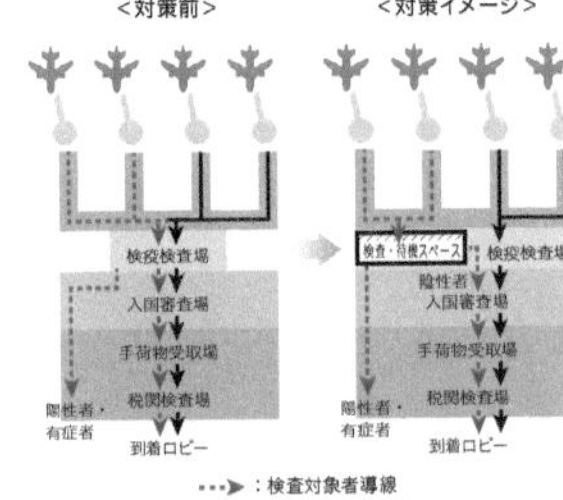

出典:国土交通省「令和3年度 航空局関係予算決定概要」

図 14-3 省力化や自動化・搭乗手続きの円滑化

航空事業の省人化・省力化・自動化など

・グランドハンドリングなど、労働集約的業務の先端技術による省人化・省力化・自動化の推進

自動運転トーイングトラクターの導入によりトーイング作業の自動化を実現

・国際航空運送事業者などにかかわる申請などのオンライン化

搭乗関連手続きの円滑化(FAST TRAVEL)

・感染リスクを回避したストレスフリーで快適な旅行環境の実現

FAST TRAVELの推進により、手続きにかかわる時間短縮(混雑緩和)や非接触・非対面化を実現

自動化機器の導入

顔認証による搭乗手続きの一元化(One ID)

出典:成田国際空港株式会社「成田空港の新型コロナウイルス感染症対策について」「成田空港で顔認証技術を用いた新しい搭乗手続き『One ID』がスタートします」

出典:国土交通省「令和3年度 航空局関係予算決定概要」

One IDの推進

One IDとは、チェックイン時など空港での最初の手続きの際に顔写真を登録すると、その後の手荷物預けや保安検査場入口、搭乗ゲートにおいて、搭乗券やパスポートを提示することなく、「顔パス」(=非接触)で通過できる新たな搭乗手続きのことである。One ID

の導入は、利用者とサービス提供者間の接触機会を大幅に低減させることとなり、安全な旅の提供にもつながる。

図 14-4　出発時の旅客の手続き（イメージ）

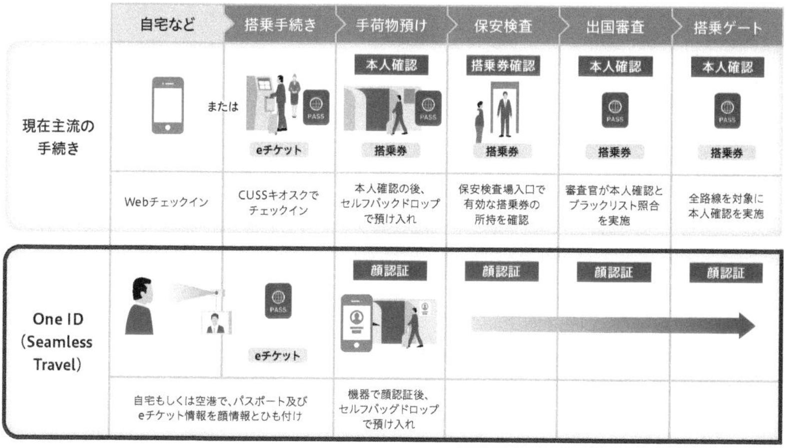

	自宅など	搭乗手続き	手荷物預け	保安検査	出国審査	搭乗ゲート
現在主流の手続き		または eチケット	本人確認 搭乗券	搭乗券確認 搭乗券	本人確認 搭乗券	本人確認 搭乗券
	Webチェックイン	CUSSキオスクでチェックイン	本人確認の後、セルフバックドロップで預け入れ	保安検査場入口で有効な搭乗券の所持を確認	審査官が本人確認とブラックリスト照合を実施	全路線を対象に本人確認を実施
One ID（Seamless Travel）		eチケット	顔認証	顔認証	顔認証	顔認証
	自宅もしくは空港で、パスポート及びeチケット情報を顔情報とひも付け		機器で顔認証後、セルフバッグドロップで預け入れ			

出典：国土交通省「One ID導入の背景と必要性について」

図 14-5　One ID の手続きの流れ

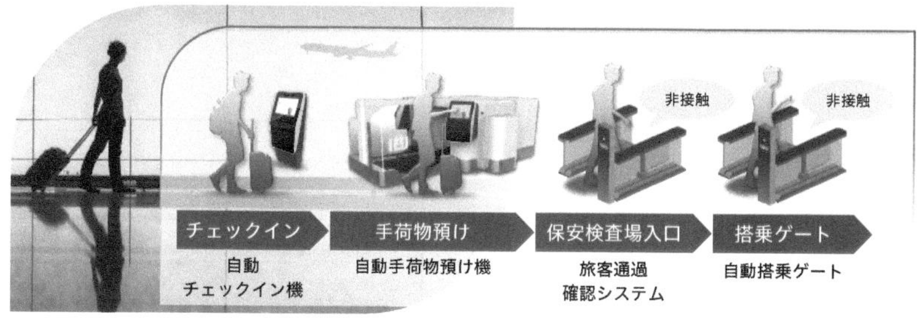

出典：成田国際空港株式会社「成田空港の新型コロナウイルス感染症対策について」

日本の航空会社の取り組み

JAL では、IATA により推奨されている FAST TRAVEL を踏まえ、利用者がストレスを感じることのない新たな形の空港サービスの提供に着手している（「JAL SMART AIRPORT」）。この施策のキーワードは、①ストレスフリー、②パーソナライゼーション、③トランスフォーメーションである。

①ストレスフリー（すべての利用者にストレスフリーなサービスの提供）

航空機を利用するに当たって、利用者がストレスに感じることは何であろうか。空港到着後、どこへ向かえばいいのかが分からない、荷物を預けたいがカウンターが混雑しているなど、どこにストレスを感じるかはさまざまである。ビジネス・観光での利用や、ファミリー・シニア層の利用など、旅の目的、同行者、年齢層によってもどこにストレスを感じるかが変わってくる。

これらのストレスを解消させることがSMART AIRPORTの最優先課題であり、1つ目のキーワードであるストレスフリーを、次の5つのコンセプトのもと、実現を目指している。

・5つのコンセプト

(1) お客さまがスムーズに移動できること

(2) お客さまが落ち着いて手続きできること

(3) お客さまにとって、手続き方法の選択肢が豊富にあること

(4) お客さまのニーズに合わせたサポートがあること

(5) お客さまの「旅全体」へのサポートがあること

また、COVID-19の感染拡大後は、ここに衛生・清潔、非接触の要素を加え、以下の取り組みを強化している。

(a) 手荷物受託のセルフ化

(b) ITを活用したヒューマンサービスの深化

(c) 分かりやすい利用者案内、空港カウンター意匠の造成

(d) 新機器導入による保安面の強化

ここでは主に (a) を軸にストレスフリーについて解説していく。

冒頭でも述べた通り、航空機を利用する際に最もストレスを感じやすいものが「混雑」である。従来、手荷物受託は地上スタッフが行っており、手荷物受託には一人に対して平均して3～5分以上かかっている。それに伴い、夏休みや年末年始ともなると国内の主要な空港（新千歳空港、羽田空港、伊丹空港、福岡空港、那覇空港）では手荷物を預けるのに長蛇の列ができてしまい、長時間待たざるを得ない状況になっていた。

その対応策として導入されたのがSelf Baggage Drop（自動手荷物預け機、以下SBD）である。SBDの特徴は、利用者自身が操作し、従来よりも早く手続きを完了できることにある。手荷物受託に要する時間は、これまでの3～5分以上から、一人2分程度に短縮することができ、地上スタッフの勤務状況に稼働が左右されることもなく、格段にスループット（処理能力）を向上させることができる。これにより、課題であった空港カウンターの混雑は改善され、繁忙期であっても利用者はほとんど待つことがなく手荷物

を受託することが可能になった。

なお、FAST TRAVEL の取り組み、SBD の導入は、ANA でも同様に実施されている。

一方、地上スタッフが行わなければならない手続きが必要な利用者や、機械でのセルフ手続きに慣れていない利用者に対応すべく、一定数の有人カウンターを残している。この有人カウンターには、天候不良などのイレギュラー発生時、柔軟にカウンター数を増やすことができる臨時カウンターを設置しており、空港混雑状況に応じた手続きを可能としている。

このように、テクノロジーの活用により混雑というストレスを解消するとともに、機械では対応できない利用者のニーズに応える機能を持たせることで、「すべての利用者にストレスフリーなサービスの提供」を目指している。

②パーソナライゼーション（利用者の嗜好に合わせた発信型サービス）

2つ目のキーワードは、パーソナライゼーションである。これは、個々人の関心や嗜好に合わせた情報やサービスの提供を意味する。身近な例でいえば、オンラインショッピングサイトなどで、購入履歴や興味を持った商品に関連した「オススメ商品」を提案された経験があるだろう。

現在、このように自分の希望やニーズを踏まえた情報やサービスの提案を求める人が増加しており、自分自身の嗜好を察知し、提案された商品の中から選んでいく消費者が多い。航空会社は過去の予約記録、渡航履歴、搭乗回数、年齢、職業などさまざまな顧客データを扱っている。そのため、集積されたそれらの顧客データを活用し、顧客ごとに嗜好に合った情報やサービスの提案を行うことができる環境にある。

例えば、いつも飛行機の窓側席を予約している場合、顧客自身で窓側席をリクエストしなくても、予約のタイミングで自動的に窓側席を手配することが可能だ。いつも空港到着後に上位クラスへのアップグレードを行う顧客の場合は、顧客の位置情報を把握することで、空港に到着後、自動的にアップグレード、もしくはアップグレードの空席待ちへのエントリーを行い、わざわざ有人カウンターに立ち寄って申し込む手間をなくすこともできる。また、顧客の誕生日を把握して、誕生日当日、空港到着時、ゲート、機内などでスタッフがお祝いの言葉を伝えることもできる。

将来的には、顔認証などの生体認証や位置情報を把握する技術などを活用することで、個人を特定し、その人に適した言語による案内メッセージ発信や空港到着から搭乗までの誘導、顔認証を使った決済など、さまざまなパーソナライゼーションが期待できる。JAL は、顧客データを活用しながら、個々の利用者の嗜好や状況に寄り添ったおもてなしのサービスを提供していくことで、顧客の利便性向上や満足度向上を目指している。

トピックス DXを活用した新たな旅の提案（JAL）

JALは、AI（Artificial Intelligence、人工知能）を活用した一歩進んだパーソナライゼーションにも取り組んでいる。

デジタル接点を通して得られた顧客の嗜好（しこう）や行動特性をAIによってさらに深掘りし、顧客自身も気付いていなかったような潜在的なニーズやウォンツを推定することで、セレンディピティ（思いがけない出会い）のある旅や体験を提案しようとしている。従来、そのような提案は経験を積んだ熟練者しかできなかったものであるが、AIがその領域を支援・高度化することで、人間味とおもてなし感にあふれたデジタル接点を構築することができる。

異業種の企業とも連携しながら、航空サービス周辺だけでなく、広く日常生活においてもデジタル接点を通じて顧客に豊かな体験を届けようとしている。

③トランスフォーメーション（ヒューマンサービスの転換・進化）

空港サービスにおいて、テクノロジーの活用によるサービスのセルフ化・自動化・パーソナライゼーションが急速に進んできているが、今後、人のかかわり方、すなわちヒューマンサービスにおいては、何が求められ、どのような形に変わっていくのだろうか。縮小の一途をたどるのか、あるいは、テクノロジーでは提供できない大きな価値を担い、成長していくのか。

このことは、業界を問わず、世の中において大きなテーマであるといっても過言ではないだろう。誰しも興味を持つ一方で、回答を見いだすことが困難な問題といえるかもしれない。

JALにおいても、AIをはじめとしたデジタルテクノロジーを用いた実証実験が盛んに行われ始めた2016年ごろから、ヒューマンサービスの行く末について数多く議論が行われた。2017年に発表した中期経営計画では、「テクノロジー × ヒューマンサービス」を最重要テーマとして掲げることとなった。これは、テクノロジーは万全でなく、利用者のニーズや状況に応じて瞬時にきめ細かいサービスは、やはり人でなければできないことを意味しており、テクノロジーだけ、人だけでは、今後利用者から求められる多種多様で高度な要求には応じていくことはできないという考えを示している。

では、COVID-19の感染拡大後、サービスの非接触化やセルフ化が推奨される世の中の動向から、ヒューマンサービスは減衰していくのだろうか。世界的な動向としてそのような流れはあるかもしれないが、テクノロジーによる自動化、アバター（分身）ロボットによるサービス、人が寄り添う対面でのサービスなど、利用者の個々のニーズに応じた選択型サービスの提供こそが、利用者から評価されるキーポイントであると考える。

利用者から求められるヒューマンサービスの役割は、今後、決められた手続きを処理する「ミッション型」から、利用者のニーズを察知し、自律的に動きサービスを提供していく「ホスピタリティ型」へと転換・進化することが必要であり、これこそがSMART AIRPORTの3つ目のキーワードである「トランスフォーメーション（転換・進化）」の意味するところである。

この転換は、人の働く舞台をより付加価値の高い領域へとシフトさせていくことを意味し、業務の技量だけでなく、利用者のニーズを見抜く力、卓越したコミュニケーション力、利用者へ感動を与えるサービスの企画力・実現力など、これまで必ずしも磨ききれていなかったスキルやマインドを身に付けていかなければならない。また、働き方の転換を進めていく上で、現場スタッフが高いモチベーションを持続させていくことも肝要である。このため、現場の意見を尊重し、現場と本社が一体となって計画を策定し推進していくことが、トランスフォーメーションが成功するための必須要因であると考える。

海外空港におけるFAST TRAVELの現状

アジアやオーストラリア、欧米の各空港においてもFAST TRAVELの取り組みが進められており、その多くはキオスク端末やSBDが中心で、一部の空港では出入国管理、搭乗ゲートにも展開されている。

こうした状況の中、世界有数のハブ空港として知られるシンガポールのチャンギ空港では、2017年に、LCCを中心とした一部ターミナルにおいて、バイオメトリクス（顔認証）による世界初のチェックイン・出国審査・搭乗ゲートでのFAST TRAVELの運用が開始された。SBDにてパスポートの写真との顔認証の照合を行い、出国審査の自動化レーンでは顔認証と指紋認証の2重化対応がなされている。

図14-6 チャンギ空港におけるFAST TRAVELの取り組み

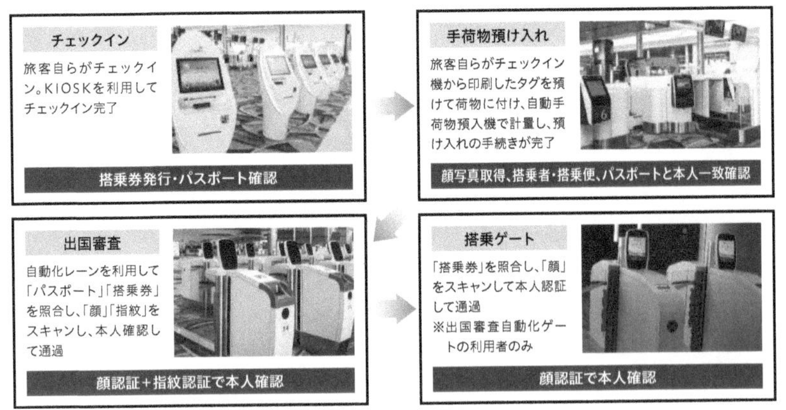

チェックイン
旅客自らがチェックイン。KIOSKを利用してチェックイン完了
搭乗券発行・パスポート確認
手荷物預け入れ
旅客自らがチェックイン機から印刷したタグを預けて荷物に付け、自動手荷物預入機で計量し、預け入れの手続きが完了
顔写真取得、搭乗者・搭乗便、パスポートと本人一致確認
出国審査
自動化レーンを利用して「パスポート」「搭乗券」を照合し、「顔」「指紋」をスキャンし、本人確認して通過
顔認証＋指紋認証で本人確認
搭乗ゲート
「搭乗券」を照合し、「顔」をスキャンして本人認証して通過
※出国審査自動化ゲートの利用者のみ
顔認証で本人確認

出典：国土交通省「One ID導入の背景と必要性について」

シンガポールに続き、韓国の仁川空港でも同様のシステムの運用が開始されており、利用者のストレス軽減に貢献すると同時に、航空会社や空港にとっても、省人化・省力化によるコスト削減効果が期待されている。

FAST TRAVELにおける今後の課題

①設備投資にかかわる費用負担

COVID-19の影響により、航空会社・空港運営会社とも経営面で大きな打撃を受けている。そのような中で、初期投資や運用コストを航空会社・空港運営会社・利用者のそれぞれがどのようなバランスで負担していくかは今後検討されなければならない課題である。

②生体認証情報におけるプライバシー保護

生体認証システムの導入は、利用者の個人データの種類を根本的に変えることとなる。このため、プライバシーや個人情報保護の問題が生じることから、業界と政府が協力し、プライバシーへ配慮した、詳細かつ明確な基準を定める必要がある[3]。

(2) DX（デジタルトランスフォーメーション）への取り組み

IATAが提唱するFAST TRAVELを実現するため、航空各社はSBDなどの最新のテクノロジーを活用したソリューションの導入を進めている。加えて、先端技術を活用したさまざ

3　IATA資料：IATA - One ID

まな利用者へのサポートが実証試験段階にあり、今後さらなる利便性の向上が期待できる。

地上支援業務におけるイノベーション

グランドハンドリングや航空機整備の現場においても、AIや5G（第5世代移動通信システム）をはじめとする先端技術を活用し、次の領域などで省力化・効率化が官民連携で進んでいる[4]。

・コンテナへの手荷物積み込みと搬送の無人化
・ランプ（駐機地域）バスの無人運転化
・5Gを活用した整備作業の高度化（現場の整備スタッフが遠隔地にいる整備スタッフに鮮明な画像を送信することで、複数の視点による安全性の高い整備作業を実施する）

図14-7　地上支援業務におけるイノベーションのフェーズ

フェーズⅠ
省力化
（実証実験など）
フェーズⅡ
省力化
（導入）
フェーズⅢ
自動化
（実証実験など）
フェーズⅣ
自動化
（導入）
2020年
航空機けん引車
<2018年度>
遠隔操作試験
運用開始
（民間）
トーイングタグ、貨物ドーリー
<2019年度>
自動走行実証
実験開始
（官民連携）
ランプバス
<2018年度>
自動走行実証
実験開始
（官民連携）
空港除雪車
<2019年度>
自動走行車両
調査
（官）

出典：国土技術政策総合研究所「航空イノベーションの取組とGSE（空港業務支援車両）自動化推進に向けての研究」

4　国土交通省「令和3年度 航空局関係予算決定概要」同「先端技術の紹介、官民ロードマップ、実証実験の進め方」

図 14-8　5G の業務活用イメージ

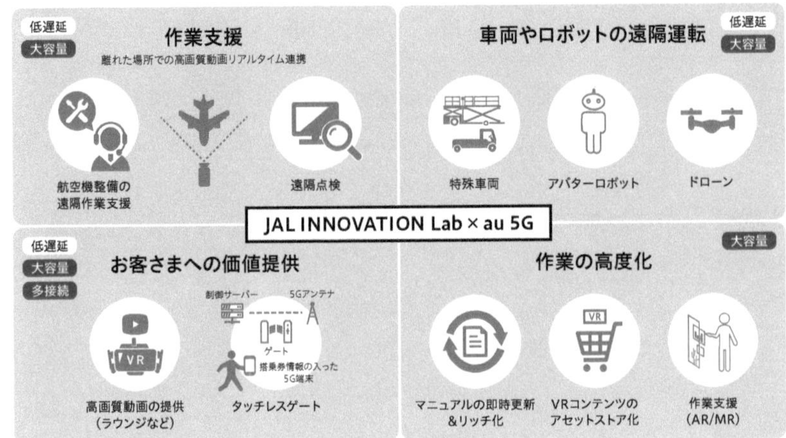

出典：JAL・KDDI株式会社 共同リリース（2020年3月30日）

チャットポッドを活用した利用者サポート

チャットポッドとは、SNS や LINE などのモバイル上のアプリを利用し、コンピューターと会話しているようなやりとりを可能にするものである。

例えば、ANA はこの技術を活用し、空港内でサポートを必要とする利用者が、自ら周囲に声がけをすることなく、空港内に設置された専用端末から社員ボランティアの援助を得ることができるサービスの実証実験を、2019 年 9 月に羽田空港で行った。この取り組みは、航空だけではなく鉄道においても実証段階にあり、公共交通機関におけるユニバーサルサービスの観点からも注目されている。[5]

2　次世代のモビリティ

(1)　空の移動革命を実現するエアモビリティ

空飛ぶクルマ

長距離を短時間で移動するための手段として航空機が利用されているが、短中距離を移動する手段としても、空には大きな可能性がある。

世界中で都市部への人口集中が進む中、滑走路が不要で都市中心部からでも手軽に乗

5　ANA プレスリリース https://www.anahd.co.jp/group/pr/201909/20190905.html

ることができ、さらに環境性能にも優れているeVTOL機（電動垂直離着陸機、いわゆる「空飛ぶクルマ」）に、近年注目が集まっている。

空飛ぶクルマの特徴は、①垂直離着陸機能、②電動化、③自動化の3点である。移動という側面から見て重要なのは①垂直離着陸機能である。既存モビリティの中ではヘリコプターも同様の機能を有するものの、日常生活で多くの人に広く利用されている移動手段とはいい難い。それに対して空飛ぶクルマは、②電動化と③自動化という特徴を備えることにより、機体・運航コストや操作性などの観点から、空の移動を身近な移動手段として提供できる可能性を有している。

日本では、2018年に経済産業省と国土交通省、民間の関係者による「空の移動革命に向けた官民協議会」が設立された。官民を交えて実用化を見据えた法整備やルール作りに関する議論が進められており、JALやANAもメンバーとして参画している。

同協議会では、短中距離を自動で飛行して、安全かつ安価に人や物を移動させられる機体やサービスが実現すれば、離島や山間部での移動の利便性が向上するとしている。また、人口密度の高い都市部での移動にかかる時間の短縮や災害時の救急搬送、物資輸送の迅速化など、新しいサービスの展開や各地の課題解決につながることを提言している。

空飛ぶクルマの普及により、空が生活に近い存在となる一方、低高度の空域を多種多様な機体がそれぞれの目的で飛行することが想定される。限られた資源である低空を安全に有効活用していくためには、刻々と変化する状況に応じて最適運航を行う高度協調型の空域管理が求められる。

次世代エアモビリティが社会に受け入れられ、産業として発展していくためには、こうした課題も克服していく必要がある。

図14-9 空飛ぶクルマのイメージ

©Volocopter

出典：Volocopter GmbH

JALの取り組み

JALは2020年1月、新規事業に取り組む事業創造戦略部内に、専門組織「モビリティグループ」を設立し、2021年4月にはそれを「エアモビリティ創造部」として分離・独立させた。「空の安全を基軸とした次世代モビリティ実現の環境整備」というキーメッセージを掲げ、本業で培ってきた空の移動に関するノウハウや知見を活用し、次世代エアモビリティの運航プラットフォームの構築を目指している。

ドローンや空飛ぶクルマの事業化に向けては、「モノを配送するドローン物流からヒトを運ぶ空飛ぶクルマへ」「地方都市から大都市圏へ」とサービスの実装が展開される2つの軸となるシナリオを想定している。

図 14-10 ドローン貨物と空飛ぶクルマの事業化イメージ

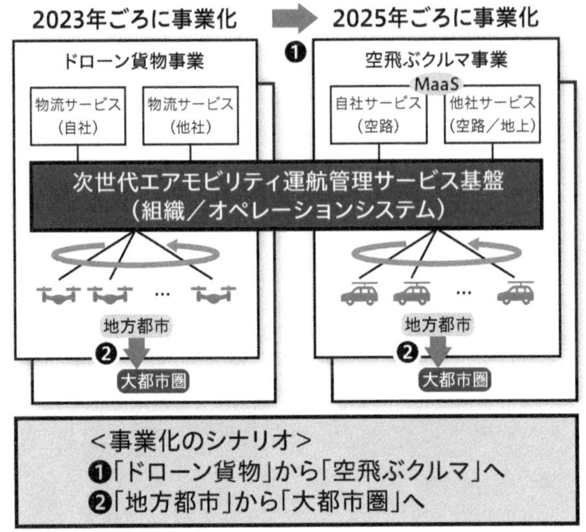

出典:JALプレスリリース

①「モノを配送するドローン物流からヒトを運ぶ空飛ぶクルマへ」

一般的にイメージされるドローンは小型のマルチコプターであるが、ドローンの産業利用が進むに当たり、中型ドローンや大型ドローンの開発も進められている。大型ドローンは、重量によって航空法上で航空機扱いとなる無操縦者航空機にカテゴライズされるものもあり、より厳しい安全管理が求められる。人の輸送が可能となる大型ドローンの活用について、まずは貨物輸送から開始するが、いずれ輸送対象は人へと広がり、空飛ぶクルマ事業へとつながっていく。

②「地方都市から大都市圏へ」

離島や中山間地域などには、人口減少や少子高齢化など、さまざまな固有の社会課題が存在する。持続可能な交通手段の構築や観光産業などによる地域経済活性化に、次世代エアモビリティが果たす役割は大きいと考えられる。そこで、まずはこのような地方の社会課題解決に貢献するユースケースから次世代エアモビリティの活用を始め、飛行回数の積み重ねによって社会受容性を高めた上で大都市圏にサービス領域を広げていく事業化シナリオを描いている。

JALは2020年に2つの実証実験を実施した。1つ目は中山間地域である兵庫県養父市における輸送実証である。この実証実験では、市内の病院から約25キロ離れた診療所まで、小型固定翼ドローンによって災害応急支援物資を輸送した。併せて、JAXA(宇宙航空研究開発機構)の協力のもと、災害時におけるドローンと有人航空機の運用調整を想定したドローンと有人航空機の位置共有および衝突回避の有効性についての検証も実施した。

2つ目は無人ヘリコプターによる離島地域での貨物輸送実験である。医薬品を想定した模擬貨物について保冷状態での輸送や、長崎県新上五島町で朝に水揚げされた鮮魚を無人ヘリコプターで九州本島まで運び、その後、航空機で東京まで空輸して、五島列島の新鮮な魚を同日中に東京のレストランに納入することなどが実現している。

図 14-11 貨物輸送実験の経路

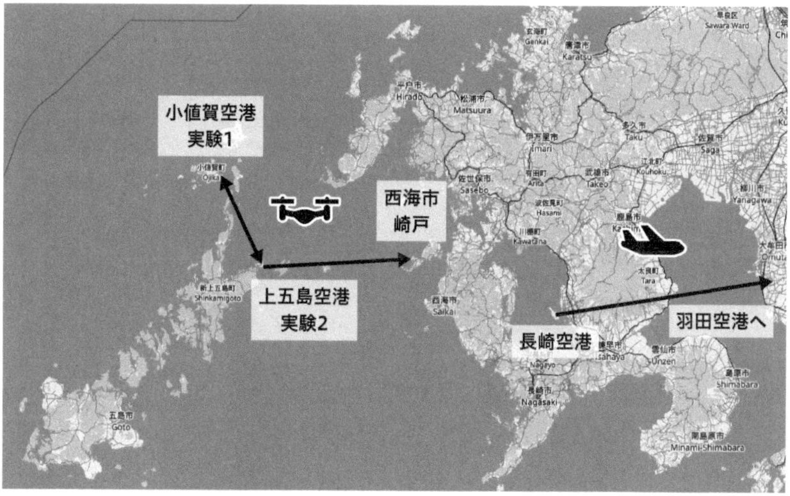

© OpenStreetMap contributors

出典：JALプレスリリース

ANAの取り組み

ANAは2016年に「ドローン事業化プロジェクト」を設立した。これは社内の事業提案制度から始まったプロジェクトで、整備士やパイロット、営業職といったさまざまな部署出身のメンバーから構成されている。

2020年に、2つの実証実験を実施した。1つ目は長崎県五島市にて、ANAのアバターロボットを活用した遠隔診療や遠隔服薬指導と組み合わせ、患者の処方薬をドローン配送する実証である。福江島から嵯峨島(さがのしま)まで、約5キロの距離を片道約10分かけての自動航行に成功した。

2つ目は、「セブン - イレブン ネットコンビニ」で注文された商品および薬局の処方薬を、福岡市のヨットハーバーから、福岡市西区能古島の島内3地点にドローンで即時配送する実証実験である。同実証実験では、能古島まで2.3キロの距離をドローンが4分程度で飛行し商品を配送した。注文から能古島に品物が届くまでは約20分ほどであり、実証実験中に計54回、注文品をドローンで配送した。

(2) MaaSの普及に向けた取り組み

MaaS(Mobility as a Service)は、航空機、船舶、鉄道、タクシーなどモビリティの形態や運営主体にかかわらず、マイカー以外のすべての交通手段を1つのサービスとしてシームレスにつなぐ、新しい移動の概念である。スマートフォンのアプリなどにより、運賃やルートの検索・予約、料金の決済、サービスの利用まで完結することができるもので、日本国内の代表例としては、小田急電鉄株式会社の「Emot」、トヨタ自動車株式会社の「my route」などがある。

MaaSの可能性

MaaSの実現によって移動そのものが快適になるとともに、交流人口拡大による地域経済活性化や、公共交通へのシフトによる環境対策といった社会課題の解決にも貢献する。

日本では、鉄道事業者がMaaSへの取り組みで先行しているが、JAL・ANAともに社内に専門組織を立ち上げ、本格的な取り組みを開始している。

交通事業者だけではなく、異業種との連携による新たなサービスや価値の創出が期待されていることから、多くの業態の事業者がMaaSへの取り組みを推進している。

図 14-12　MaaS のイメージ

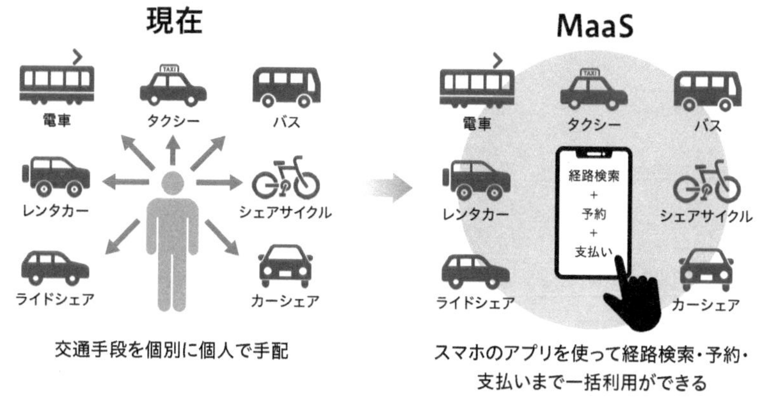

出典：KDDI「TIME&SPACE（タイムアンドスペース）」

・MaaS の統合レベル定義

レベル 0：それぞれの事業者が独立してサービスを提供

レベル 1：さまざまな移動手段のルートや時刻表、所要時間といった情報が集約され、1 カ所で検索可能

レベル 2：さまざまな移動手段の予約・手配・支払いなどが 1 つのアプリ上で一括して実施可能

レベル 3：予約・決済だけでなく、料金体系（サブスクリプションなど）を 1 つのサービスに統合して提供

レベル 4：移動データを都市計画に反映し、生活を最適化

図 14-13 MaaS の定義と基本機能

出典:「Beyond MaaS」日経BP(2020年)

3 新規事業への挑戦

新たな価値の提供を目指し、新規事業分野への進出を試みている企業はたくさんあるが、航空会社も例外ではない。「第9章 グループ経営」で紹介している通り、すでに金融や農業、アバターなどさまざまな新規事業を担う会社が起業している。

企業内部でイノベーションや新規事業を起こすには、通常は膨大な研究開発費が必要となる。ところが、近年ではスタートアップ企業への投資が活発になっていることから、むしろ大企業よりもスタートアップ企業においてイノベーションが起こる可能性が高まっている。そのため、将来的に取引を行うこと、イノベーションを自社に取り込むこと、新規事業領域の情報収集をすることなどを目的に、スタートアップ企業に投資することも新規事業への挑戦の1つである。

例えばJALは、後述の航空(超音速)・宇宙分野のスタートアップ企業などへの出資を行ってきたが、このような投資活動をさらに推進するため、2019年にコーポレートベンチャーキャピタル(Corporate Venture Capital、CVC)ファンド Japan Airlines Innovation Fund

を設立した。最先端技術やビジネスモデルを有する国内外スタートアップ企業への投資を通じて、連携・共創をこれまで以上に能動的かつ、スピード感を持って推進し、事業領域を広げていくことを目指している。JAL Innovation Fund からは、2022 年 6 月時点で 7 社への投資がなされている。

航空（超音速）・宇宙分野への挑戦

航空分野において、JAL は超音速旅客機を開発する米国のスタートアップ企業、Boom Supersonic 社に、2017 年に出資している。超音速旅客機の運航が実現すると、移動時間を劇的に短縮することができる。例えば、東京ーサンフランシスコ間を約 6 時間（現在の半分の時間）で移動することが可能になる。つまり、超音速旅客機は、「移動時間の短縮」という新たな価値をもたらすものとして期待されている。

このような次世代航空機では、速さだけでなく環境対策も重要なファクターと考えられている。Boom Supersonic 社は、メーカーと共同で SAF（Sustainable Aviation Fuel、バイオジェット燃料など持続可能な航空燃料）を 100%使用できるエンジンの開発を行うなど、カーボンニュートラルを目指しており、従来よりも環境に優しい航空機を開発している。同社は、2029 年の超音速旅客機の商用運航開始を目指して開発を進めている。

図 14-14 Boom Supersonic の超音速機

出典：Boom Supersonic

宇宙分野においては、JAL は日本のスタートアップ企業である株式会社 ispace に 2017 年に投資を行っている。

ispace 社は、「Expand our planet. Expand our future. ～人類の生活圏を宇宙に広げ、持続性のある世界へ～」をビジョンに掲げ、月面資源開発に取り組んでいる。現在は、月着陸船（ランダー）と月面探査車（ローバー）の開発を行っており、月面着陸ミッションは2022年、月面着陸・探査ミッションは2024年に、それぞれ米国のSpaceX社のファルコン9ロケットで打ち上げを行う予定となっている（2022年3月末時点）。

図14-15 ispaceのランダー

出典：株式会社ispace

JALはispace社が運営する民間月面探査プログラムHAKUTO-Rのコーポレートパートナーへも参画しており、ランダーの組み立ての一部をJALの航空機整備部門である株式会社JALエンジニアリングが担うなど、将来の宇宙旅行事業を検討している。

ANAは2018年1月に「ANA宇宙事業化プロジェクト」を開始し、衛星データ活用事業、宇宙物資輸送事業、宇宙旅行事業において事業性を検討している。有人宇宙機開発を行うPDエアロスペース株式会社に出資を行うとともに、整備士を派遣し、開発の支援を行っている。

トピックス 社内起業家オーディション（JAL）

JALは、事業領域を広げるための取り組みとして、2017年度から社内起業家オーディション「創造の翼」を実施している。参加対象はJALグループ全社員で、自らの業務とは異なる分野での新規事業のアイデアを自由に応募することができる。最終プレゼンテーション審査で優勝者に選出されると、事業創造戦略部などへ異動し、事業化を目指して取り組むことが可能となる。

2017年度の優勝者は「ドローン操縦士養成事業」を企画。CRM（Crew Resource Management）やノンテクニカルスキルなど、「空を飛ぶモノ」を扱う上で不可欠な知識や能力の付与と向上を目的とした事業「JAL Air Mobility Operation Academy、JAMOA（ジャモア）」を2020年10月から開始した。JALが持つ安全の知見を活かし、ドローン業界の安全性向上に貢献できる事業を展開することにより、その夢を実現している。

図14-16 「創造の翼2019」の様子

索引

数字・アルファベット

ア・カ・サ

タ・ナ・ハ

マ・ラ・ワ

執筆者一覧

全体統括　日本航空株式会社 産学連携部

序章　日本航空株式会社 産学連携部
第1章　日本航空株式会社 産学連携部、調査研究部
第2章　日本航空株式会社 経営戦略部、産学連携部、調査研究部
第3章　日本航空株式会社 経営戦略部、路線事業戦略部、路線事業推進部
第4章　日本航空株式会社 国際提携部
第5章　日本航空株式会社 旅客営業戦略部
第6章　日本航空株式会社 旅客営業本部 業務部、路線事業戦略部、商品・サービス開発部、CX 企画推進部、CX 戦略部、マイレージ事業部
第7章　日本航空株式会社 路線事業推進部
株式会社 ZIPAIR Tokyo
第8章　日本航空株式会社 貨物郵便本部 業務部
第9章　日本航空株式会社 グループ経営推進部
第10章　日本航空株式会社 安全推進部、航空安全研究部、リスク管理部
第11章　日本航空株式会社 意識改革推進部、経営管理部
第12章　日本航空株式会社 ESG 推進部、CX 企画推進部、CX 戦略部
第13章　日本航空株式会社 地域事業本部 支援推進部
終章　日本航空株式会社 空港企画部、事業創造戦略部

STAFF

カバー・本文デザイン　Isshiki（松田喬史）
本文イラスト　Isshiki（さかがわまな、鎌田俊介）
DTP 制作　Isshiki（さかがわまな）
編集協力　石橋敏行
副編集長　大塚雷太
編集長　富樫真樹

■商品に関する問い合わせ先

このたびは弊社商品をご購入いただきありがとうございます。本書の内容などに関するお問い合わせは、下記のURLまたは二次元バーコードにある問い合わせフォームからお送りください。

https://book.impress.co.jp/info/

上記フォームがご利用いただけない場合のメールでの問い合わせ先
info@impress.co.jp

※お問い合わせの際は、書名、ISBN、お名前、お電話番号、メールアドレス に加えて、「該当するページ」と「具体的なご質問内容」「お使いの動作環境」を必ずご明記ください。なお、本書の範囲を超えるご質問にはお答えできないのでご了承ください。

●電話やFAX でのご質問には対応しておりません。また、封書でのお問い合わせは回答までに日数をいただく場合があります。あらかじめご了承ください。

●インプレスブックスの本書情報ページ https://book.impress.co.jp/books/1122101040 では、本書のサポート情報や正誤表・訂正情報などを提供しています。あわせてご確認ください。

●本書の奥付に記載されている初版発行日から3 年が経過した場合、もしくは本書で紹介している製品やサービスについて提供会社によるサポートが終了した場合はご質問にお答えできない場合があります。

■落丁・乱丁本などの問い合わせ先

FAX　03-6837-5023
service@impress.co.jp
※古書店で購入された商品はお取り替えできません。

エアライン・マネジメント -戦略（せんりゃく）と実践（じっせん）-

2022年 9月 21日　初版発行
2024年 4月 21日　第1版第2刷発行

著　者　日本航空株式会社

発行人　小川 亨

編集人　清水栄二

発行所　株式会社インプレス
〒101-0051　東京都千代田区神田神保町一丁目105番地
ホームページ　https://book.impress.co.jp/

印刷所　株式会社ウイル・コーポレーション

ISBN978-4-295-01505-5 C3034

Printed in Japan